하 묘 지음

BM (주)도서출판 성안당

머리말

AI 덕분에 누구나 일러스트를 만들어 낼 수 있는 세상이 되었습니다. 그림을 그리는 사람이든 아니든 창작을 사랑하는 사람이라면 이 변화 앞에서 한 번쯤은 멈춰 서게 됩니다. '과연 이것은 창작일까, 도용일까, 아니면 위협일까?' 저 역시 마찬가지였습니다. 저는 그림을 그려 생계를 이어가는 현업 일러스트레이터입니다. 손으로 선을 긋고 색을 쌓으며 장면을 완성해 가는 일이 제 일상이었고 그 과정이 곧 저의 정체성이었습니다.

그런 제 앞에 'AI 이미지 생성'이라는 기술이 등장했을 때 처음 들었던 감정은 호기심이 아니라 상실감이었습니다. "이걸 그림이라고 할 수 있을까?", "이제 내가 하지 않아도 되는 건가?", "수년간 쌓아온 연습과 훈련은 더 이상 필요 없게 되는 걸까?" 마치 내가 해 온 모든 노력이 무의미해지는 듯한 기분이 들었고 그림을 그리는 일에 자부심을 가져왔던 만큼 저항감도 컸습니다. 한동안은 'AI는 내 일이 아니다'라고 선을 긋고 싶기도 했습니다. 하지만 동시에 창작자로서의 본능도 작동했습니다. '정말 어디까지 가능한 걸까?', '내가 이걸 써 본다면 어떤 그림이 나올까?' 그렇게 조심스럽게 마치 낯선 도구를 손에 쥐듯 AI를 써 보기 시작했습니다. 그리고 아주 조금씩 생각이 달라지기 시작했습니다.

AI는 그림을 '대신' 그려 주는 것이 아니라, 내가 원하는 그림을 더 빨리 더 다양하게 시도할 수 있게 돕는 도구가 되어 주었습니다. 손이 닿지 않았던 아이디어, 시간이 없어 미뤄 두었던 장면, 스케치에만 머물던 상상들이 하나둘씩 이미지로 피어나기 시작했습니다. AI는 내가 상상한 세계를 눈앞에 그려낼 수 있는 하나의 언어처럼 느껴졌습니다. 그리고 그 언어를 다룰수록 결국 창작의 중심에는 사람이 있어야 한다는 걸 확신하게 되었습니다. 좋은 결과를 얻기 위해서는 그림의 세계에 대한 확신, 색과 구도에 대한 감각, 이미지의 방향성을 꿰뚫는 시선이 필요합니다. 그 모든 것들은 결국 작가인 내 안에서 나오는 것이었습니다.

기술이 아무리 발달해도 창작의 의지와 감정은 여전히 사람에게서 시작됩니다. 그래서 저는 지금도 'AI는 도구일 뿐이고 창작의 본질은 여전히 사람에게 있다.'라는 사실을 믿고 있습니다. 그리고 그 믿음 아래 누구나 작가가 될 수 있는 경험을 AI를 통해 해볼 수 있었으면 좋겠다는 마음으로 이 책을 쓰게 되었습니다.

그림을 처음 시작하시는 분들, AI의 가능성에 매료되었지만 아직 낯선 분들, 혹은 저처럼 변화에 혼란을 겪었지만 새로운 길을 찾고 싶은 분들께 이 책이 조심스럽지만 든든한 길잡이가 되어드릴 수 있기를 바랍니다. 도구는 준비되어 있습니다. 이제, 당신의 이야기를 그려낼 차례입니다.

차례

머리말 3

Part 1 : AI 이미지를 생성하기 위한 어도비 포토샵과 파이어플라이

01 AI 일러스트 제작에 쓰이는 포토샵의 기능 10
1. 이미지의 편집 10
2. 브러시 드로잉 11
3. 어도비 파이어플라이 12

02 포토샵의 설치 방법과 요금제 13
1. 어도비 크리에이티브 클라우드 계정 생성 또는 로그인 ... 13
2. 구독 플랜 선택 14
3. 포토샵 설치 시작 14
4. 작업 시작하기 16

03 포토샵을 활용하기 위한 도구 알기: 드로잉 파트 17
1. 포토샵 드로잉 도구 살펴보기 17
2. 포토샵 드로잉 도구 활용해 i2i 간소화하기 21
3. 자동 선택 도구와 스팟 복구 브러시 도구를 활용해 수정하기 ... 31
4. 픽셀 유동화 필터 응용하기 35
5. 얼굴 인식 기능 활용하기 42
6. 데포르메에 따른 얼굴 인식 43

04 포토샵을 활용하기 위한 도구 알기: 보정 파트 45
1. 레이어 혼합 모드 45
2. 조정 레이어와 필터 48
3. 색채 변경 시 차이 알아보기 59

05 어도비 파이어플라이의 기능 62
1. 파이어플라이 사용법 62

06 이미지를 생성하고 확장하기 66
1. 프롬프트 입력으로 이미지 생성하기 66
2. 이미지 생성 팝업을 이용해 이미지 생성해 보기 70
3. 스타일 효과 추가를 이용해 이미지 생성하기 71

07 요소 추가하고 수정하기 73
1. 기존 이미지에 요소 추가하기 73

08 채널을 활용해 필터링하기 ···················· 76
   1. 채널을 이용해 원본 이미지에 필터링 적용하기 ···················· 76
   2. 필터링 적용 예시 ···················· 80

Part 2 | 노벨 AI-이미지 제네레이터

01 Novel AI-이미지 제네레이터 ···················· 86
   1. Novel AI-이미지 제네레이터 가입/구독/요금제 ···················· 86
   2. Novel AI-이미지 제네레이터 요금제 ···················· 90

02 Novel AI-이미지 제네레이터 UI 설명 ···················· 92
   1. Novel AI-이미지 제네레이터 사이트 접속 ···················· 92
   2. Novel AI-이미지 제네레이터 UI 설명 ···················· 93
   3. Novel AI-이미지 제네레이터 이미지 생성 예시 ···················· 94

03 Novel AI-이미지 제네레이터 프롬프트를 이용한 이미지 생성 ···················· 95
   1. 프롬프트를 이용해 이미지 생성하기 ···················· 95
   2. 퀄리티 태그를 이용해 이미지 품질 향상하기 ···················· 97
   3. 강화/약화 기능을 이용해 이미지 생성하기 ···················· 99
   4. 배경 이미지 생성 ···················· 100

04 Novel AI-이미지 제네레이터 이미지 수정과 변형 ···················· 102
   1. 이미지 수정 & 변형 UI 기본 설명 ···················· 102
   2. Enhance ···················· 103
   3. Generate Variation ···················· 104
   4. Upscale ···················· 105
   5. Use as Base Image ···················· 105
   6. Edit Image ···················· 107
   7. Inpaint Image ···················· 108

05 Novel AI-이미지 제네레이터 기능을 이용한 이미지 생성&변형 ···················· 110
   1. 직접 그림을 그려 이미지 베이스 만들기 ···················· 110
   2. Vibe Transfer ···················· 112
   3. Director Tools ···················· 114

06 Novel AI-이미지 제네레이터 AI Settings ···················· 120
   1. Steps ···················· 120

차례

    2. Prompt Guidance ······ 122
    3. Seed ······ 123
    4. Sampler ······ 123

07 기타 기능 ······ 125
    1. 다른 모델을 이용한 이미지 생성(V3/V4) ······ 125
    2. 다른 모델을 이용한 이미지 생성(V2) ······ 127

08 태그 작성 보조용 웹 사이트 소개 ······ 130
    1. 프롬프트 태그 추천 및 참고용 사이트 ······ 130

Part 3 　 니지저니

01 니지저니 가입/구독 및 비공개 서버 세팅 ······ 134
    1. 니지저니를 사용하기 위한 디스코드 설치 및 서버 가입 ······ 134
    2. 니지저니 구독 및 요금제 설명 ······ 139
    3. 비공개 스레드 만들기 ······ 143

02 니지저니-이미지 생성 ······ 146
    1. 프롬프트를 이용해 이미지 생성하기 ······ 146
    2. 이미지 링크(i2i)를 이용해 이미지 생성하기 ······ 150
    3. 파라미터를 이용해 이미지 생성하기 ······ 153
    4. 이미지 링크, 프롬프트, 파라미터를 활용해 이미지 생성하기 ······ 158

03 니지저니-이미지 변형 ······ 159
    1. 니지저니 기능 설명 ······ 159
    2. V(베리에이션) ······ 160
    3. 재생성 ······ 160
    4. U(업스케일) ······ 161
    5. 기능 활용 ······ 165
    6. Vary(Region)-인페인트 ······ 166

04 니지저니-기타 기능 ······ 170
    1. 내 정보/갤러리 웹 사이트 ······ 170
    2. /describe(텍스트 역추출) ······ 172
    3. /blend(사진 혼합) ······ 175
    4. /setting(세팅) ······ 177

05 여러 기능을 활용해 나만의 캐릭터 만들기 ········ 179

Part 4 ㅣ 스테이블 디퓨전

01 스테이블 디퓨전을 위한 필수 웹 사이트 ········ 188
1. CIVIT AI ········ 188
2. Lexica ········ 190
3. Prompt Search ········ 191

02 스테이블 디퓨전 web UI와 관련 도구 설치하기 ········ 192
1. Web UI 설치하기 ········ 192

03 스테이블 디퓨전 기능 살펴보기 ········ 200
1. txt2img ········ 200
2. img2img ········ 202
3. PNG Info ········ 206
4. Settings ········ 206
5. Installed ········ 208
6. Available ········ 209

04 원하는 화풍으로 AI 이미지 생성하기 ········ 211
1. 모델 다운로드와 설치 ········ 211
2. 예시 이미지의 프롬프트를 참고해 이미지 제작하기 ········ 216
3. inpaint를 이용해 부분적으로 수정하기 ········ 220
4. LoRA를 사용해 변화 주기 ········ 221

05 퀄리티 업을 위한 ControlNet 활용하기 ········ 228
1. ControlNet의 OpenPose를 사용해 포즈 적용하기 ········ 228
2. ControlNet의 Canny를 사용해 라인 인식하기 ········ 235

06 스테이블 디퓨전을 활용해 표지 일러스트 완성하기 ········ 242

Part 5 ㅣ 예시 이미지와 프롬프트 모음

예시 이미지와 프롬프트 모음 ········ 256

이미지 제작 프롬프트] 1 female, side view, afro hairstyle, double exposure effect, cityscape inside hair, skyscrapers and buildings, sunset lighting, warm golden tones, urban background

Part 1

AI 이미지를 생성하기 위한 어도비 포토샵과 파이어플라이

포토샵은 어도비 사가 개발한 이미지 편집 소프트웨어입니다. AI로 생성한 이미지들은 훌륭하지만, '나의 니즈에 맞는 이미지'를 만드는 것은 쉬운 일이 아닙니다. 이때 간단한 수정은 포토샵의 도움을 받는 것이 더 효율적일 수 있습니다. Part 1에서는 AI 일러스트 제작에 도움을 줄 포토샵의 역할과 기능에 대해 알아보겠습니다.

CHAPTER 01

AI 일러스트 제작에 쓰이는 포토샵의 기능

AI 일러스트 제작에 쓰이는 포토샵의 기능에 대해 알아보겠습니다.

포토샵의 색조/채도 기능을 활용해 배경의 색상을 바꾼 예시

1 이미지의 편집

제작 과정부터 최종 결과물까지의 이미지 편집을 도와줍니다. 간단한 잘라 내기, 사이즈 수정, 조정 레이어들을 통해 색상 및 톤을 조절할 수 있습니다. 밝기, 대비, 색조, 채도 등을 변

경해 원하는 톤의 이미지로 수정할 수도 있습니다. 일부분만 원하는 컬러로 조정하는 데는 포토샵이 훨씬 간편합니다.

러프 드로잉을 바탕으로 Image to Image 기능 사용

브러시 드로잉 예시

2 브러시 드로잉

　내가 원하는 구도나 상황이 명확하다면, 브러시를 이용해 입력 이미지(러프)를 그린 후에 작업하는 것이 좀 더 효율적일 수 있습니다. AI 작업 중 image to image(이미지를 만들어 내는 과정에서 참고 이미지와 유사한 작업물을 뽑아 내는 과정, 입력 이미지(러프)+명령어=출력 이미지) 기능을 활용하는 데 도움을 줍니다. 출력된 AI 이미지의 일부분만 수정하고 싶다면, AI 일러스트를 다시 그리는 것보다는 브러시로 리터칭하는 것이 좀 더 빠를 수 있습니다.

파이어플라이를 이용한 사진의 확장

3 어도비 파이어플라이

　어도비 사의 AI 기술을 활용하면 이미지를 쉽게 변형하거나 확장할 수 있습니다. 수정을 원하는 곳을 선택한 후 명령어를 입력하면 이미지를 자동으로 합성해 줍니다. 잘린 이미지의 영역 확장, 이미지에 명령어로 입력된 개체를 생성하기 쉬우며 특히 사진과 배경을 수정하는 데 강점이 있습니다.

CHAPTER 02 포토샵의 설치 방법과 요금제

포토샵(Adobe Photoshop)의 설치 방법과 요금제에 대해 알아보겠습니다. 포토샵은 어도비 크리에이티브 클라우드(Adobe Creative Cloud) 구독 서비스를 이용해 설치할 수 있습니다.

1 어도비 크리에이티브 클라우드 계정 생성 또는 로그인

01 어도비 크리에이티브 클라우드 계정을 사용하기 위해 어도비 ID(Adobe ID)를 생성합니다. 어도비 크리에이티브 클라우드 웹 사이트(https://creativecloud.adobe.com/apps/all/desktop)에 접속해 계정을 생성하거나 로그인할 수도 있습니다.

02 앱 리스트에서 포토샵을 찾을 수 있습니다.

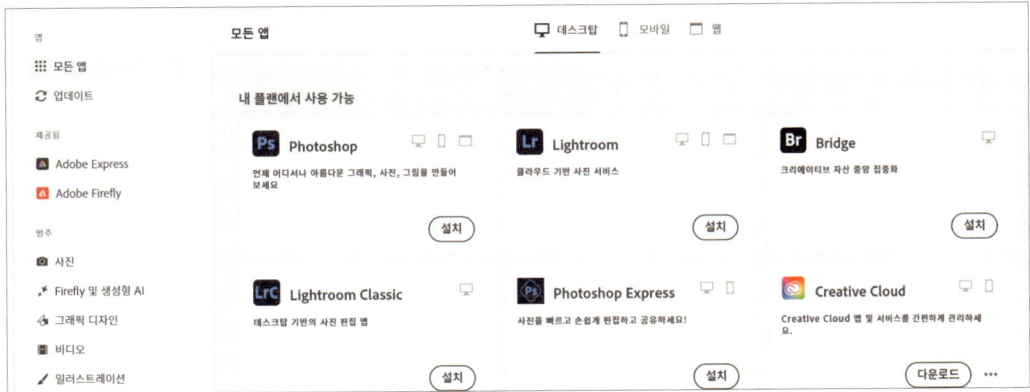

> **Tip** 어도비의 요금제는 프로그램을 단독으로 구독하는 것보다 여러 프로그램이 포함된 패키지를 선택하는 편이 더 저렴합니다. 심지어 포토샵만 구매할 때보다 2~3개가 묶인 패키지 요금이 더 저렴한 경우도 있으므로 구매 전 요금제와 프로모션을 반드시 체크합시다!

03 구독 플랜이 따로 없는 경우에는 '시험 사용'을 설치한 후에 전환할 수 있습니다. [구매하기] 버튼을 통해 플랜을 먼저 구매한 후 설치할 수도 있습니다.

2. 구독 플랜 선택

01 포토샵을 사용할 수 있는 구독 플랜은 총 3종입니다. Photoshop 플랜, 포토그래피 플랜, 모든 앱 플랜 중 하나를 선택할 수 있습니다.

Photoshop 플랜	포토그래피 플랜(20GB)	모든 앱 플랜
₩24,000/월	₩11,000/월	₩61,600/월
또는 구매 전 7일간 무료 체험	또는 구매 전 7일간 무료 체험	또는 구매 전 7일간 무료 체험
• 사진 편집 및 디자인과 드로잉 • iPad 드로잉 앱 Adobe Fresco 포함 • 템플릿을 선택하는 것만으로 간편하게 디자인을 할 수 있는 Adobe Express 포함 • 100GB 클라우드 스토리지	• 디자인 또는 사진 편집 및 관리 • 사진 대량 편집의 강자 Litghtroom 포함 • 20GB 클라우드 스토리지	• 사진, 디자인, 영상, 문서 작업 • 20개 이상의 앱과 서비스 포함 • 100GB 클라우드 스토리지 • Photoshop, Illustrator, Premiere Pro 등, 3개 이상의 인기 앱 사용 시 경제적인 플랜

02 위 구독 플랜은 개인 대상입니다. 기업, 학생 및 교사, 학교일 경우, 상단 탭에서 다른 요금제를 선택하세요. 포토샵 외에 다른 어도비 앱도 많이 사용하는 경우에는 '모든 앱 플랜', 포토샵만 사용하는 경우에는 '포토그래피 플랜'을 선택합니다. 'Photoshop' 플랜은 포토샵이 포함돼 있는 포토그래피 플랜보다 50% 이상 비싸므로 권장하지 않습니다.

3. 포토샵 설치 시작

01 [설치] 버튼을 눌러 포토샵 설치를 시작합니다. 아이콘을 클릭하면 언어와 버전 설정을 바꿀 수 있습니다. 이후에 설명할 파이어플라이의 기능을 사용하기 위해 꼭 25.0 버전 이후를 설치합시다.

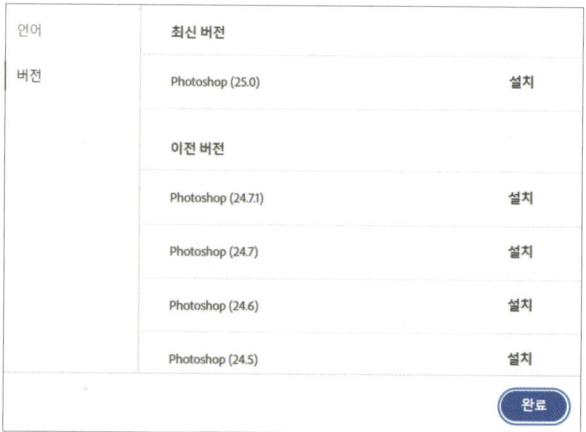

구버전이 설치돼 있는 경우

이전 버전 제거의 체크 표시를 해제하면 2가지 버전의 포토샵을 설치할 수 있습니다.

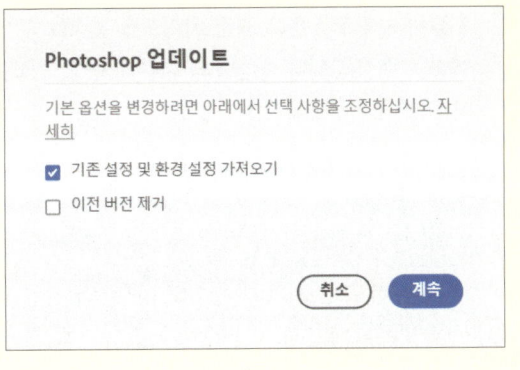

 설치가 완료되면 포토샵을 실행할 수 있습니다.

 포토샵을 실행합니다.

4 작업 시작하기

01 [새 파일] 버튼을 눌러 빈 캔버스를 생성하거나 수정하고자 하는 이미지를 불러옵니다. 상단 탭을 통해 저장된 사이즈나 인쇄 표준 사이즈를 불러올 수 있으며 하단 검색창을 통해 어도비 스톡의 템플릿을 찾아볼 수 있습니다. 해상도의 경우 72픽셀, 인쇄를 진행할 경우 300픽셀을 권장하며 색상 모드의 경우 RGB로 진행합니다.

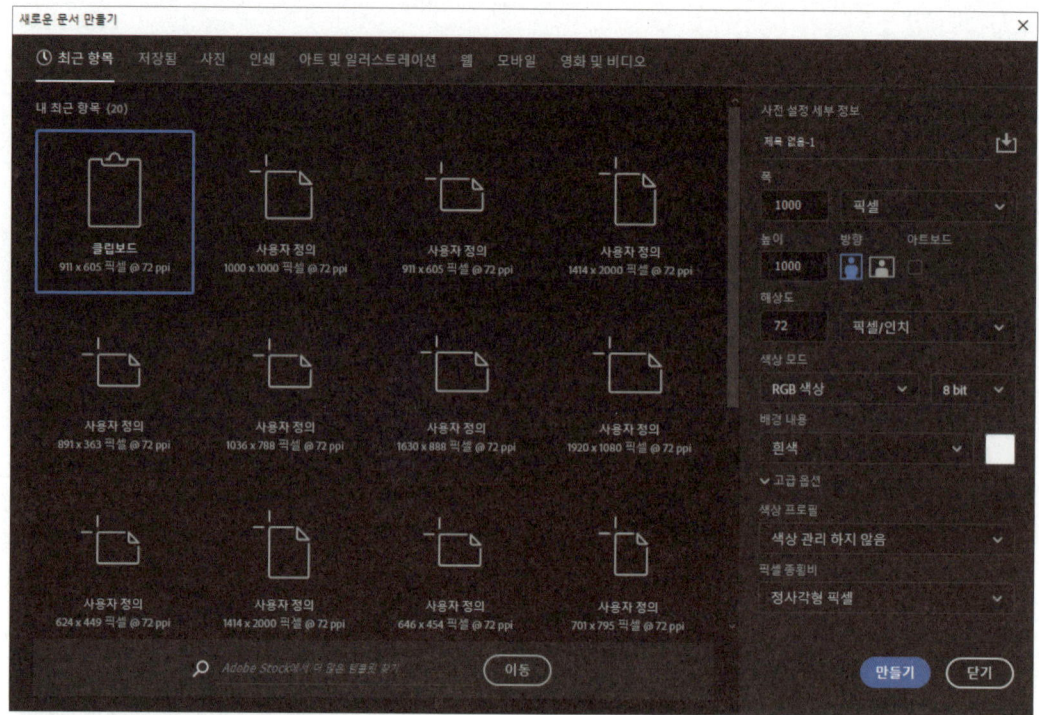

CHAPTER 03 포토샵을 활용하기 위한 도구 알기: 드로잉 파트

포토샵의 기능 중 AI 일러스트 수정 및 파이어 플라이 활용에 필요한 몇 가지 도구만 중점적으로 알아보겠습니다. 모두 외우려고 하기보다는 그때그때 필요한 기능을 찾아 사용하면 됩니다.

1 포토샵 드로잉 도구 살펴보기

1. 포토샵 도구 상세 보기

❶ 이동 도구(V): 선택 영역 또는 레이어 전체 이동
❷ 선택 윤곽 도구(M): 지정된 모양으로 영역 선택
❸ 올가미 도구(L): 자유롭게 드래그해 영역 선택
❹ 자동 선택 도구(W): 비슷한 색상의 이미지 영역 선택
❺ 자르기 도구(C): 이미지의 일부를 재단하거나 캔버스 영역을 확장
❻ 스포이트 도구(I): 이미지의 색상을 복사
❼ 브러시 도구(B): 사용자가 정의한 브러시 획으로 페인트
❽ 연필 도구(B): 가장자리가 선명한 브러시 획으로 페인트
❾ 색상 대체 도구(B): 기존 색상 위에 선택한 색상 페인트
❿ 혼합 브러시 도구(B): 혼합 색상 및 다양하고 사실적인 페인트 믹싱 질감 표현
⓫ 복제 도장 도구(S): 다른 부분의 이미지를 복제해 다른 곳에 찍어 내기
⓬ 작업 내역 브러시 도구(Y): 이미지의 일부를 이전 상태로 복원
⓭ 지우개 도구(E): 픽셀을 지우거나 지워지지 않는 경우 배경색으로 대체
⓮ 그레이디언트 도구(G): 색상들을 혼합해 그러데이션으로 표현

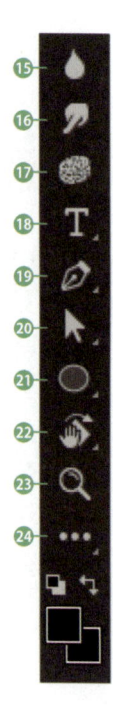

⑮ **흐림 효과 도구**: 드래그된 부분을 흐리게 표현

⑯ **손가락 도구**: 드래그된 부분의 색상을 문질러 표현

⑰ **스폰지 도구(O)**: 이미지 영역의 채도와 활기를 변경

⑱ **수평 문자 도구(T)**: 텍스트 입력 칸 생성

⑲ **펜 도구(P)**: 기준점과 핸들을 사용해 패스 또는 모양 만들기

⑳ **직접 선택 도구(A)**: 패스의 개별 점과 세그먼트 선택

㉑ **도형 그리기 도구(U)**: 선택된 도형 그리기

㉒ **회전 보기 도구(R)**: 보이는 이미지 화면을 회전

㉓ **돋보기 도구(Z)**: 보이는 이미지 화면을 확대 또는 축소

㉔ **도구 모음**: 외부에 표시돼 있지 않은 도구들의 모음

- 포토샵 버전에 따라 스팟 복구 브러시 도구 J가 해당 칸에 있는 경우가 있음.
- 보이는 화면 확대 축소: Alt + 마우스 휠
- 보이는 화면 이동 = 스페이스바(Spacebar) = 도구 모음 내 '손 도구'와 동일한 기능
- 브러시 크기 축소: [
- 브러시 크기 확대:]

2. 상단 브러시 옵션 상세 보기

❶ **도구 사전 설정**: 고정된 값의 도구들을 저장하고 선택(브러시 외의 다른 기능도 포함)

❷ **브러시 선택 창**: 브러시를 선택, 간단한 설정 수정이나 저장, 불러오기도 가능

❸ **브러시 설정**: 브러시의 세부 설정을 수정, [창]-[브러시 설정]과 같은 기능

❹ 브러시의 혼합 모드를 변경

❺ 브러시의 불투명도를 조정

❻ 필압에 따른 불투명도 조절

❼ 브러시의 흐름 정도를 조정

❽ 에어브러시 강화 효과 사용

❾ 손떨림 보정 기능의 강도를 조절, [브러시 설정]의 보정 기능에 체크 표시가 돼 있어야 활성화됨.

❿ 브러시 모양의 각도를 변경

⓫ 필압에 따른 브러시 모양의 크기 조절

⓬ 대칭 그리기 옵션 설정

3. 브러시 정보 창 설정 상세 보기

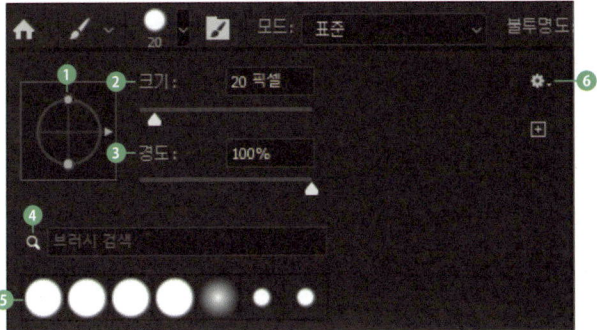

1. 브러시 모양의 각도와 원형율 조정
2. 브러시의 크기 조정
3. 브러시의 경도 조정
4. 브러시 검색
5. 가장 최근에 사용한 브러시 리스트. 사이즈만 변동해도 리스트에 추가됨.
6. **브러시 선택 창 설정**: 리스트 방식 수정, 브러시 저장 및 내보내기, 브러시 이름 수정 및 삭제, 브러시 다운로드 등의 기능이 있음.

4. 대칭 그리기 옵션 설정 상세 보기

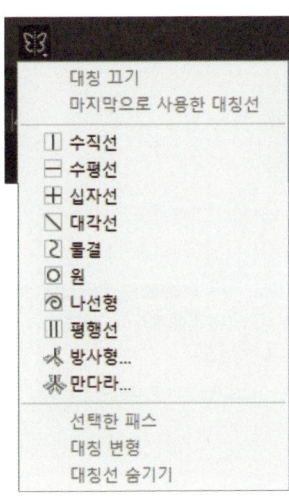 

> **Tip** 대칭 선을 꺼내 드로잉 과정을 단축할 수 있습니다. 대칭 선의 이동은 이동 도구(Ⓥ)가 아닌, 직접 선택 도구(Ⓐ)를 선택해야 합니다.

5. 브러시 설정 상세 보기

브러시 설정 도중 문제가 생기기 쉬운 부분만 간략히 살펴보겠습니다.

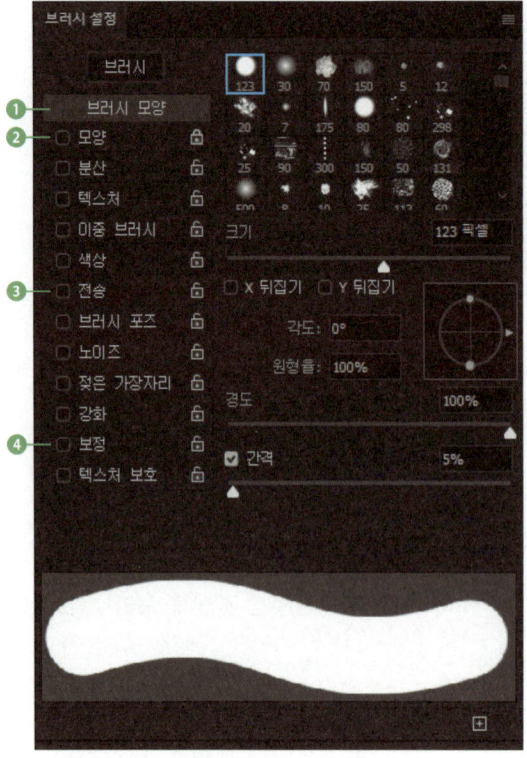

❶ **브러시 모양**: 브러시 선택 창과 유사하지만 브러시 모양의 간격 조정 가능

❷ **모양**: 브러시 모양의 변화를 조정. 필압에 따라 브러시의 크기가 변하지 않는다면 해당 칸의 [크기 지터]-[조절: 펜 압력]으로 설정돼 있는지 체크

❸ **전송**: 브러시의 불투명도와 흐름 변화를 조정. 필압에 따라 브러시의 불투명도가 변하지 않는다면 해당 칸의 [불투명도 지터]-[조절: 펜 압력]으로 설정돼 있는지 체크

❹ **보정**: 손떨림 보정 활성화돼 있는지 체크. 해당 부분의 체크 표시가 해제돼 있으면 상단 보정 칸의 %를 입력할 수 없음.

경도: 100% / 간격: 0%

경도: 0% / 간격: 0%

경도: 100% / 간격: 50%

> ◆ Tip ◆ 포토샵 브러시 경험이 많지 않다면, 잘 만들어진 브러시를 다운로드해서 설정을 살펴보고 이후 커스터마이징해 보는 것을 추천합니다. 특히 텍스처, 이중 브러시 등은 경험이 없는 상태에서 사용하기에는 강도와 효과를 예측하기 어렵습니다. 따라서 예시가 될 만한 브러시들로 적용되는 강도와 원리를 확인해 보는 과정이 필요합니다.
> 마음에 드는 브러시를 찾았다면, 설정을 바로 열어 보지 말고 비슷한 느낌의 브러시를 스스로 만들어 본 후 원본과 비교해 보는 것도 좋은 방법입니다.

2 포토샵 드로잉 도구 활용해 i2i 간소화하기

포토샵의 기초 기능들과 브러시를 활용해 간단한 수정 작업을 해 보겠습니다. image to image 기능을 쓰고 싶을 때 응용하기 좋습니다.

원본 이미지

> **+ 이미지 제작 프롬프트** Cartoon girl, white skin, simple tone, flat color
>
> ✦ 명령어 white skin의 경우, white만 제대로 인식하고 밝은 톤의 피부를 표현하지 못했지만, 이미지가 마음에 들어 재생성한 후에 진행했습니다.

해당 이미지를 바탕으로 '문틈 사이로 나오는 빛을 받고 있는 소녀'를 작업해 보겠습니다. 연출은 하고 싶은데 어떤 명령어를 적어야 할지 모르는 경우나 매우 구체적인 상황이 머릿속에 있어서 이미지로 지정해 주는 것이 나은 경우에 사용하기 좋습니다.

01 캔버스에 이미지를 불러옵니다. 혹시 모를 상황에 대비해 원본 이미지를 복사한 후 레이어 왼쪽의 눈 아이콘을 클릭해 숨깁니다.

02 자동 선택 도구(W)를 이용해 배경을 선택합니다. 배경과 헤어가 둘 다 흰색이기 때문에 허용치를 '6'으로 두고 작업했습니다. 허용치는 상황에 따라 조절하세요.

03 머리카락 사이, 팔과 몸의 사이 등과 같이 배경인 부분은 모두 선택합니다. Shift 를 누른 채 선택하면 추가로 선택할 수 있습니다.

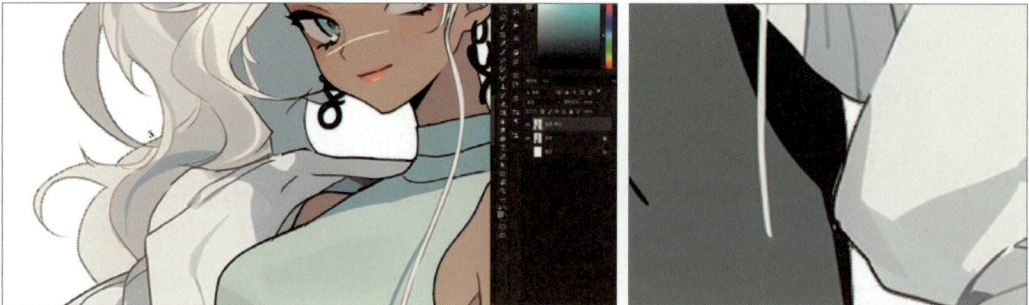

04 Delete 를 눌러 배경을 제거합니다.

05 새로운 레이어를 생성한 후 브러시(B)로 그림자 영역을 그립니다. 경계가 선명해야 하므로 경도가 높은 브러시를 사용합니다. Shift 를 누르면 직선으로 드로잉할 수 있습니다. 색상은 이후에도 바꿀 수 있으므로 아무 색이나 사용해도 괜찮습니다.

06 레이어의 속성을 그림자를 표현하는 데 적합한 속성인 '곱하기'로 변경합니다(44쪽 참고).

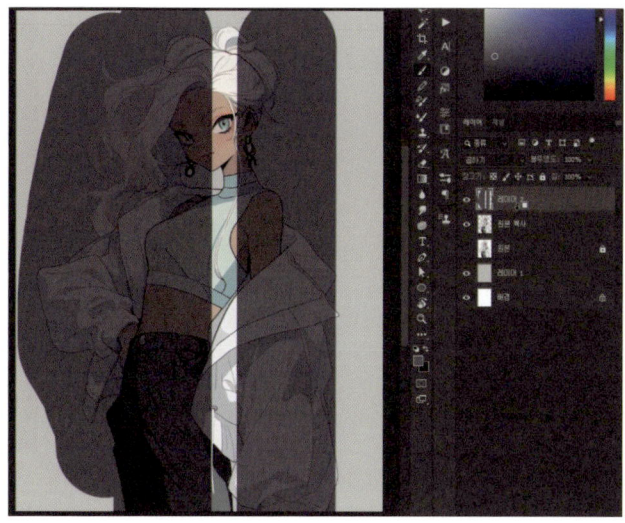

07 그림자 레이어(레이어 2)와 캐릭터 레이어(원본 복사) 사이를 Alt 를 누른 채로 클릭합니다.

08 그림자 레이어가 캐릭터 레이어에 소속되는 형태로 변경됩니다. 이제부터는 그림자 레이어에 드로잉을 추가해도 캐릭터 레이어의 영역 이상으로 보이지 않습니다.

09 그림자 레이어의 위치를 이동하면 빛이 들어오는 곳을 수정할 수 있습니다.

10 브러시(B)와 지우개(E)를 이용해 그림자 영역을 수정합니다. 이후 image to image의 과정을 진행할 것이기 때문에 완벽하게 그릴 필요는 없습니다. 그림자가 1자로 떨어지기보다는 굴곡을 따라 울퉁불퉁해야 자연스럽기 때문에 적당히 울퉁불퉁하게 수정하겠습니다.

11 그림자 영역의 수정이 모두 끝났다면 레이어 패널 상단의 잠그기 칸에서 첫 번째 아이콘을 클릭해 '투명 픽셀 잠그기' 기능을 사용합니다. 그림자 영역은 해당 버튼을 다시 누르기 전까지 고정됩니다.

12 그림자 레이어의 색과 배경색을 변경하면서 원하는 이미지를 찾습니다.

⑬ 경도 0의 매우 부드러운 브러시로 빛이 닿는 부분들을 칠합니다. 레이어 속성은 빛을 표현하는 데 편리한 '오버레이'로 변경합니다. ⑪, ⑫의 과정을 거쳐 빛의 색상도 조절합니다.

⑭ 빛 표현의 경우, 숙련도에 따라 조절하기 어려울 수 있습니다. 강도는 약하게 투명도는 높게 브러싱한 후 레이어를 복사해 조절하는 것이 좀 더 쉬울 수 있습니다.

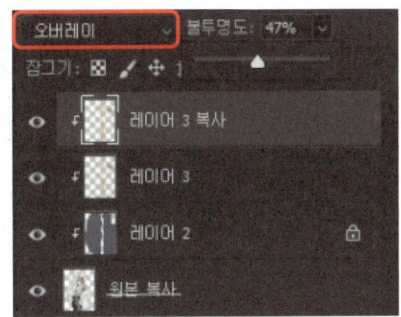

⑮ image to image에 사용할 '그림자 연출이 들어간 이미지'가 완성됐습니다.

해당 이미지를 이용해 image to image를 진행하겠습니다.

변동 강도: 0.4

변동 강도: 0.5

> Stable Diffusion 사용
> **i2i prompt**: 1girl, masterpiece, best quality
> **Negative prompt**: (worst quality, low quality:1.4),(bad anatomy:1.5)
> **Model**: AOM3
> (Stabel Diffusion의 상세 사용법은 이후에 나옵니다.)

16 '소녀'와 퀄리티를 요구하는 간단한 프롬프트 정도로도 이미지를 제작했습니다. 변동 강도 '0.4'의 첫 번째 이미지가 마음에 들어 추가 수정을 해 보겠습니다.

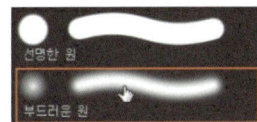

큰 문제가 되는 얼굴의 노이즈들(이마의 머리카락의 연결, 입 옆의 하얀 선)을 경도가 낮은 부드러운 원 브러시로 제거해 보겠습니다.

17 제거하고자 하는 부분의 옆 영역의 색상을 복사한 후 채색해 노이즈를 제거합니다. 브러시 도구(B)를 선택한 채 Alt 를 누르면 스포이트 기능을 사용할 수 있습니다. 이때 새 레이어를 생성할 것인지의 여부는 마음대로 정하면 됩니다. 옆의 색상 복사→브러싱→옆의 색상 복사→브러싱을 반복합니다. 경계는 이후 수정 시 조정 가능하므로 노이즈를 없애는 데 중점을 두고 작업합니다.

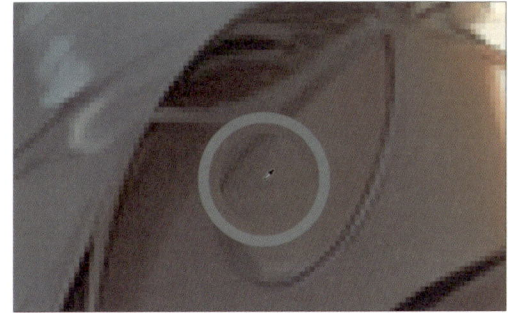

18 멀리서 전체를 보며 상태를 확인합니다. 노이즈가 제거되기는 했지만, 경계면의 어색함이 아직 남아 있습니다. 색이 섞이는 효과를 강하게 주고 싶은 경우에는 19의 손가락 도구를 사용하고 현상황을 최대한 유지하되 은은하게 하고 싶은 경우에는 20의 흐림 효과 도구를 사용합니다. 둘 다 혼합해서 사용하는 경우도 많으므로 자유롭게 선택하세요.

⑲ 손가락 도구를 이용해 경계면의 색상을 섞어 줍니다.

⑳ 색이 잘 믹싱됐지만, 경계가 최대한 덜했으면 하므로 흐림 효과 도구를 사용합니다. 레이어의 경우, 해당 방식으로 문제 없이 수정할 수 있다고 판단돼 합쳐 주었습니다.

㉑ 입가의 노이즈 역시 위 방법처럼 주변색 복사→브러싱 과정을 진행합니다. 이 경우에는 외곽선 라인과 연결돼 있어서 좀 더 어렵게 느껴질 수 있는데 면의 영역인 살과 배경 위주로 채색하거나 마지막에 라인을 그어 정리한다는 생각으로 작업하면 좀 더 쉽게 수정할 수 있습니다.

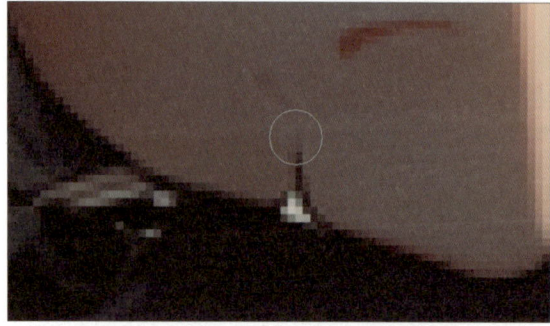

22 이후 남아 있는 얼굴의 얼룩도 손가락 도구 또는 흐림 효과 도구로 제거합니다. 어두운 색, 질감이 있는 경우, 시선의 중심이 되는 부분을 제외하면 조금씩 얼룩이 있어도 문제가 되지는 않습니다. 피부, 이목구비, 매끈하게 넓은 면, 색상이 밝은 부분 등을 위주로 체크합니다.

23 옷의 노이즈도 위와 같은 방법으로 제거합니다. 옷의 아웃라인은 어둠과 가까워 다른 아웃라인보다 더 두껍게 만들어져 있습니다. 양옆의 라인의 두께를 참고해 연결합니다.

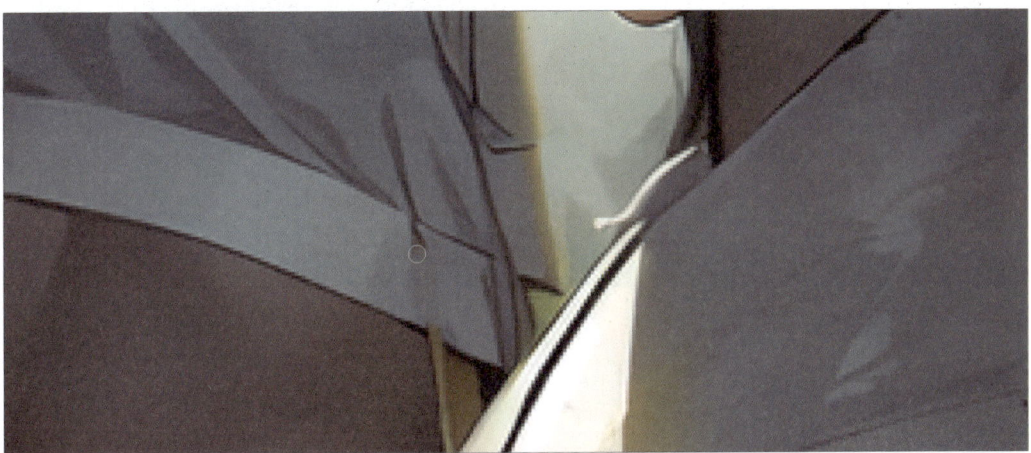

'포토샵 브러시로 노이즈 수정하기'가 완료됐습니다.

기존 이미지   리터칭 이미지

3 자동 선택 도구와 스팟 복구 브러시 도구를 활용해 수정하기

일부분을 수정할 때 유용한 자동 선택 도구(W)와 스팟 복구 브러시 도구(J)를 이용해 간단히 수정해 보겠습니다.

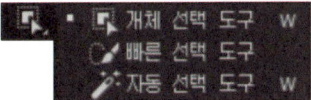

자동 선택 도구(W)의 경우, 도구 창에서 선택이 가능하며 오른쪽 마우스 버튼 클릭을 통해 선택 방식을 바꿔 사용할 수 있습니다.

스팟 복구 브러시 도구(J)의 경우, 버전에 따라 도구 창에서 보이지 않고 도구 모음 아이콘 안에 들어 있는 경우가 있습니다. 해당 아이콘을 클릭한 후 선택합니다.

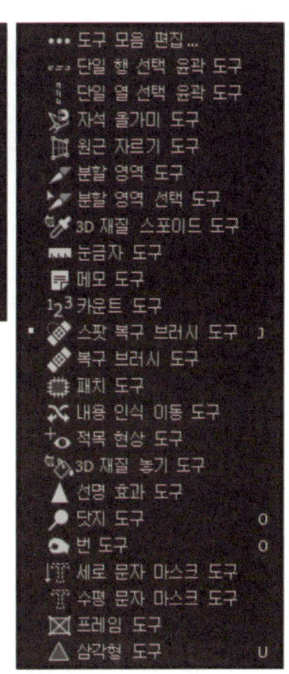

AI로 작업된 해당 일러스트(프롬프트 Realistic, food, hamburger set)의 수정을 진행해 보겠습니다.

먼저 수정해야 할 부분으로 보이는 것은 다음과 같습니다.

1. 햄버거 오른쪽 뒤쪽의 의문의 사각형
2. 넓어진 양상추 영역
3. 깨가 과하게 많음
4. 토마토 위에 있는 의문의 풀

이미지를 새로 뽑기에는 사소한 부분이므로 간단히 수정해 보겠습니다.

01 개체 선택 도구(W)를 클릭한 후 드래그해 제거하고자 하는 영역을 지정합니다. 선택된 영역 외에 추가로 지정해야 하는 영역이 있을 경우 Shift를 누른 채 다시 드래그합니다.

02 개체 선택 도구(W)로 잘 선택되지 않는다면 자동 선택 도구(W)를 이용해 선택 영역을 세밀하게 조정할 수 있습니다.

  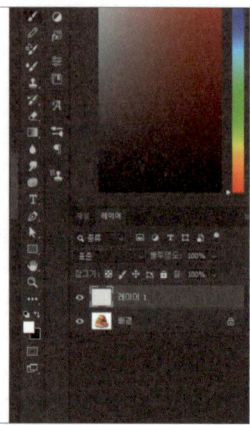

자동 선택 도구(W)를 이용할 경우, 허용치를 조정해 선택 영역들을 세밀하게 설정할 수 있습니다.

❶ 앤티 앨리어스: 픽셀들 사이의 중간을 채워 매끄러워 보일 수 있도록 처리해 선택
❷ 인접: 체크 시 이어진 부분만 선택, 체크 해제 시 이어진 부분이 아니어도 유사 색상이면 선택
❸ 모든 레이어 샘플링: 체크 시 눈에 보이는 모든 레이어의 영향을 받아 선택, 체크 해제 시 현재 작업 중인 레이어 내에서만 영향을 받아 선택

03 이미지 수정 과정에 실수가 생기더라도 원본이 유지되도록 새 레이어를 생성(Ctrl+Shift+N)한 후 흰 색상으로 채색합니다. Alt+Delete를 이용하면 선택 영역 전체를 전경 색상으로 채울 수 있습니다.

04 스팟 복구 브러시 도구(J)를 이용해 제거하고자 하는 부분을 브러싱해 제거합니다. 브러시와 마찬가 지로]를 누르면 브러시의 크기를 축소할 수 있습니다.

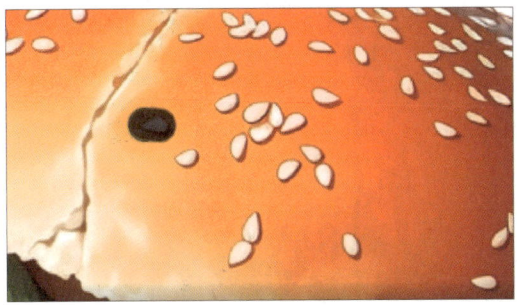 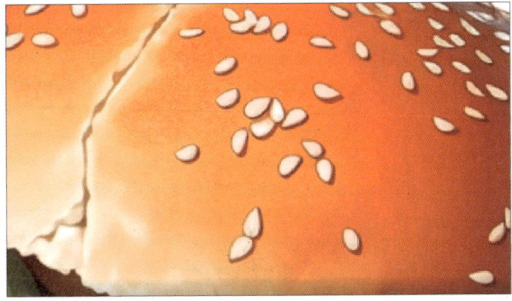

> ◆ Tip ◆
>
> **제거해야 하는 개체들을 한 번에 선택하기:** 주변 리소스의 영향을 받아 브러싱된 부분 만 수정되는 것이므로 선택 영역이 제거돼 야 하는 부분보다 좁을 경우에는 전부 제거 되지 않습니다.
>
>
>
> **배경은 최대한 배제해 선택하기:** 선택된 부분이 너무 포괄적일 경우, 제거돼야 하는 부분을 정확히 인지하지 못합니다. 제거를 원하는 부분만 정확히 선택합시다.
>
>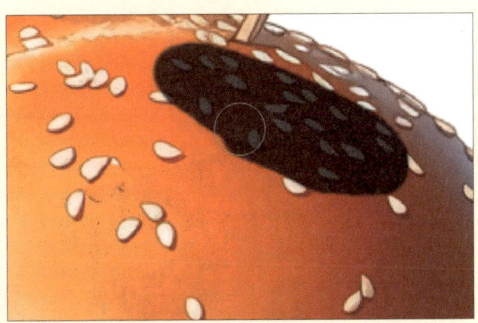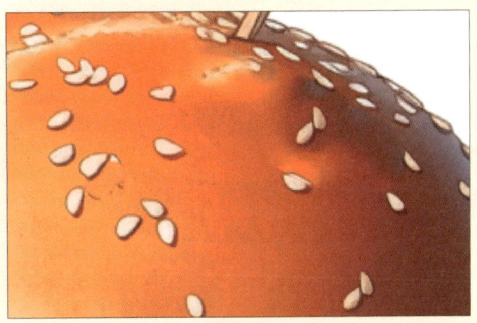
>
> AI의 특성상 선이 끊기거나 2~3개의 사물이 붙어 있어 어색하게 처리돼 있는 부분들 이 있으므로 해당 부분을 중점적으로 수정합니다.
>
>

05 제거하고자 하는 부분들만 조금씩 선택해가면서 제거합니다. 제거되는 과정에서 어색하게 조정된 부분이 있다면, 어색한 부분만 한 번 더 브러싱해 주면 자연스럽게 조정됩니다. 추가 이미지 생성 없이 간단하게 수정됐습니다.

수정 전

수정 후

4. 픽셀 유동화 필터 응용하기

실루엣과 이목구비를 간단하게 보정할 수 있는 픽셀 유동화 필터에 대해 알아보겠습니다. 픽셀 유동화(Ctrl+Shift+X)는 이미지 밀기, 당기기, 회전, 이목구비 키우고 줄이기 등을 통해 섬세하게 수정할 수 있습니다. 해당 필터는 채널당 8비트 또는 16비트 이미지에 적용할 수 있습니다. 필터가 작동되지 않을 경우, 색상 모드의 설정을 확인해 보세요. [이미지]-[모드]에서도 비트/채널을 수정할 수 있습니다.

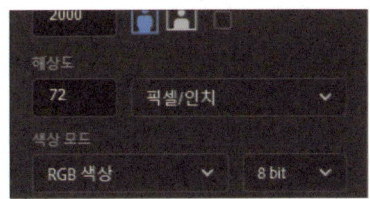

> **Tip** 일반 레이어의 경우, 변동이 완료되면 추후 수정이 어려우므로 원본 이미지를 복사해 둡시다.

1. 픽셀 유동화 옵션 상세 보기

❶ **픽셀 유동화 도구 모음**: 픽셀 유동화에 사용되는 도구 모음입니다. 왜곡 기능, 마스킹, 얼굴 인식, 이동 및 확대 기능들을 사용할 수 있습니다.

❷ **이미지 미리 보기 창**: 이미지의 변동을 볼 수 있는 창입니다. 오른쪽 하단의 미리 보기에 체크 표시가 돼 있지 않을 경우, 변경 사항이 보이지 않습니다.

❸ **브러시 도구 옵션**: 도구들의 브러시 사이즈와 강도를 조절합니다. 브러시 도구(B)와 마찬가지로 확대([), 축소(])가 똑같이 적용됩니다.

❹ **얼굴 인식 픽셀 유동화**: 얼굴을 자동으로 인식해 조절할 수 있도록 해 주는 패널입니다.

❺ **보기 옵션**: 안내선 및 참고를 위한 그리드 메시를 표시하거나 숨깁니다.

❻ **마스크 표시**: 마스킹 영역을 표시하거나 숨깁니다.

❼ **배경 표시**: 화면에 표시되는 레이어나 배경을 선택할 수 있습니다. 불투명도를 조절해 변화를 확인할 때도 사용합니다.

❽ **브러시 재구성 옵션**: 변동 사항을 재구성하거나 복구할 때 사용합니다.

> **◆ Tip ◆** 별도의 선택 없이 픽셀 유동화를 사용할 경우, 캔버스 전체의 영역을 유지한 채 수정합니다. 올가미 도구(L)를 이용해 원하는 부분만 선택한 후에 적용하면 좀 더 편하게 작업할 수 있습니다.

2. 픽셀 유동화 도구 모음

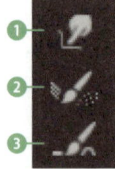

① 뒤틀기 도구(W)
② 재구성 도구(R)
③ 매끄럽게 도구(E)

원본 이미지   뒤틀기 도구(W) 사용

> ✦ 이미지 제작 프롬프트   plaster sculpture, realist, male, Greek, classic, hyperdetail

- **뒤틀기 도구(W)**: 드래그에 따라 픽셀을 밀어내 이동시킵니다. 자연스럽게 왜곡하기 좋아 많이 사용됩니다.

브러시 사이즈: 30

브러시 사이즈: 125

브러시의 사이즈가 작아질수록 섬세하고 많은 터치가 요구됩니다. 경험이 많지 않은 사람이 작은 브러시로 여러 번 수정할 경우, 실루엣이 울퉁불퉁해지기 쉽습니다. 실루엣을 자연스럽게 바꾸고 싶을 때 커다란 브러시로 배경부터 왜곡을 주는 것을 추천합니다.

뒤틀기 도구(W) 사용

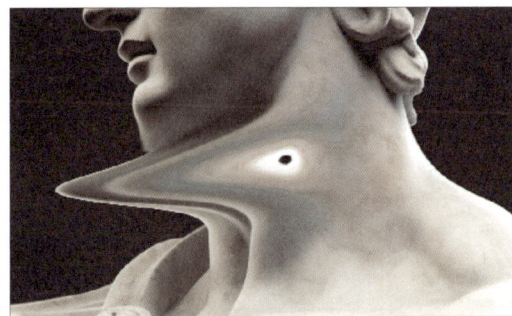
오른쪽 재구성 도구(R) 사용

오른쪽 매끄럽게 도구(E) 사용

- **재구성 도구(R)**: 왜곡 내용을 복원하는 데 사용됩니다.
- **매끄럽게 도구(E)**: 현왜곡 내용을 자연스럽게 수정합니다.

재구성 도구(R)는 복원해가는 과정이므로 많이 사용할수록 원본 이미지로 돌아가지만, 매끄럽게 도구(E)는 최종 이미지가 원본과 다를 수 있습니다.

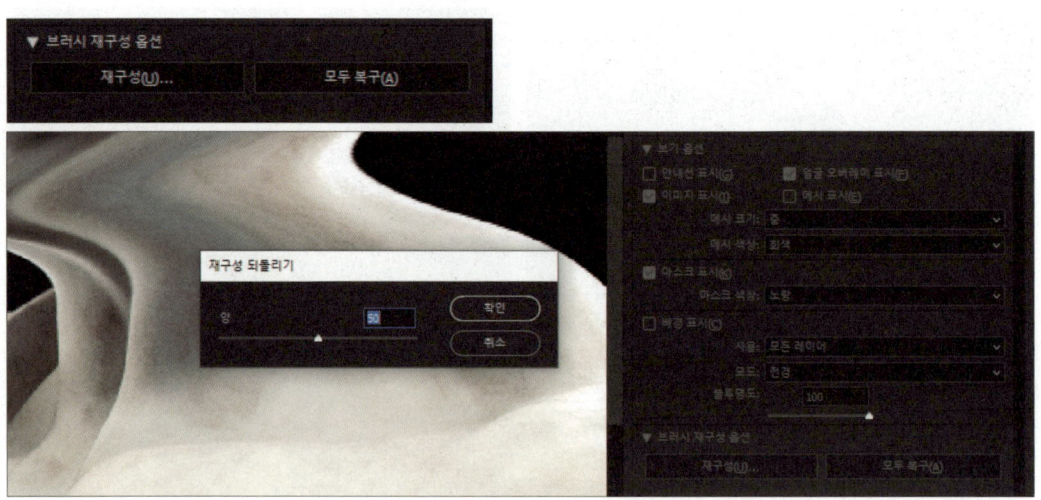

오른쪽 패널의 브러시 재구성 옵션 재구성 기능을 이용하면 왜곡 내용을 복원할 수 있습니다. 양 100이 왜곡 정도 '100%', 양 0이 '원본'입니다. 전체적으로 왜곡의 양을 줄이고 복원하고 싶을 경우에 사용합니다. 왜곡 내용을 전부 지우고 싶을 경우에는 '모두 복구' 기능을 사용합니다.

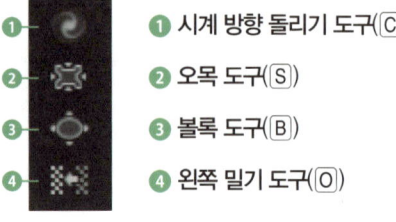

❶ 시계 방향 돌리기 도구(C)
❷ 오목 도구(S)
❸ 볼록 도구(B)
❹ 왼쪽 밀기 도구(O)

- **시계 방향 돌리기 도구(C)**: 클릭하거나 드래그할 때 픽셀을 시계 방향으로 회전시킵니다. 반대 방향으로 돌리려면 Alt를 누른 채 드래그합니다.
- **오목 도구(S)**: 픽셀을 브러시 영역을 중심으로 이동시킵니다.
- **볼록 도구(B)**: 픽셀을 브러시 영역의 중심으로부터 멀리 이동시킵니다.
- **왼쪽 밀기 도구(O)**: 픽셀을 브러시가 이동하는 방향의 왼쪽으로 이동시킵니다. 개체 주위에서 시계 방향으로 드래그해 개체의 크기를 늘릴 수도 있고 시계 반대 방향으로 드래그해 크기를 줄일 수도 있습니다. 픽셀을 미는 방향을 반전시키고 싶을 경우에는 Alt를 누른 채 드래그합니다.

원본 이미지 | 시계 방향 돌리기 도구(Ⓒ) 사용

오목 도구(Ⓢ) 사용 | 볼록 도구(Ⓑ) 사용

> ✦ 이미지 제작 프롬프트 objects, chess, chessboard, checkerboard, low chromatic, high quality, realistic, reality

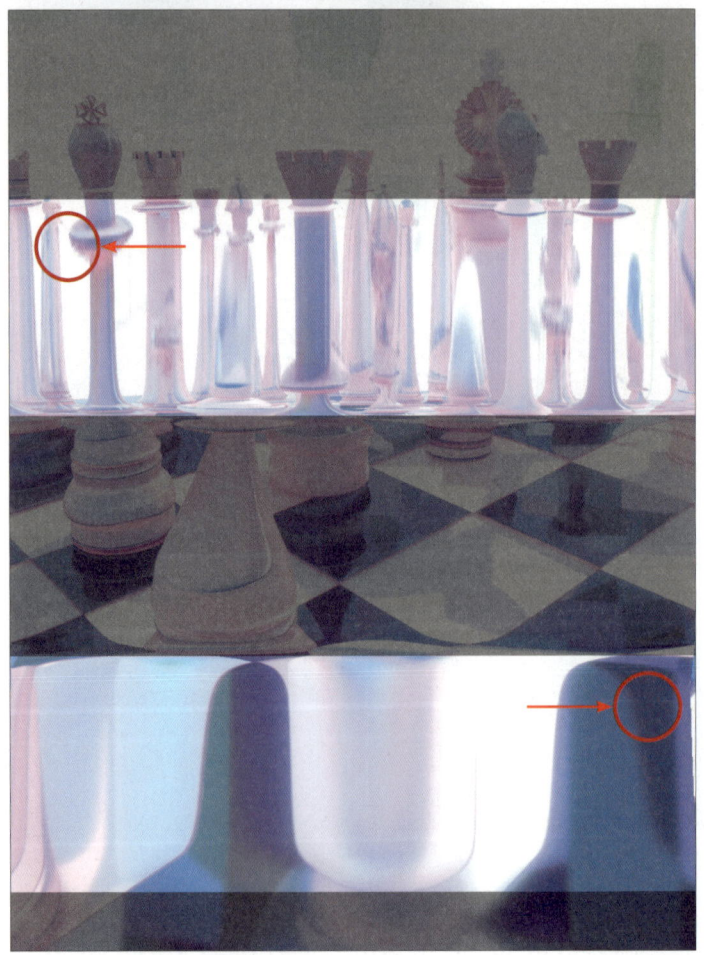

왼쪽 밀기 도구(O) 사용

❶ 마스크 고정 도구(F)
❷ 마스크 고정 해제 도구(D)
❸ 얼굴 도구(A)
❹ 손 도구(H)
❺ 돋보기 도구(Z)

원본 이미지

마스크 고정 이후 왜곡

> ✨ 이미지 제작 프롬프트 pink hair girl portrait, Pixiv style, sunlight

- **마스크 고정 도구(F)**: 왜곡의 영향을 받지 않을 부분을 지정(마스크 고정)합니다. 해당 영역은 왜곡 도구를 클릭한 후 드래그하더라도 왜곡되지 않습니다.
- **마스크 고정 해제 도구(D)**: 마스크 영역을 해제합니다.

오른쪽 패널 마스크 표시 설정에서 마스크 영역 표시 색상을 변경할 수 있습니다.

5 얼굴 인식 기능 활용하기

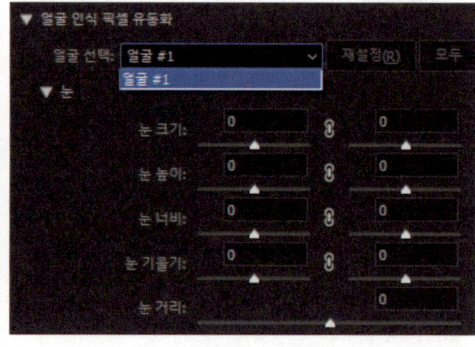

- **얼굴 도구**: 인식된 얼굴의 점을 드래그해 수정할 수 있습니다. 오른쪽 얼굴 인식 픽셀 유동화 패널에서 슬라이더를 이용해 눈, 코, 입, 얼굴 모양을 조정하는 것도 가능합니다. 인물이 여럿일 경우, 얼굴 선택 드롭다운 목록 중 원하는 인물을 선택할 수 있습니다.

원본 이미지

얼굴 인식 픽셀 유동화-입-미소 슬라이더 사용

> ✦ 이미지 제작 프롬프트 pink hair girl portrait, Pixiv style, sunlight

6 데포르메에 따른 얼굴 인식

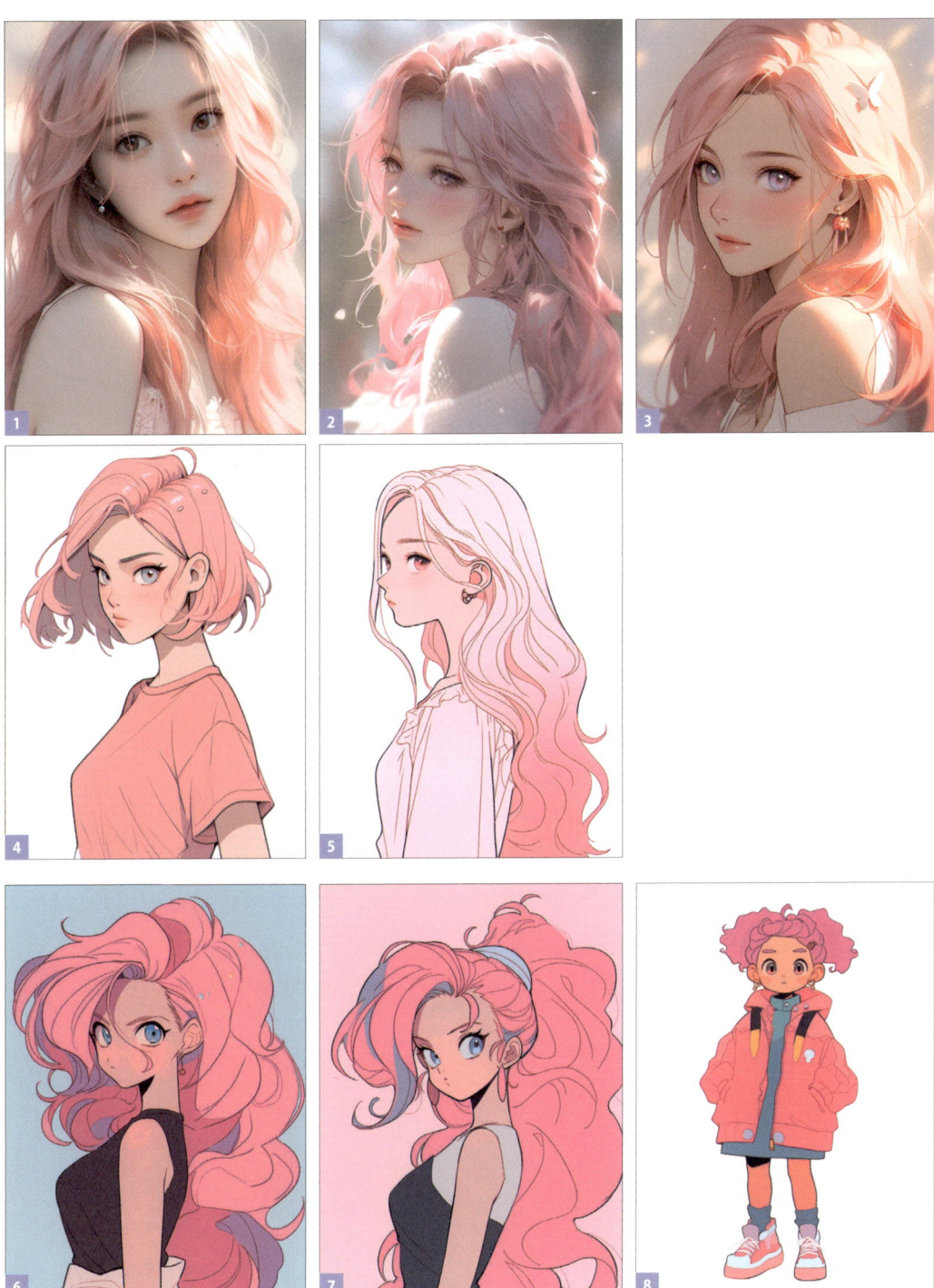

분홍머리 소녀 이미지를 생성한 후 데포르메별로 분류했습니다. 왼쪽에 있을수록 실사에 가까운 이미지, 오른쪽＋하단에 있을수록 데포르메가 강한 이미지입니다. 상단 이미지의 경우 포토샵에서 얼굴로 인식하는 데 성공했지만, 하단의 이미지는 얼굴로 인식되지 않았습니다.

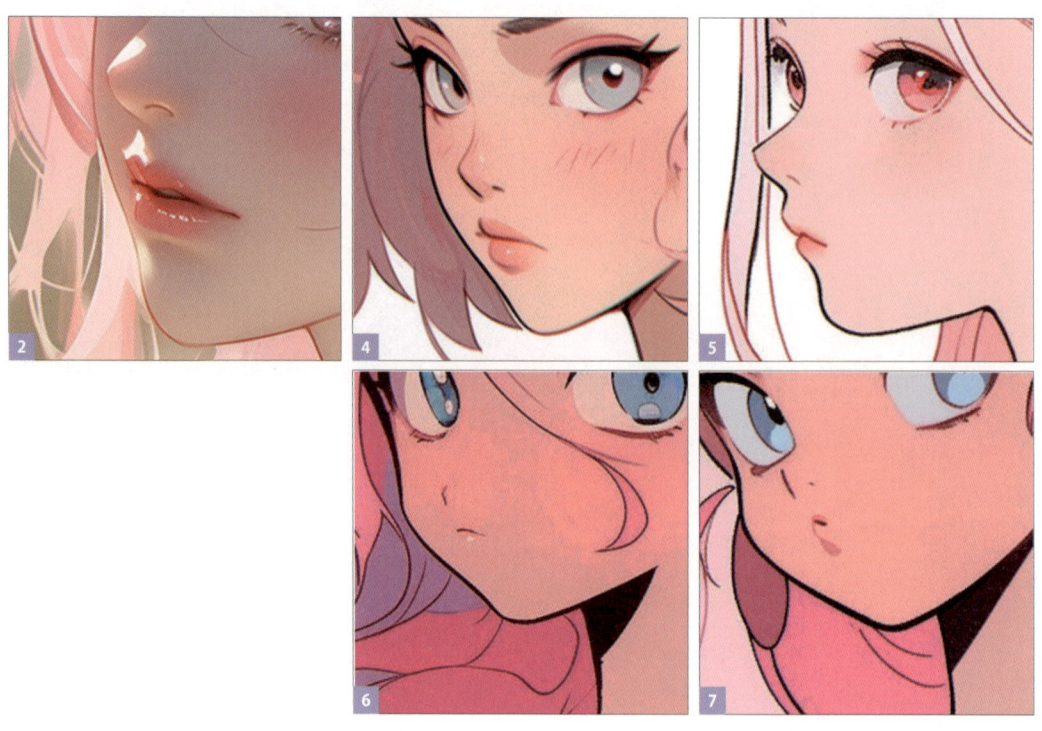

> **2, 4, 5, 6, 7번 이미지 비교**
> 1~3번 [이미지 제작 프롬프트] pink hair girl portrait, Pixiv style, sunlight
> 4~7번 [이미지 제작 프롬프트] cartoon girl, pink hair, long hair, white skin, short tone, flat color
> 8번 [이미지 제작 프롬프트] cartoon girl, pink hair, short tone, flat color

4~7번 이미지의 경우, 눈에서의 데포르메나 묘사법의 차이는 크지 않았지만, 코와 입의 형태에서 두드러지게 차이가 납니다. 다음과 같은 이유로 자동 얼굴 인식이 안 될 수 있습니다.

- 콧볼 또는 콧대의 형상이 명확하지 않음.
- 입술의 표현이 거의 없음.
- 코와 입의 크기가 너무 작아 자동 인식이 어려움.

CHAPTER 04 포토샵을 활용하기 위한 도구 알기: 보정 파트

1 레이어 혼합 모드

 레이어 혼합 모드는 선택된 레이어에 어떤 속성을 부여해 하단 레이어와 합성할 것인지를 선택하는 부분입니다. 레이어 패널의 상단에서 선택할 수 있으며 레이어를 더블클릭했을 때 나타나는 레이어 스타일 창에서도 수정할 수 있습니다. 브러시와 필터의 설정에서도 같은 규칙대로 반영됩니다.

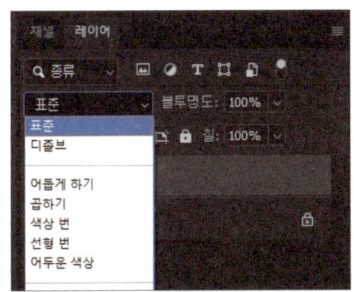

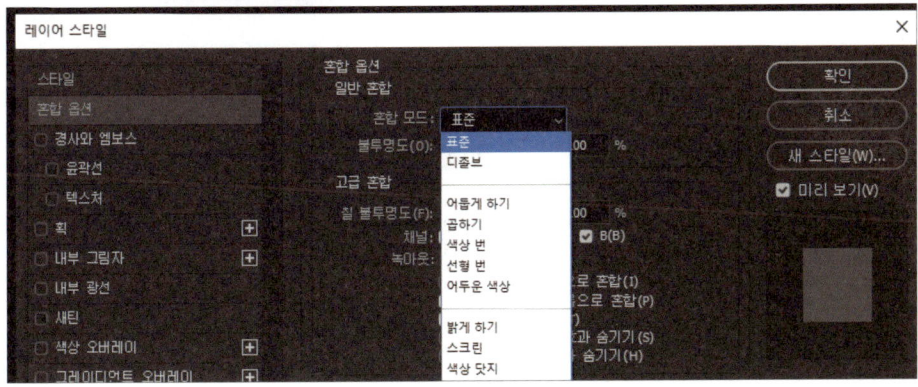

 이미지를 수정할 때 사용할 레이어 혼합 모드의 차이에 대해 알아보겠습니다. 여기서는 대표적인 기능 몇 가지만 소개합니다. 실제 수정 작업 시 주황색 표시된 모드 위주로 사용됩니다.

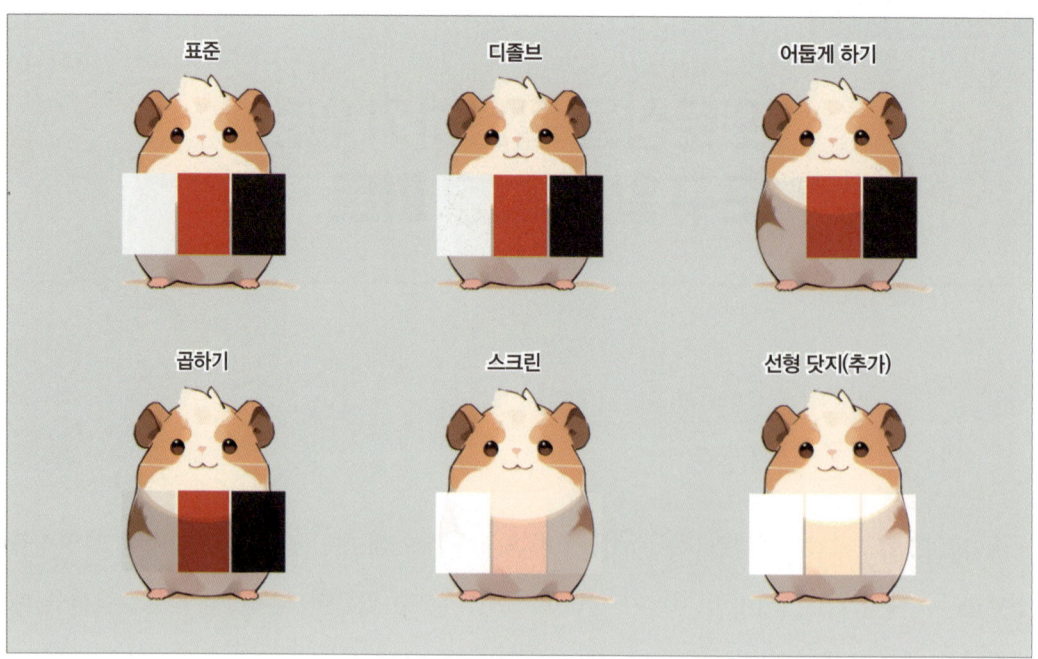

- **표준**: 어떠한 합성 효과도 없는 기본 상태입니다.
- **디졸브**: 불투명도에 따라 픽셀을 기본 색상이나 혼합 색상으로 대체합니다. 잘 사용되지 않지만, 노이즈와 유사한 효과를 줄 수 있어 가끔 사용됩니다.
- **어둡게 하기**: 기본 색상과 혼합 색상 중 좀 더 어두운 색상을 결과 색상으로 선택합니다. 혼합 색상보다 밝은 픽셀은 대체되고 혼합 색상보다 어두운 픽셀은 대체되지 않습니다.
- **곱하기**: 마커펜의 색을 겹쳐 쓰듯이 색상 값을 곱해 표현합니다. 결과는 항상 좀 더 어두운 색상이 됩니다. 흰색은 반영되지 않으며 그림자를 표현할 때 많이 사용됩니다.
- **스크린**: 혼합 색상과 기본 색상의 반전색을 곱합니다. 결과는 항상 좀 더 밝은 색상이 되며 검은색은 반영되지 않습니다. 빛을 표현할 때 많이 사용됩니다.
- **선형 닷지(추가)**: 스크린과 유사하지만, 명도를 증가시켜 기본 색상을 밝게 혼합합니다. 검은색은 반영되지 않습니다. 채도가 높고 강렬한 빛을 표현할 때 많이 사용됩니다.

- **오버레이**: 기본 색상에 따라 색상을 곱하거나 스크린합니다. 기본 색상의 밝은 영역과 어두운 영역을 보존하면서 기존 이미지 위에 겹쳐집니다. 원본이 유지되는 선에서 강한 대비를 줄 수 있어 자주 사용됩니다.
- **하드 혼합**: 혼합 색상의 빨강, 녹색, 파랑 채널 값을 기본 색상의 RGB 값에 추가합니다. 채널의 결과 합계가 255 이상이면 255 값을, 255 미만이면 0 값을 받습니다. 이로 인해 모든 픽셀이 기본 가색인 빨강, 녹색, 파랑과 흰색, 검은색으로 표현됩니다. CMYK 이미지의 경우 기본 감색인 녹청, 노랑, 마젠타와 흰색, 검은색으로 표현됩니다.
- **제외**: 차이와 유사하게 기본 색상과 혼합 색상 중 명도 값이 좀 더 큰 색상에서 다른 색상을 제외합니다. 이 과정에서 차이보다는 대비가 더 낮은 효과를 냅니다. 흰색과 혼합하면 기본 색상이 반전되고 검은색과 혼합하면 색상 변화가 없습니다.
- **색조**: 기존 레이어의 명도와 채도, 혼합 레이어의 색조로 결과 색상을 만듭니다.
- **채도**: 기존 레이어의 명도와 색조, 혼합 레이어의 채도로 결과 색상을 만듭니다.
- **색상**: 색조와 유사하게 보일 수 있지만, 혼합 레이어의 색상과 채도로 결과 색상을 만듭니다. 색조보다 훨씬 적극적으로 반영돼 흔히 말하는 글레이징 효과를 적용하거나 일부분만 바꿀 때 사용하기 좋습니다.

2 조정 레이어와 필터

보정을 빠르게 도와주는 조정 레이어에 대해 알아보겠습니다.

1. 조정 레이어_공통 특징

레이어 패널 하단의 네 번째 아이콘을 클릭하면 조정 레이어를 추가할 수 있습니다. 대부분의 기능들은 상단 탭의 [이미지]-[조정] 안에 들어 있는 기능과 유사합니다.

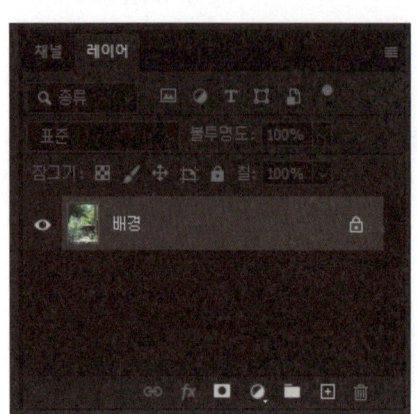
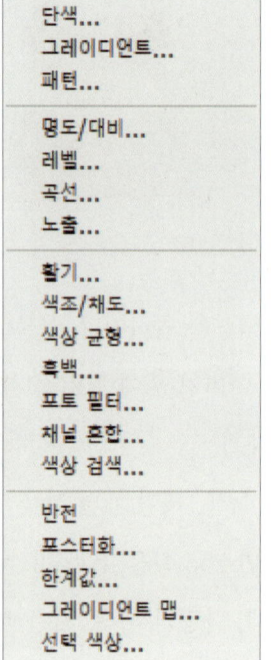

- **[이미지]-[조정]**: 레이어 자체를 수정해 원본이 유지되지 않고 수정하기도 어렵지만, 용량이 가볍습니다.
- **조정 레이어**: 보정 기능의 레이어가 추가되는 형식이므로 수정 및 강도 조절이 편리하고 원본 레이어가 유지됩니다. 레이어 복제를 통해 해당 조정 값을 다른 곳에서도 편히 쓸 수 있습니다. 용량이 상대적으로 무겁습니다.

조정 레이어를 생성할 경우, 마스킹 레이어도 함께 추가됩니다.

포토샵은 채널, 마스킹 레이어 등에서 흰색일 경우 불투명한 개체로, 검은색일 경우 투명한 개체로 인식합니다. 흰색 50:검은색 50의 회색이라면 50%의 투명도를 가집니다. 좀 더 쉽게 이해하기 위해 다양한 예시를 살펴보겠습니다.

마스킹 레이어 전체가 흰색인 경우 | 마스킹 레이어의 CITY NIGHT를 검은색으로 칠한 경우 | 마스킹 레이어의 CITY NIGHT를 흰색으로 놓아 두고 배경을 검은색으로 칠한 경우

✨ 이미지 제작 프롬프트 City night, Makoto Shinkai style, animation background, night view

채도 낮춤 레이어의 마스킹 레이어를 그러데이션으로 채색했을 경우

✨ 이미지 제작 프롬프트 Animation background, Makoto Shinkai style, sea, high quality

흰색에 가까운 영역일수록 강한 효과를 내고 있는 것을 확인할 수 있습니다.

2. 조정 레이어_레벨

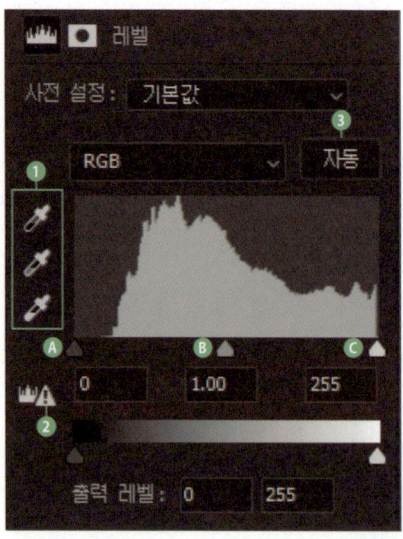

① 이미지의 어두운 영역(Ⓐ), 중간 영역(Ⓑ), 밝은 영역(Ⓒ)의 강도 수준을 조정해 이미지를 교정할 수 있습니다. Ⓐ와 Ⓒ의 간격이 좁아질수록 대비가 강하고 선명하다는 인상을 줄 수 있습니다.

② **출력 수준 슬라이더**: 어느 명도까지 표현할 것인지 선택할 수 있습니다. 점들 간의 간격이 좁아질수록 표현되는 명도 영역이 줄어듭니다.

③ 명도 단계를 자동으로 조정해 줍니다.

이미지가 뿌옇다고 느껴지거나 힘이 약하다고 느껴질 때 간단하게 보정하기 좋습니다.

원본 이미지

Ⓐ와 Ⓒ의 간격 좁힘(대비 강해짐.)

명도 표현 영역 줄임(가장 어두운 영역과 가장 밝은 영역이 줄어듦.)

> ✦ 이미지 제작 프롬프트
>
> Japanese animation background style, Japanese streets, forest, shrine, Ghibli animation studio

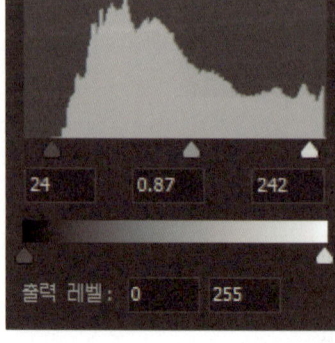

3. 조정 레이어_활기

• **활기와 채도의 차이**

활기는 색상이 완전 순색에 도달할 때 클리핑이 최소화되도록 채도를 조정합니다. 간단히 말해 활기는 색상의 특성을 고려해 손실이 적도록 조정하고 채도는 특성의 고려 없이 모두 동일한 값으로 조정합니다.

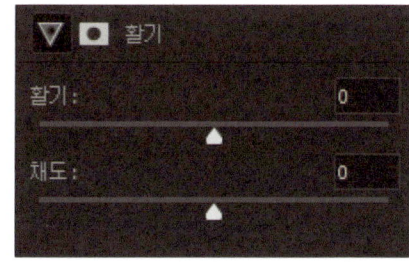

원본 이미지

활기: +100

활기: -100

원본 이미지

채도: +100

채도: -100

활기에 비해 채도가 좀 더 강하면서 이질적인 효과를 내는 것을 확인할 수 있습니다.

4. 조정 레이어_색조/채도

색의 3요소인 색상, 채도, 명도를 조절할 수 있습니다.

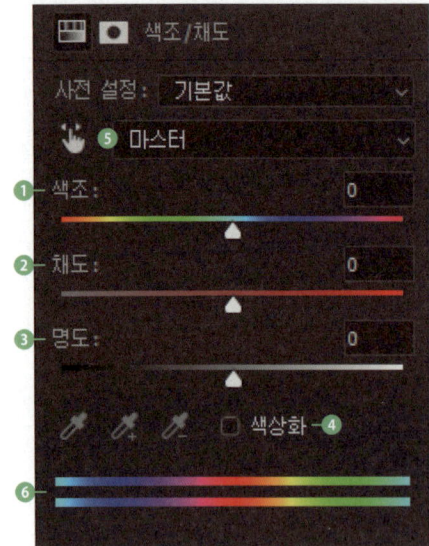

❶ **색조**: 원색 자체를 수정합니다. 가장 강한 변화를 줄 수 있지만, 일괄 적용 시 이질적일 수 있습니다.

❷ **채도**: 색의 순수한 정도, 원색에 가까운 정도를 조정합니다.

❸ **명도**: 밝고 어두운 정도를 조정합니다.

❹ **색상화**: 명도와 단색으로 이뤄진 이미지로 조정합니다. 전경색이 검은색이나 흰색이 아니면 이미지는 현재 전경색의 색조로 변환됩니다.

❺ **계열 선택**: 드롭다운 목록에서 조정하고자 하는 색의 범위를 선택할 수 있습니다. [마스터]를 선택한 후 계열을 선택하고 하단의 슬라이더에서 범위를 조절합니다.

❻ **색상 범위**: 중앙의 밝은 회색 영역은 색상의 범위를, 바깥쪽 어두운 회색 영역은 색상 범위 조정 내용이 감소하는 지점을 나타냅니다. 스포이트를 통해 범위를 추가하거나 뺄 수 있습니다. 눈색, 머리색의 경우, 해당 기능을 이용하면 추가 이미지 제작 없이 쉽게 조정할 수 있습니다.

색상화

원본 이미지   색조: +20   색상화

✨ 이미지 제작 프롬프트   Japanese anime background style, Japanese streets, forest, shrine, morning

(빨강 계열 +30/빨강 계열 +30에 적용 범위 조정) 더 적은 범위의 색상만 바뀌어 더 자연스러움.

5. 조정 레이어_색상 균형

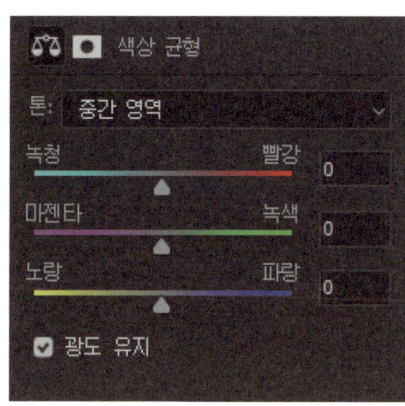

점을 원하는 색감 쪽으로 옮겨 이미지 전체의 색감을 보정합니다. 중점적으로 조정할 톤을 밝은 영역, 중간 영역, 어두운 영역 중에서 선택할 수 있습니다. [광도 유지]에 체크 표시를 했을 경우, 이미지의 색상을 변경하는 동안 광도 값이 무너지는 것이 방지됩니다. 색상 균형은 색조 균형을 유지하는 데 사용되며, 색조 변경과 달리 원본의 배색을 유지하면서 색감을 자연스럽게 바꿀 수 있습니다.

원본 이미지

어두운 영역 파랑 +35

밝은 영역 파랑 +65

같은 값을 주었을 때 광도 유지 체크 표시(왼쪽)/광도 유지 체크 표시 해제(오른쪽)

　[광도 유지]에 체크 표시를 했을 경우, 색상의 반영이 약해지지만 대비가 강하고 현실적인 색감이 나타납니다. [광도 유지]의 체크 표시를 해제하면 색상의 반영이 강해지지만, 필터를 먹인 듯이 약한 대비와 인조적인 색감이 보입니다.

6. 조정 레이어_포토 필터

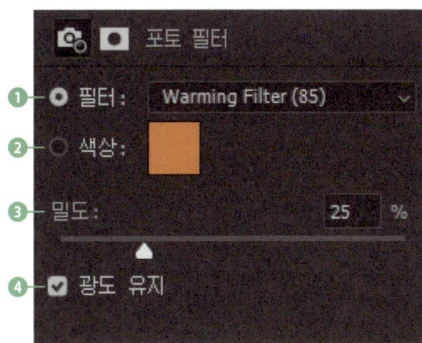

① **필터**: 드롭다운 목록에서 사전 설정 중 하나를 선택합니다.

② **색상**: 이미지 전체에 적용되는 색상을 선택합니다.

③ **밀도**: 밀도 %가 높아질수록 색상이 강하게 반영됩니다.

④ **광도 유지**: 이미지의 색상을 변경하는 동안 광도 값이 무너지는 것이 방지됩니다. 색조 균형을 유지하는 데 사용됩니다.

원본 이미지 밀도: 50% 밀도: 100%

> 이미지 제작 프롬프트 | Ferris wheel, anime style, Makoto Shinkai
> 필터-Warming Filter(81) 사용

7. 조정 레이어_색상 검색

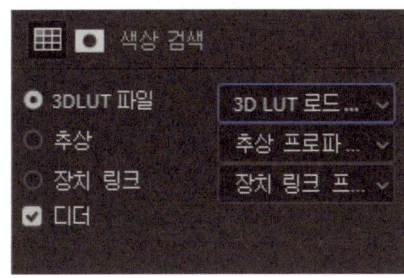

색감 설정 필터를 가져와 사용합니다. 포토샵 내장 세팅은 3DLUT 파일 드롭다운 목록에 들어 있습니다(Fuji 시리즈, Kodak 시리즈, Moonlight, NightFromDay, FallColors 등). 해당 옵션이 비활성화돼 있는 경우, 이미지 색상 모드가 RGB인지 확인하세요.

원본 이미지 　　　　　　　Moonlight.3DL　　　　　　　2Strip.look

8. 조정 레이어_포스터화

현재 이미지의 명도 단계를 간략화해 주는 조정 레이어입니다. 제작된 이미지의 디테일이 과하거나 애니메이션 일러스트에 어울리는 배경을 조합할 때 사용합니다. 레벨 숫자가 낮을수록 좀 더 강한 간략화가 적용됩니다.

원본 이미지　　　　　　　포스터화 레벨: 10　　　　　　포스터화 레벨: 4

> ✦ 이미지 제작 프롬프트　Merry-go-round

원본 이미지   포스터화 레벨: 10   포스터화 레벨: 4

9. 조정 레이어_그레이디언트 맵

그레이디언트맵의 색상을 명도에 따라 적용시킵니다. 왼쪽의 색상은 명도 0에, 오른쪽의 색상은 명도 100에 적용됩니다. 명도에 따라 다른 색상을 적용할 수 있으므로 현실적인 색감보다는 독특한 색감으로 보정하고 싶을 때 많이 사용됩니다.

❶ **디더**: 다소 거칠 수 있는 색들 간의 간격에 중간 값을 넣어 여러 컬러의 색을 최대한 맞추는 것을 의미합니다. 좀 더 자연스럽고 부드럽게 보이도록 하는 것이라고 볼 수 있지만, 그레이디언트 맵에서 유의미하게 차이나는 경우는 거의 없습니다.

❷ **반전**: 그레이디언트의 색상 방향을 반전하는 것을 의미합니다.

원본 이미지   기존 그레이디언트 그대로 적용   반전

포토샵 기본 그레이디언트 분홍 17번   불투명도 20% 적용

같은 그레이디언트를 사용하더라도 반전에 따라 적용 명도가 바뀌기 때문에 전혀 다른 분위기를 내는 것을 볼 수 있습니다.

포토샵 기본 그레이디언트 무지개 빛 15번+필터 혼합 모드 오버레이

③ 색채 변경 시 차이 알아보기

원본 이미지

✨ 이미지 제작 프롬프트 Flowers, two eyes, girl

이미지의 눈동자 색에 맞춰 붉은 꽃을 푸른색으로 수정한 후 차이점을 비교해 보겠습니다.

색조/채도 　　　　선택 색상　　　　　　레이어 혼합 모드 색조+브러시

1. 색조/채도 조정 레이어로 수정

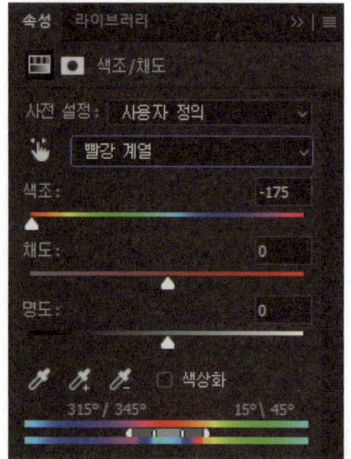

색조/채도 조정 레이어로 빨강 계열만 잡아 색조를 변경했습니다. 색상 자체는 과감하게 변경됐지만, 이질적이고 튀는 부분(원본의 꽃에 노란색 밝은 부분이 왜곡돼 마젠타색 얼룩으로 보이는 부분)이 보입니다.

원본 이미지

색조/채도

2. 선택 색상 조정 레이어로 수정

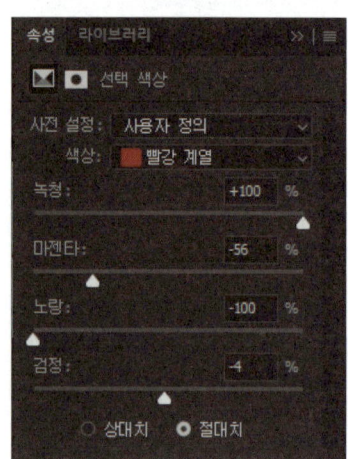

선택 색상 조정 레이어의 빨강 계열에서 색상 값을 조정했습니다. 색조/채도 조정 레이어에 비해 훨씬 자연스럽게 조정된 것을 볼 수 있습니다. 절댓값 설정과 최댓값의 값을 주었는데도 그 이상의 푸른색 변화를 주기는 힘듭니다. 특정 색상을 더해 색상을 맞추는 것이므로 색조/채도 조정 레이어에 비해 직관적이지 않은 점도 아쉬운 부분입니다.

원본 이미지   선택 색상

3. 레이어 혼합 모드 색조+85f9ff 컬러로 채색+불투명도 100%

기존의 명도는 유지된 채 색조가 수정돼 변경에 사용된 원본 색상이 가장 잘 나타나고 있습니다. 원하는 색상을 찍어 원하는 부분에만 채색하면 되므로 직관적인 수정이 가능합니다. 기존의 색상 변화들을 모두 무시하고 1가지 색상으로 수정돼 단조로워 보입니다. 3가지의 수정법 모두 장단점이 확실하므로 상황에 맞춰 사용할 필요가 있습니다.

원본 이미지   레이어 혼합 모드 색조+브러시

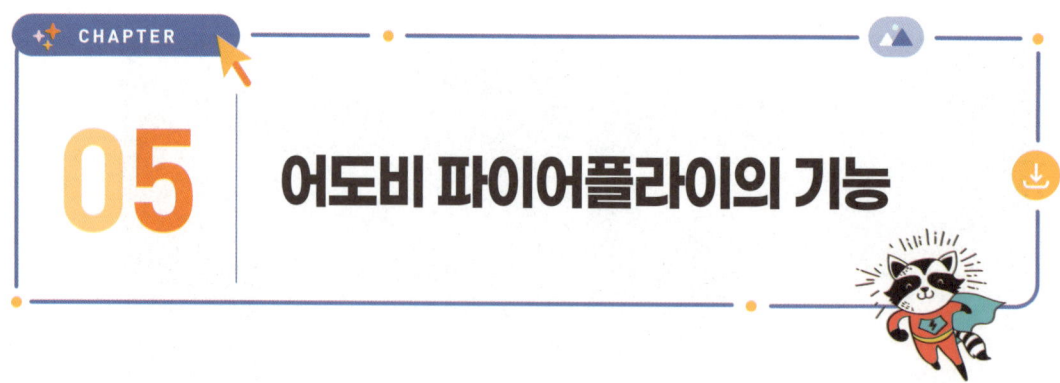

05 어도비 파이어플라이의 기능

1 파이어플라이 사용법

파이어플라이 사용법에 대해 알아보겠습니다.

01 원하는 사이즈에 맞춰 캔버스를 생성합니다. 이미지의 하단에 바가 생성돼 있습니다. [이미지 가져오기] 버튼을 클릭하면 새 이미지를 가져올 수 있고 오른쪽 배경 레이어를 더블클릭하면 레이어를 생성할 수 있습니다.

02 이미지의 선택이 가능해졌을 경우, 바의 버튼들이 변경됩니다. 각 기능에 대해 알아보겠습니다.

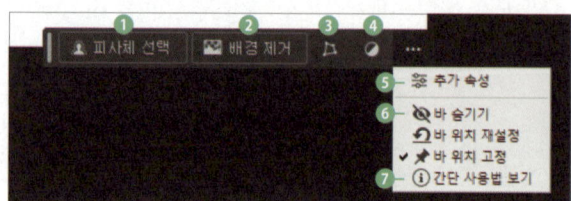

❶ **피사체 선택**: 피사체의 영역을 선택합니다. 사진에서 주제부의 역할을 하고 있는 인물 또는 사물을 자동으로 파악합니다. 피사체 선택 기능을 이용하지 않고 선택하고 싶다면, 올가미 도구(L)나 개체 선택 도구(W)를 사용할 수 있습니다.

❷ **배경 제거**: 피사체를 제외한 배경을 자동으로 제거합니다. [마스크에서 빼기] 버튼을 눌러 보이는 영역을 줄일 수 있고 [마스크에 추가] 버튼을 눌러 안 보이는 배경 영역이 보이도록 추가할 수 있습니다.

❸ **이미지 변형**: 이미지 사이즈의 변경, 좌우 반전, 위아래 반전 시 사용합니다. 이미지에 변형을 줄 수 있는 8개의 점이 생깁니다.

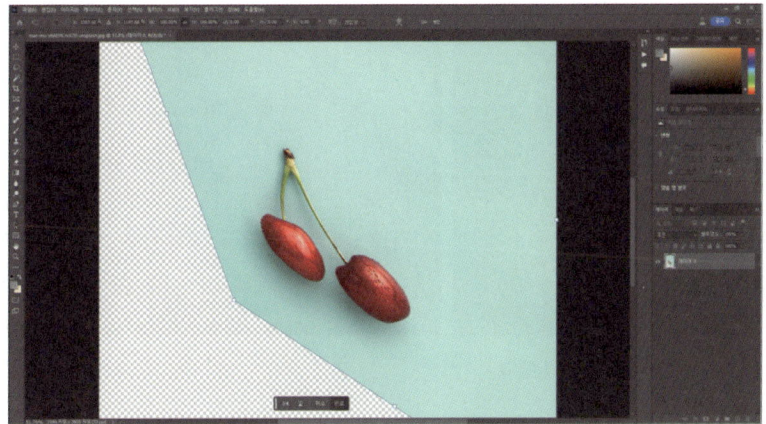

- **점을 드래그**: 원본 비율 고정으로 사이즈가 수정됩니다.
- **Shift를 누른 채 점을 드래그**: 원본 비율이 고정되지 않은 채로 사이즈가 수정됩니다.
- **Ctrl을 누른 채 점을 드래그**: 8개의 점이 사각형을 유지하지 않고 왜곡되는 것을 수정하고 싶을 때 사용합니다.

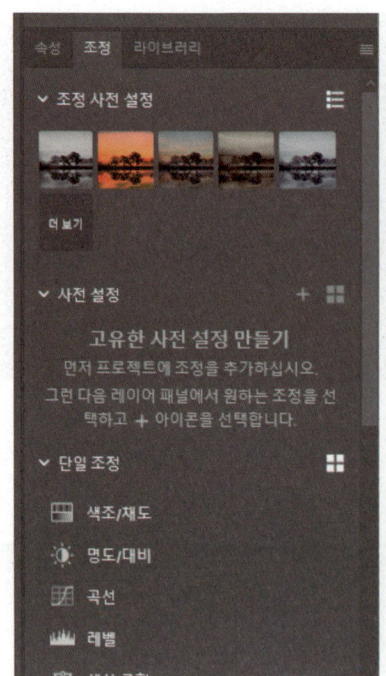

❹ **새 조정 레이어 만들기**: 이미지를 조정하는 레이어를 만들 때 사용합니다. 조정 사전 설정 칸에 원하는 스타일이 없을 경우, [더 보기] 버튼을 누르면 좀 더 다양한 세팅들을 볼 수 있습니다. 하단에 있는 단일 조정 패널의 일부분도 수정할 수 있습니다.

원본 이미지와 조정 레이어 그룹을 추가했을 때의 차이

일반 보정 레이어 추가와 달리, 설정돼 있는 여러 필터와 그룹이 추가되는 것이 특징입니다.

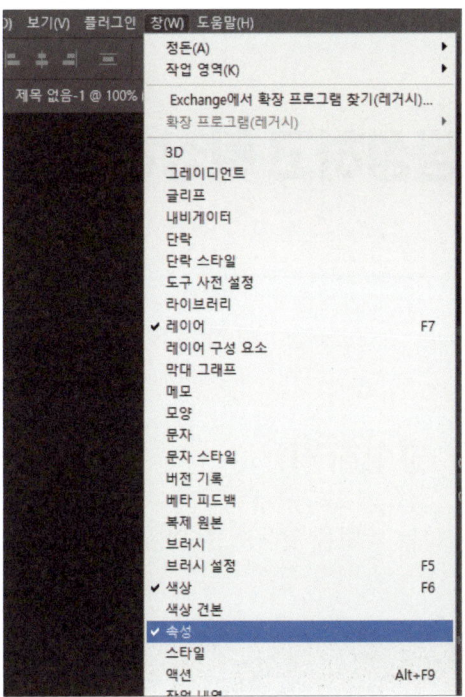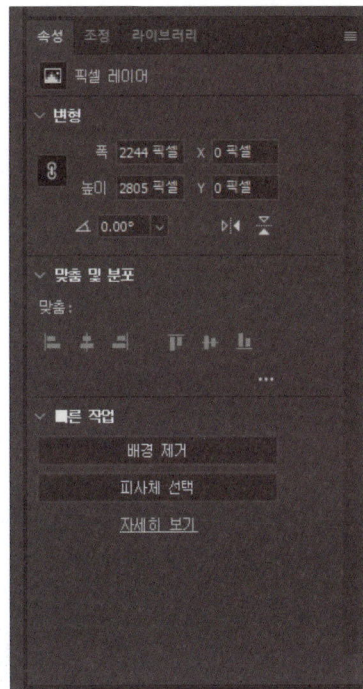

❺ **추가 속성**: 오른쪽에 속성 창을 볼 때 사용합니다. 상단 메뉴의 [창]-[속성]을 눌러도 같은 창을 볼 수 있습니다.

❻ **바 조절**: 바를 숨기거나, 위치를 재설정하거나, 고정하고 싶을 때 사용합니다.

❼ **간단 사용법 보기**: 1분가량의 편집 관련 영문 튜토리얼이 제공됩니다.

CHAPTER 06 이미지를 생성하고 확장하기

1️⃣ 프롬프트 입력으로 이미지 생성하기

파이어플라이로 이미지를 생성하거나 확장하는 방법을 알아보겠습니다.

01 이미지를 생성하고자 하는 사이즈의 캔버스를 엽니다. [이미지 생성]을 클릭하면 상세 설정이 가능한 별도의 팝업 창이 나타납니다. 지금은 먼저 생성하는 법을 간단하게 알아보고 이후에 [이미지 생성] 버튼을 이용하는 방법도 알아보겠습니다.

02 이미지 생성을 원하는 영역을 선택합니다. 전체 영역을 사용하기 위해 Ctrl+A를 이용했습니다.

03 [생성형 채우기] 버튼을 클릭해 원하는 장면을 입력합니다. 이때 한국어로 작업할 수 있지만, 정확도를 위해 영어 사용을 권장합니다.

채우기, 추가, 만들기 등의 부가적인 표현을 사용하는 것보다 장면을 구체적으로 묘사해 주는 것이 좀 더 도움이 됩니다.

- 권장하지 않는 표현 방식: 산과 호수를 그려 줘, 바다로 채우기, 들판 만들기
- 권장하는 표현 방식: 밤하늘과 바다, 하얀 꽃이 가득한 들판

04 이미지 생성을 기다립니다. 포토샵의 외부를 클릭하더라도 생성은 진행됩니다. 다만, 기능이 무거운만큼 다른 작업을 병행하지 않는 것을 권장합니다. 하단에 파이어플라이 관련 팁이 나타납니다.

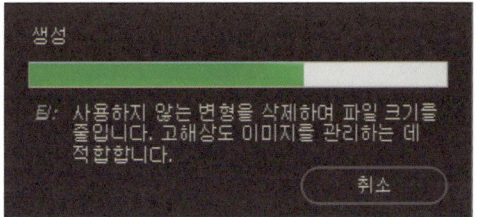

05 생성된 이미지 3개 중 하나를 선택합니다. 바의 화살표를 클릭해 바꾸거나 오른쪽 속성 패널에서 선택할 수 있습니다. 만족할 만한 이미지가 나오지 않았다면 [생성] 버튼을 눌러 추가로 생성합니다.

◆ Tip ◆ 오른쪽 패널은 상단 메뉴의 [창]-[속성]으로 나타나게 할 수 있습니다.

06 자르기 도구(ⓒ)를 선택한 후 드래그해 영역을 확장합니다. 별도의 명령어를 입력하지 않은 경우에는 자동으로 생성됩니다. 이미지 생성과 마찬가지로 마음에 드는 이미지를 선택합니다.

확장 영역의 디테일 차이

확장 기능은 2D 일러스트에서도 사용할 수 있습니다.

2 이미지 생성 팝업을 이용해 이미지 생성해 보기

이미지 생성 팝업을 통해 도움을 받을 수도 있습니다.

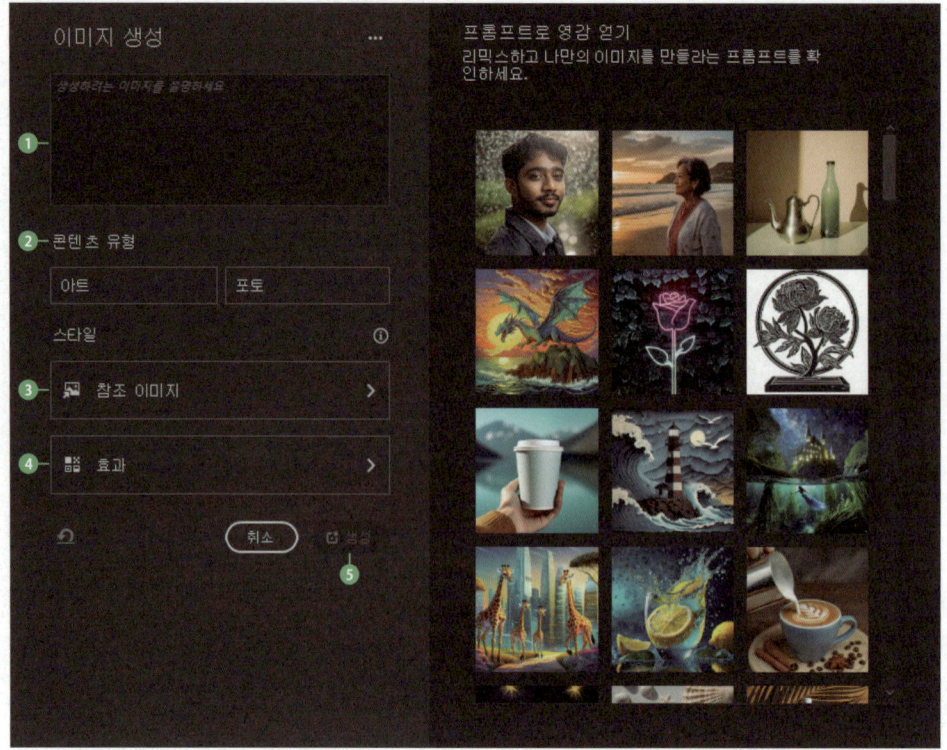

1 **프롬프트 입력 칸**: 생성하고자 하는 이미지를 입력합니다. 당장 어떻게 입력해야 할지 모르겠다면, 오른쪽의 예시를 참고해 작성해 봅시다.

2 **콘텐츠 유형**: 그림으로 묘사할 것인지, 사진으로 뽑아 낼 것인지를 선택합니다.

❸ **스타일-참조 이미지**: 참고할 이미지를 선택합니다. [이미지 선택] 버튼을 통해 보유하고 있던 이미지도 적용할 수 있습니다.

❹ **스타일-효과**: 생성 이미지에 넣을 효과를 선택합니다.

❺ **생성**: 프롬프트에 맞춰 이미지를 생성해 주는 버튼입니다.

3 스타일 효과 추가를 이용해 이미지 생성하기

01 명령어를 사용해 이미지를 생성합니다. '프롬프트로 영감 얻기' 예시에 있는 '휘핑 크림과 체리를 넣은 맛있는 밀크셰이크'를 입력해 이미지를 생성했습니다.

02 팝업에서 효과를 선택하지 못했거나 수정을 원한다면 하단 바에서 선택한 후 수정이 가능합니다. 여기서는 '털실' 질감을 선택해 재생성해 보겠습니다.

03 털실 재질이 추가된 밀크셰이크가 완성됐습니다.

07 요소 추가하고 수정하기

파이어플라이를 이용해 기존 이미지에 요소를 추가하거나 수정하는 방법에 대해 알아보겠습니다.

1 기존 이미지에 요소 추가하기

01 요소를 추가하고자 하는 영역을 구체적으로 선택합니다. 원형 선택 윤곽 도구(M)를 사용했습니다. 도구+Shift로 영역을 추가할 수 있고 도구+Alt로 영역을 제외할 수 있습니다.

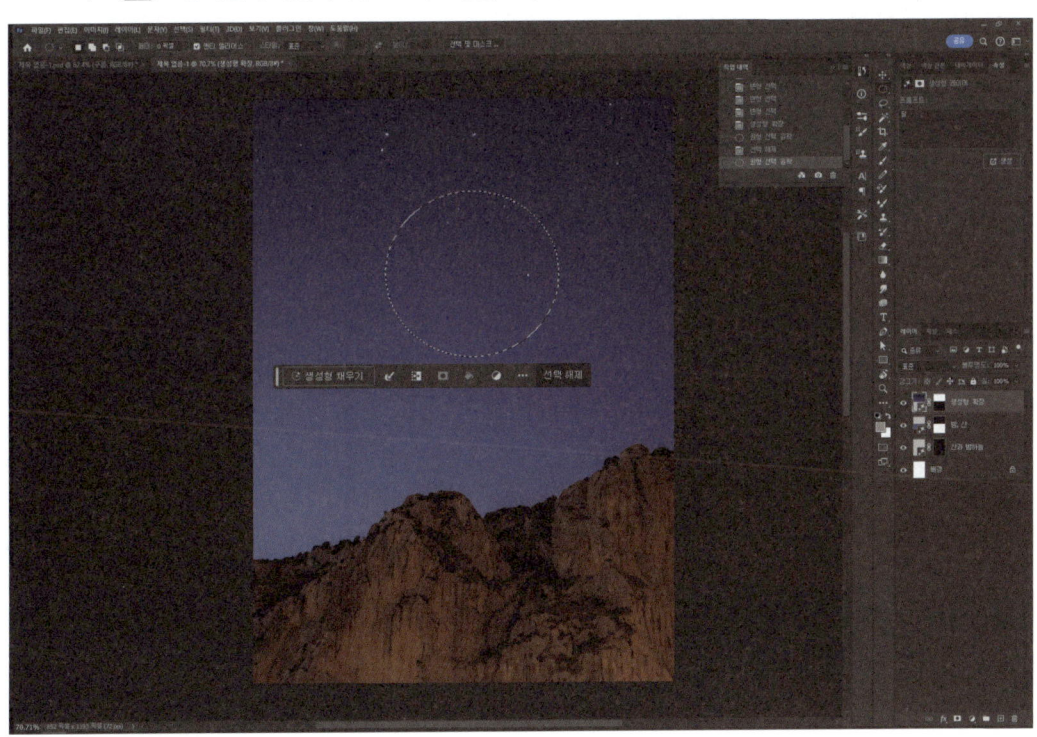

02 명령어를 입력해 요소를 추가합니다. 구체적인 명령어가 없을 경우, 가장 일반적인 형태가 추가됩니다. 오른쪽 패널에 이미지를 선택 및 저장할 수 있으며 마음에 드는 이미지가 없을 경우, [생성] 버튼을 눌러 이미지를 생성합니다.

03 수정을 원하는 구체적인 명령어를 입력한 후 다시 생성합니다. 달의 색상을 바꾸기 위해 'red moon' 이라는 명령어로 재생성했습니다.

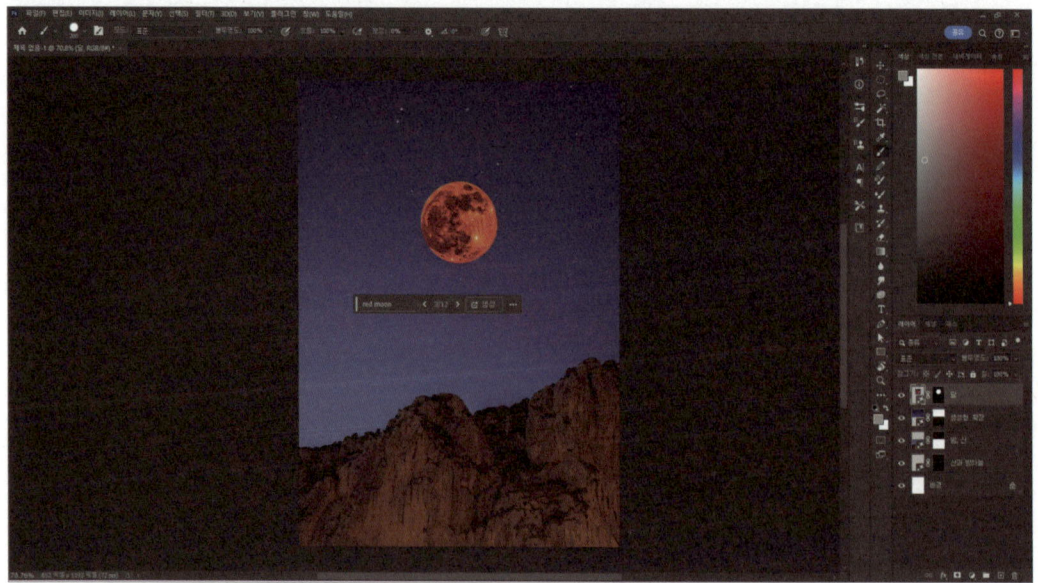

'도시의 출근길'이라는 명령어로 장면을 생성한 예시

자동차 영역만 선택해 호랑이, 트럭으로 바꾼 예시

CHAPTER 08 채널을 활용해 필터링하기

이미지 전체를 수정할 때 스타일 변경이 지나치게 적용되거나 원본 이미지의 요소들이 제대로 활용되지 않는 경우가 종종 있습니다. 이런 상황에서 채널 기능을 이용해 원본 이미지의 반영도를 조절하는 방법을 알아보겠습니다.

1 채널을 이용해 원본 이미지에 필터링 적용하기

이미지 전체를 선택한 후 [oil painting] 명령어를 입력한 예시. 기존 이미지의 영향을 전혀 받지 않은 채로 새 이미지가 생성됨.

완성된 이미지의 전체 영역을 선택한 후 명령어를 입력해도 별도의 이미지가 생성됩니다. 기존 이미지를 참고하도록 하기 위한 작업이 필요합니다.

01 오른쪽의 채널 패널을 클릭합니다.

02 오른쪽 하단의 ⊞ 모양을 눌러 새 채널을 생성합니다(레이어명: 알파 1).

포토샵은 채널, 마스킹 레이어 등에서 흰색일 경우 불투명한 개체로, 검은색일 경우 투명한 개체로 인식합니다. 흰색 50:검은색 50의 회색이라면 50%의 투명도를 가집니다.

명령어의 영향을 강하게 주고 싶을수록 흰색으로, 약하게 주고 싶을수록 검은색으로 채색합니다. 브러시, 페인트통 모두 이용할 수 있습니다.

왼쪽 상단의 검은색 영역은 명령어의 영향을 받지 않았습니다. 회색 영역들에서는 기존 이미지에 명령어가 더해져 터치감이 바뀌어 있는 것을 볼 수 있습니다. 완전히 흰색인 부분들은 기존 이미지의 참고 없이 유화 질감만 나타납니다.

원본 이미지   채널 레이어   Oil Painting 명령어 결과물

정확한 값의 회색을 원한다면, 색상 피커를 사용할 수 있습니다. 예시에서는 50%의 영향을 원하므로 HSB 컬러에서 B(Brightness/명도)를 '50%'로 입력한 후 사용했습니다.

03 Ctrl+채널 레이어를 선택한 후 명령어를 입력합니다.

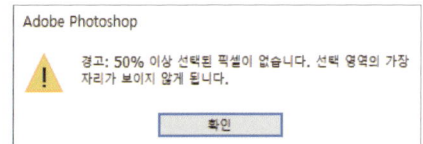

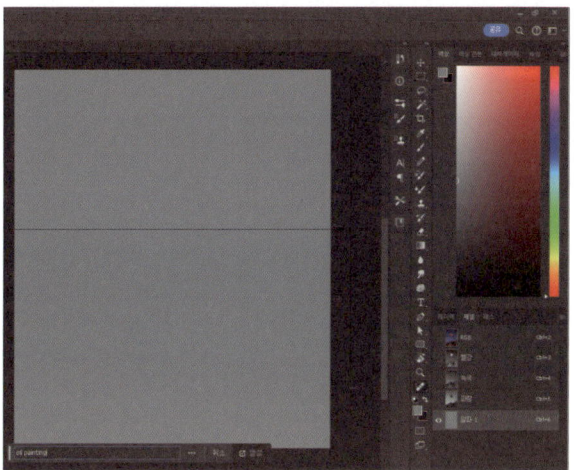

✦ 투명도가 높을 때 나타날 수 있는 경고 문구입니다. 선택된 영역이 잘 안 보일 뿐, 작업은 문제 없이 가능합니다.

04 기존 이미지를 지정한 퍼센트만큼 반영한 이미지가 완성됩니다.

2 필터링 적용 예시

Oil Painting 예시

Watercolor 예시

Pencil Sketch 예시

필터링 전 원본 이미지

필터링 강도 10% 상세 확대

필터링 강도 20% 상세 확대

필터링 강도 30% 상세 확대

10~30%의 강도는 원본 이미지의 틀은 유지되는 선에서 질감이 바뀝니다. 작은 이미지로 봤을 때는 변화를 느끼기 힘듭니다.

필터링 강도 비율: 10% 20% 30%

60% 70% 80%

40%　　　　　　　　　　　　　50%

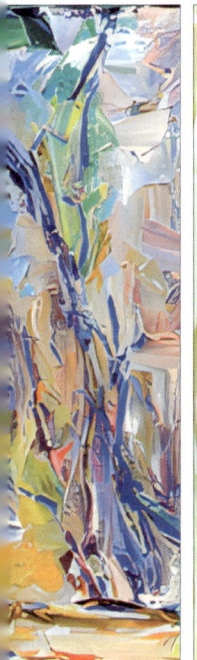

90%

필터링 강도 80~90%는 원본의 영향이 거의 없습니다.

이미지 제작 프롬프트 | Three cherries, translucent texture, vibrant colors, 3 colors, soft lighting, gentle shadows, sparkling highlights candy-like appearance, delicate and glossy finish

Part **2**

노벨 AI-이미지 제네레이터

노벨AI 이미지 제네레이터는 사용자가 입력한 텍스트(프롬프트)를 기반으로 애니메이션 스타일의 이미지를 생성하는 온라인 기반의 유료 서비스입니다.

이 서비스는 구독형 클라우드 소프트웨어로, 웹 사이트에서 회원가입 후 유료 구독을 통해 이용할 수 있습니다.

다른 프로그램에 비해 사용법이 간단하고, 이미지 생성 속도가 빠르다는 점이 특징입니다. 특히, 일반적인 문장 입력뿐만 아니라 Danbooru 태그 스타일의 프롬프트에도 최적화되어 있어 원하는 스타일의 이미지를 보다 정밀하게 생성할 수 있습니다.

Part 2에서는 노벨AI 이미지 제네레이터를 효과적으로 활용하는 방법과 다양한 이미지 생성 기법에 대해 알아보겠습니다.

CHAPTER 01 Novel AI-이미지 제네레이터

노벨 AI는 일본 스타일의 일러스트와 모에 화풍(Anime Style) 이미지 제작에 특화돼 있어 해당 분야에서 독보적인 강점을 보입니다. 또한 서비스 내의 심의와 검열이 비교적 느슨한 편이라 사용자가 다양한 시도를 할 수 있는 자유로운 환경을 제공합니다.

노벨 AI는 서비스 약관에서 이용자가 생성한 콘텐츠에 대해 어떠한 소유권도 주장하지 않는다고 명시하고 있습니다. 이는 생성된 이미지의 권리가 전적으로 이용자에게 귀속됨을 의미합니다. 따라서 생성한 이미지를 상업적 용도로 사용하는 것도 가능합니다. 다만, 사용 전에 약관을 충분히 검토하고 콘텐츠 이용 시 타인의 저작권을 침해하지 않도록 주의해야 합니다(웹 사이트 이용 약관: https://novelai.net/terms).

1 Novel AI-이미지 제네레이터 가입/구독/요금제

Novel AI-이미지 제네레이터를 사용하기 위해 가입 및 구독에 대해 알아보겠습니다.

Novel AI

노벨 AI는 영어 기반의 유료 구독 서비스로, 가입과 결제 과정이 모두 영어로 진행됩니다. 처음 이용하는 사용자라면 해외 결제가 가능한 카드나 페이팔 계정을 미리 준비해 두는 것이 좋습니다.
또한 처음부터 비싼 요금제를 선택할 필요는 없으며, 가장 저렴한 요금제(Tablet Plan)로 시작한 후 사용량이나 만족도에 따라 추후 상위 요금제로 전환하거나 기능별로 추가 결제하는 방식도 가능합니다. 저렴한 요금제로 여러 툴을 테스트해 본 후 자신에게 맞는 툴의 요금제를 높이는 것을 추천합니다.

1. Novel AI-이미지 제네레이터 회원 가입과 구독

01 웹 사이트를 이용하기 위해 회원 가입을 진행하겠습니다. https://novelai.net/에 접속해 우측 상단의 [Login] 버튼을 클릭합니다.

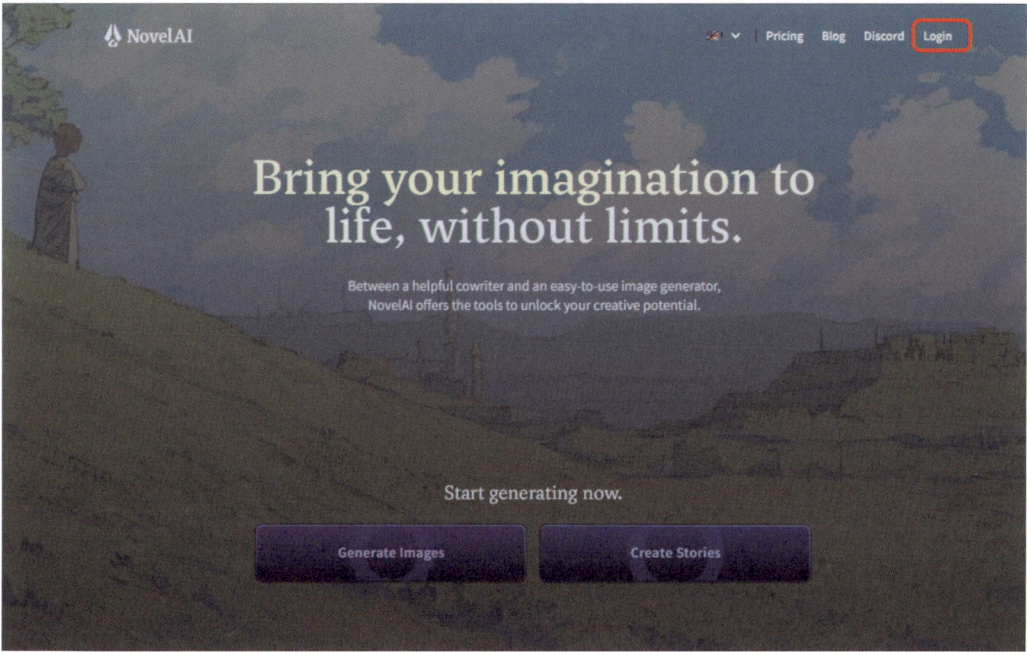

02 [Sign Up] 버튼을 통해 가입을 완료한 후 로그인합니다.

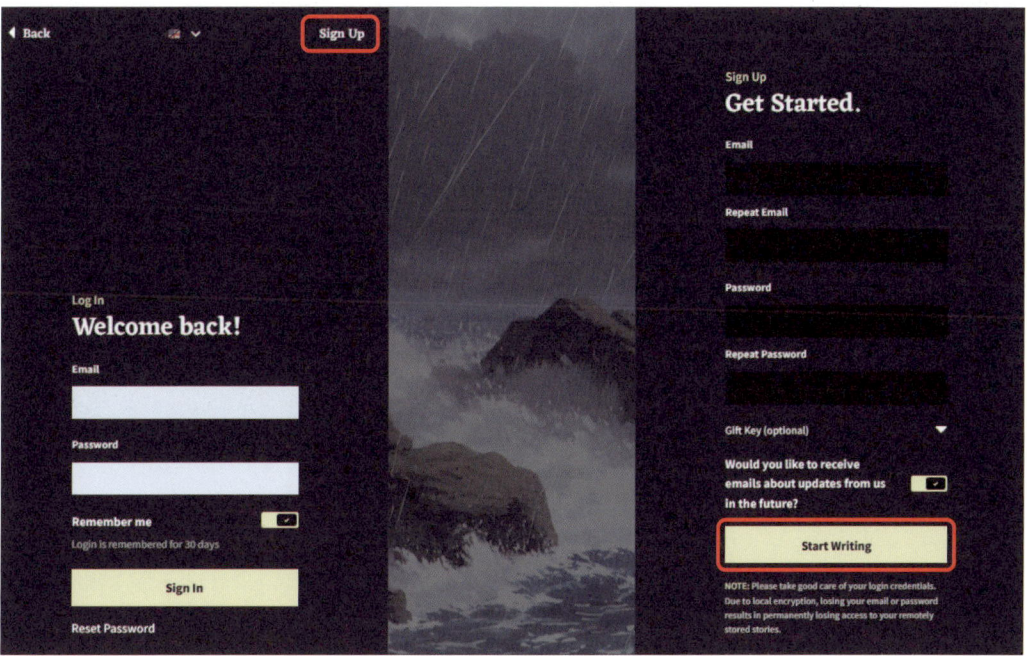

03 회원 가입 후 로그인을 하면 해당 화면이 나타납니다. 왼쪽 위의 오리 아이콘 옆 톱니바퀴 모양 아이콘을 누릅니다.

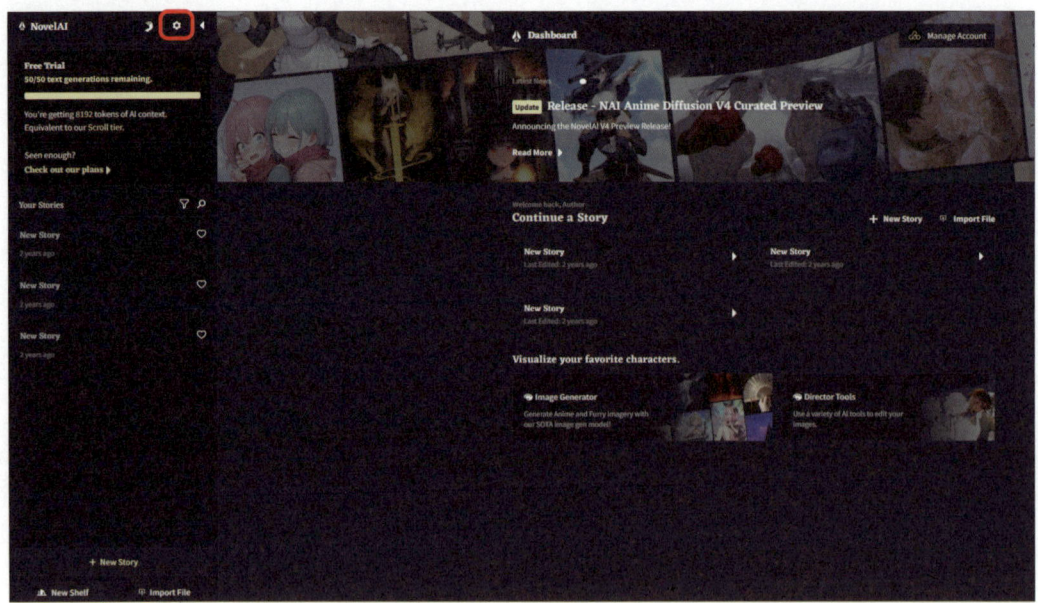

04 [User Settings] 창이 나타나면 왼쪽의 [Account]를 클릭한 후 [Manage] 버튼을 클릭합니다.

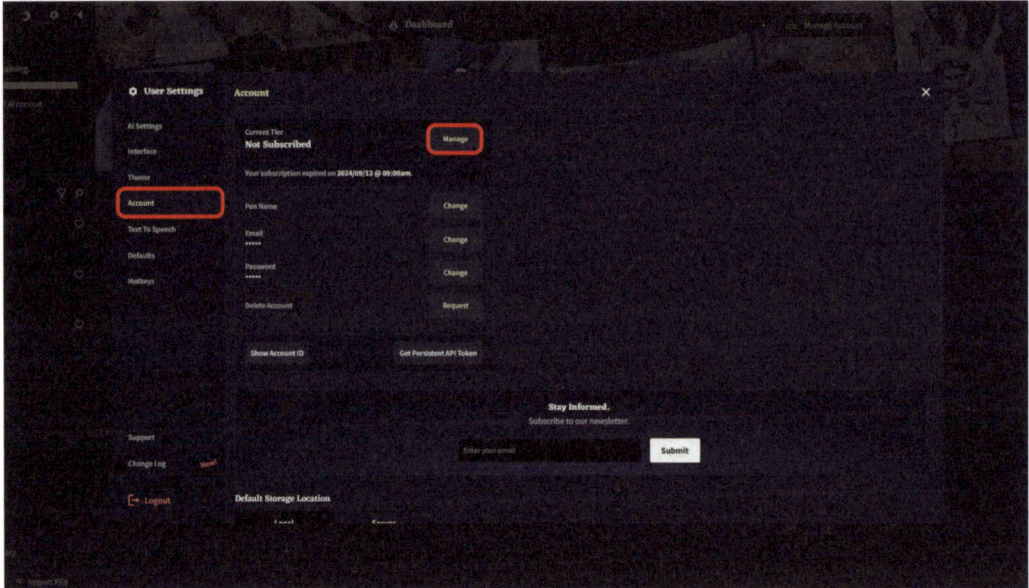

05 [Take me there]를 눌러 구독을 진행합니다.

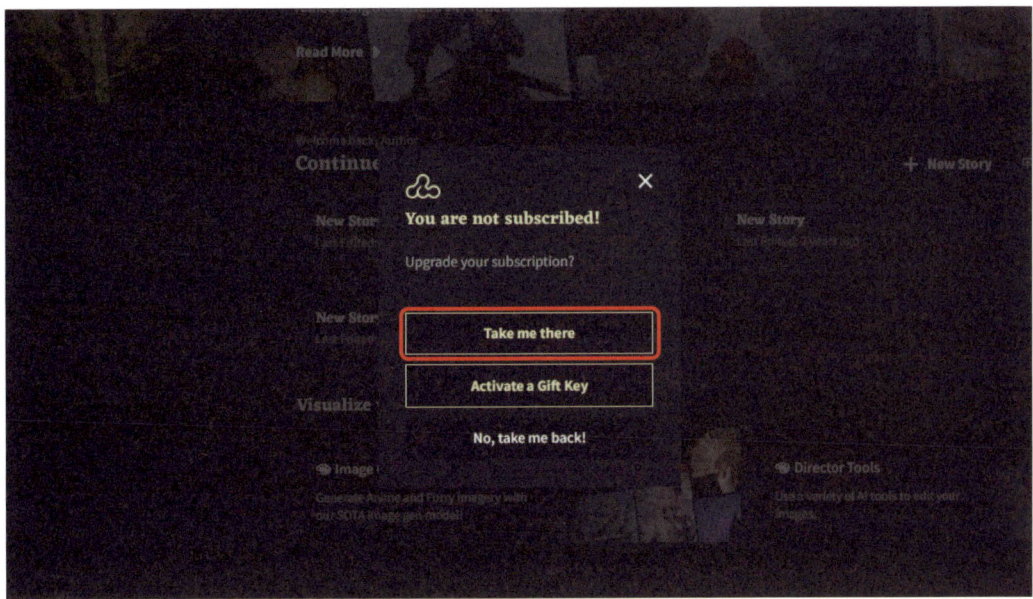

06 요금제를 선택한 후 해외 결제가 가능한 카드로 결제를 진행합니다.

구독을 완료하면 다음과 같은 화면이 나타납니다.

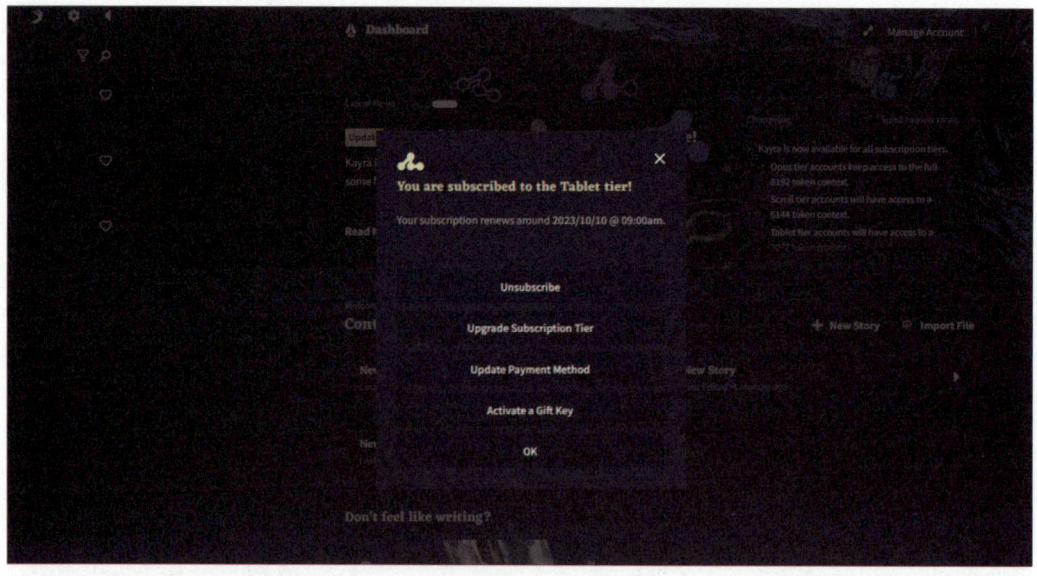

2 Novel AI-이미지 제네레이터 요금제

Novel AI 구독 플랜은 총 3가지가 있습니다.

다음은 구독 플랜을 정리한 구독 가격표입니다.

월 구독 가격(USD)	10달러(Tablet)	15달러(Scroll)	25달러(Opus)
월 제공 Anlas	1000Anlas		10000Anlas
추가 혜택			신기능 먼저 체험

노벨 AI 이미지 제네레이터에서는 이미지를 한 번 생성할 때마다 'Anlas'라는 유료 재화를 사용하는 방식으로 이루어집니다. Anlas는 이미지 해상도와 설정에 따라 소모량이 달라집니다. 고해상도 이미지나 복잡한 설정일수록 더 많은 Anlas가 필요합니다(설정마다 다르지만, 1024×1024 해상도의 이미지를 만들 때 15~10Anlas가 소모됩니다).

태블릿(Tablet, 10달러)과 스크롤(Scroll, 15달러)은 같은 Anlas를 지급하므로 Tablet이나 오푸스(Opus)를 구독하는 것을 추천드립니다.

구독 중 Anlas가 부족할 경우, 추가 구매할 수 있습니다. 가격은 다음과 같습니다.

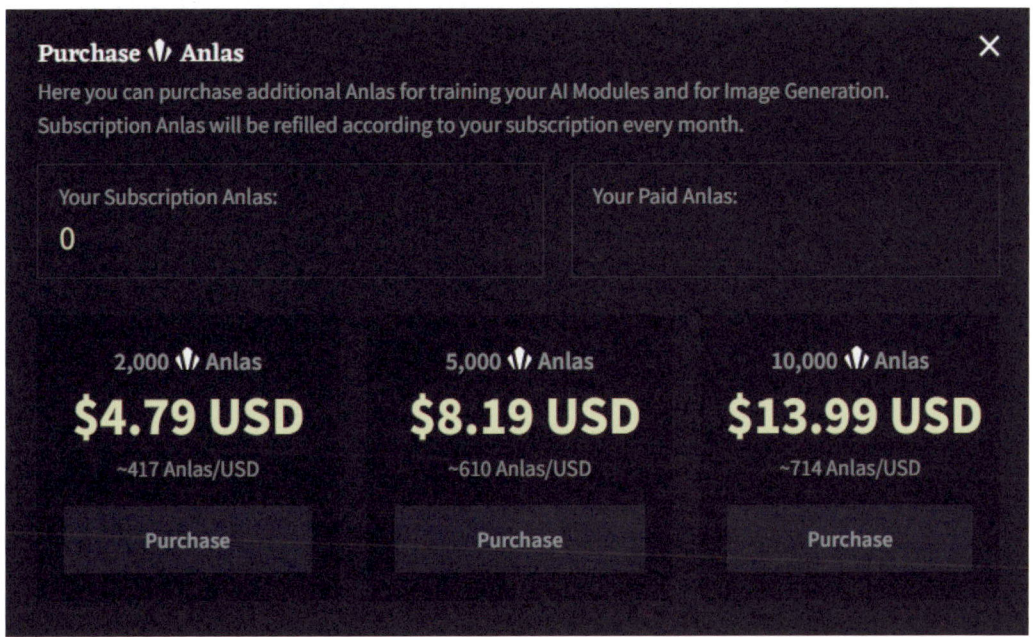

CHAPTER 02
Novel AI-이미지 제네레이터 UI 설명

1️⃣ Novel AI-이미지 제네레이터 사이트 접속

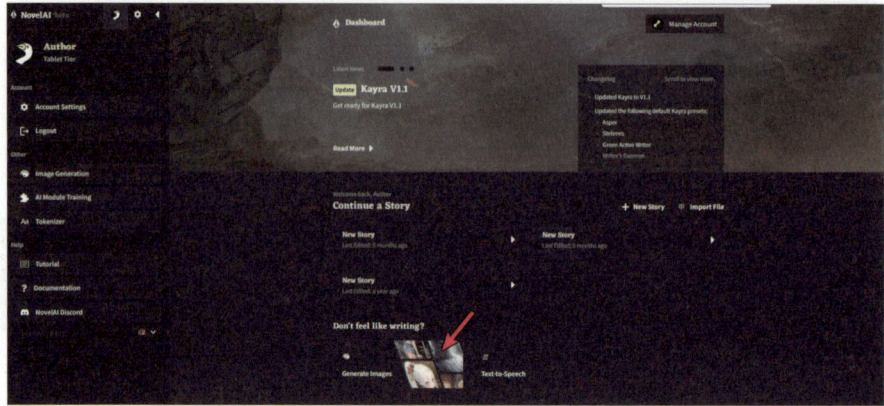

  가입 후 메인 페이지에서 아래로 스크롤해 Generate Images 배너를 클릭하거나 https://novelai.net/image로 이동합니다. 작업의 편의를 위해 해당 페이지를 웹 브라우저 즐겨찾기에 등록해 두는 것을 추천합니다.

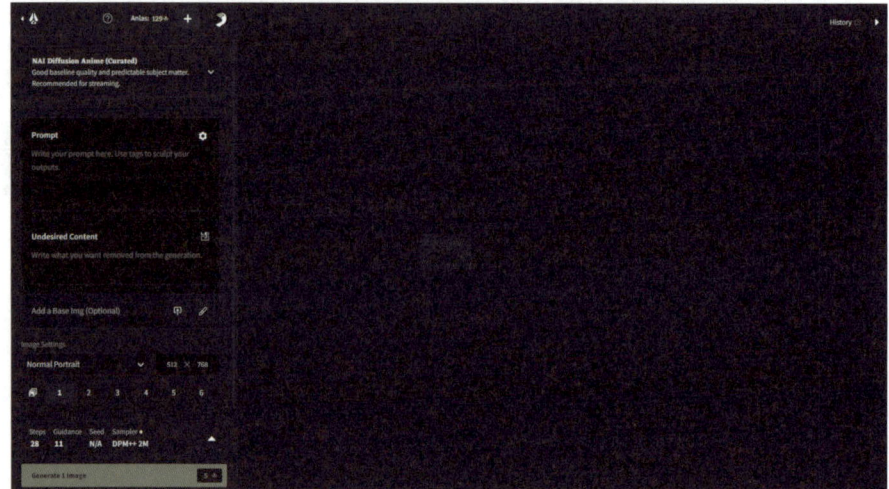

노벨 AI-이미지 제네레이터의 기본 화면은 이미지 생성과 관련된 모든 작업을 수행하는 공간입니다. 텍스트 프롬프트 입력 창과 다양한 설정 패널로 구성돼 있으며 생성된 이미지는 바로 이 페이지에서 확인할 수 있습니다. 해당 페이지와 시스템의 기본 UI 구성은 첨부된 이미지와 함께 자세히 설명하겠습니다.

2. Novel AI-이미지 제네레이터 UI 설명

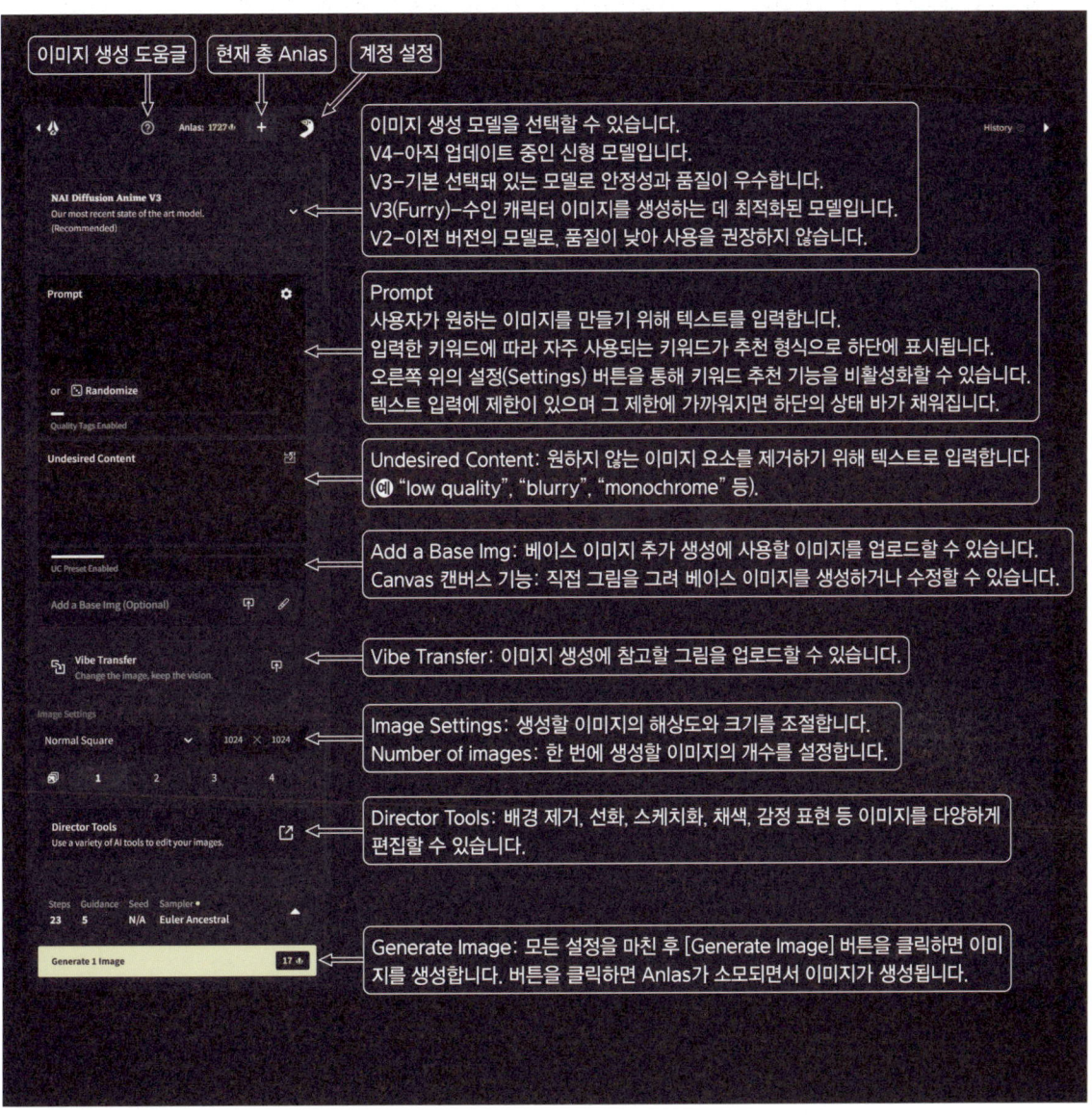

많은 기능을 방대하게 써 놓았지만, 이미지를 만드는 방법은 간단합니다. 프롬프트 칸에 원하는 이미지를 간단한 영문 키워드로 입력하고 [Generate Image] 버튼을 누르면 이미지가 생성됩니다.

3 Novel AI-이미지 제네레이터 이미지 생성 예시

프롬프트 칸에 "1girl, pink hair, winter, year 2023"을 입력한 후 하단의 [Generate 1 Image] 버튼을 누르면 귀여운 여자아이 이미지가 나타납니다. 프롬프트에 적절한 키워드를 쓰는 것만으로도 이렇게 좋은 이미지를 만들 수 있습니다. 또한 앞서 보여드린 UI의 많은 기능을 활용하면, 내가 구상한 이미지의 디테일을 더욱 세밀하게 조정할 수 있습니다. 다음 장부터는 이미지 생성 방법을 더욱 상세히 알아보겠습니다.

CHAPTER 03
Novel AI-이미지 제네레이터
프롬프트를 이용한 이미지 생성

1 프롬프트를 이용해 이미지 생성하기

앞서 말씀드렸듯이 프롬프트 칸에 글을 입력해 해당 글에 맞는 이미지를 생성하는 방식이므로 아무것도 입력하지 않으면 이미지 생성 버튼이 활성화되지 않습니다. 프롬프트 기능을 이용해 이미지를 생성해 보겠습니다.

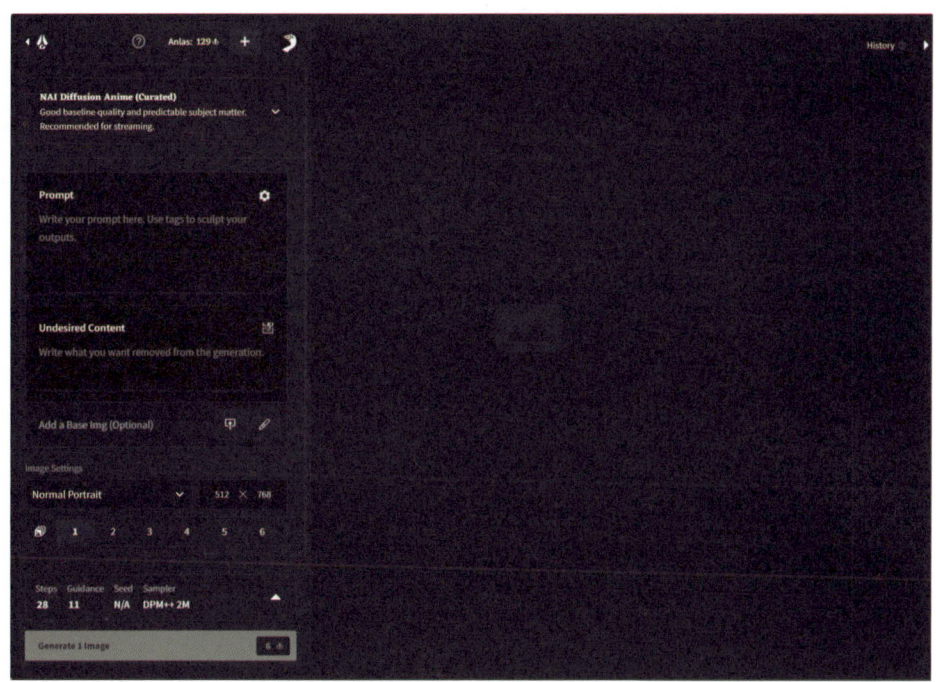

01 프롬프트 칸에 원하는 이미지를 글로 써 봅시다.

"검은색 짧은 머리의 여자가 운동복을 입고 있는 모습"

이 문장을 키워드(단어)로 바꿔 하나씩 프롬프트에 써 보겠습니다.

"1 girl, black short hair, sport wear"

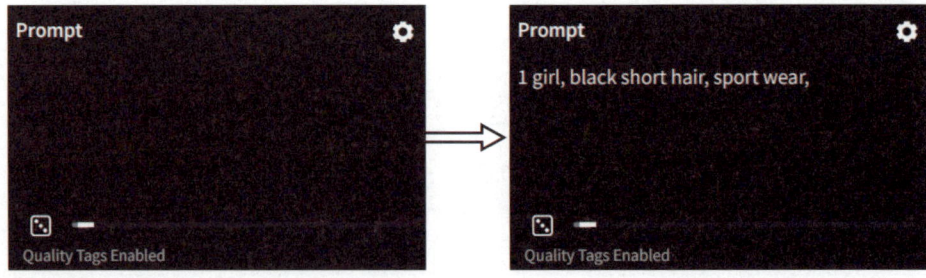

② 프롬프트를 입력한 후 하단의 [Generate 1 Image] 버튼을 클릭해 이미지를 생성합니다. 필자가 쓴 키워드를 바탕으로 그림이 생성됐습니다.

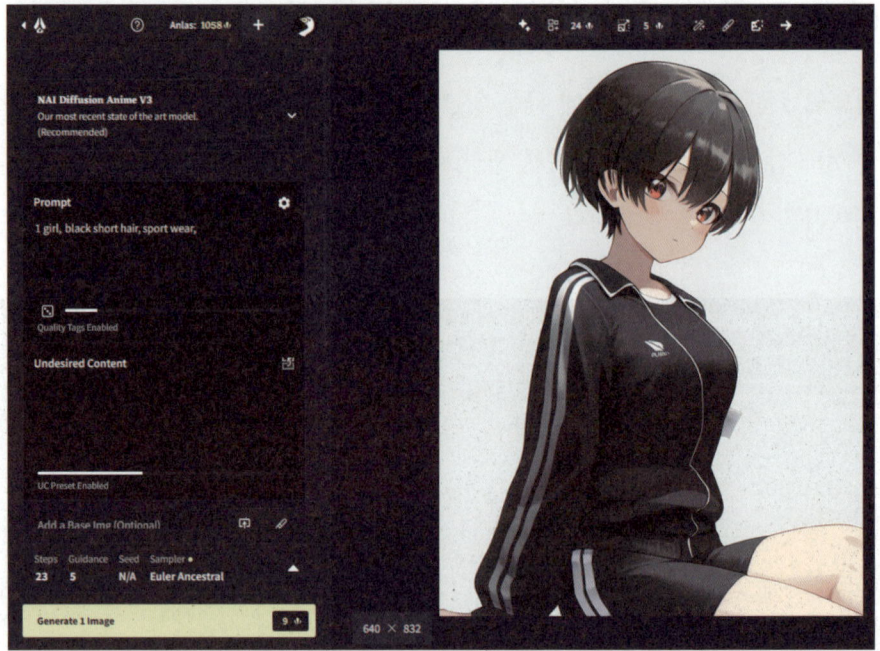

③ 여러 이미지를 만들기 위해 다시 [Generate 1 Image]를 눌러 이미지를 재생성합니다.

같은 키워드를 프롬프트에 입력해 생성한 그림들입니다.

2 퀄리티 태그를 이용해 이미지 품질 향상하기

앞서 생성한 이미지 중 괜찮은 이미지도 많지만, 눈이나 신체 등 그림이 뭉개지는 부분, 퀄리티가 떨어지는 부분이 있었습니다. 이러한 현상을 방지하기 위해 Prompt와 Undesired Content에 퀄리티 관련 글을 써서 그림의 퀄리티를 올릴 수 있습니다.

> ✨ 이미지 제작 프롬프트 masterpiece, bestquality, Hyper detailed, High detail, Exquisite detail,

해당 키워드들은 프롬프트에 입력해 퀄리티를 높여 주는 품질 향상(포지티브) 태그입니다. 기본적으로 앞쪽에 배치하고 이후에 자신이 원하는 태그를 붙여 이미지를 생성합니다. 이외에도 highly detailed, hyper detail, great composition, ultra detailed, highres, intricate detail, beautiful and aesthetic, extremely detailed cg unity 8k wallpaper, 4k, 8k, floating, depth of field, award winning, masterpiece portrait 등의 품질 향상 태그들이 있습니다.

Undesired Content에도 텍스트를 입력합니다. 제외할 키워드(네거티브) 태그로, 낮은 품질의 이미지들을 나오지 않게 해 줍니다.

> ✨ 이미지 제작 프롬프트 bad anatomy, bad hands, text, error, missing fingers, extra digit, fewer digits, cropped, worst quality, low quality, normal quality, JPEG artifacts, signature, watermark, Username, blurry,

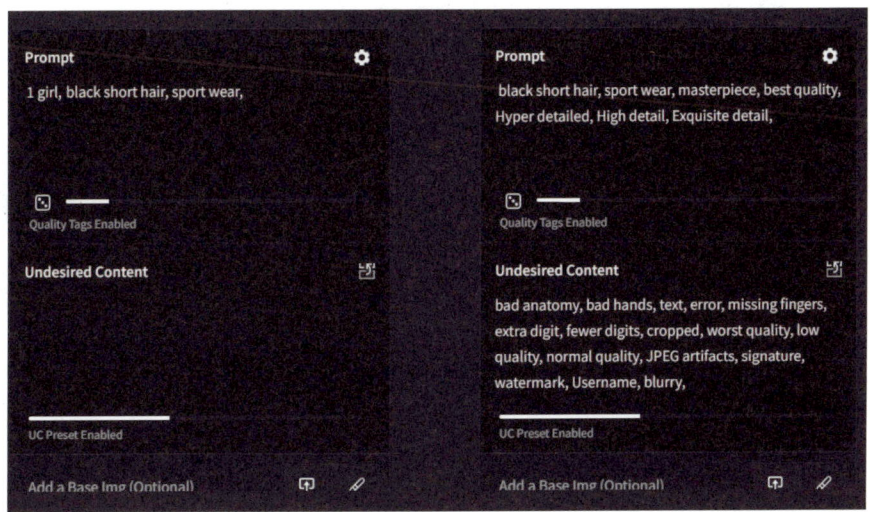

이전에 프롬프트에 입력한 "1 girl, black short hair, sport wear"에 품질 향상 태그들을 넣어 이미지를 재생성해 보겠습니다.

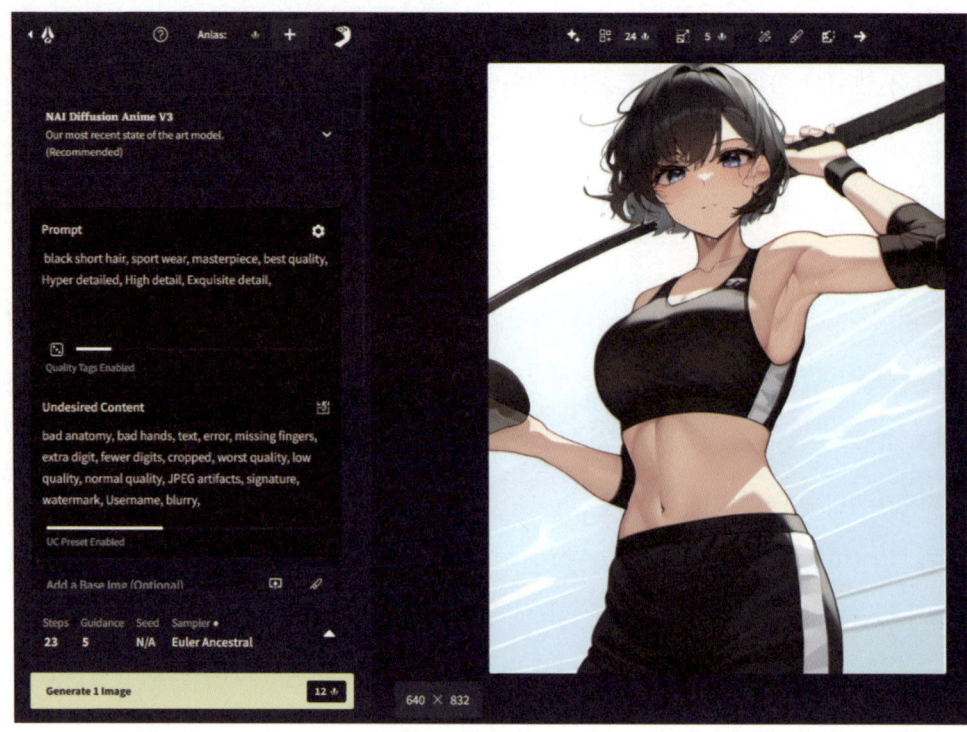

품질 향상을 위한 텍스트를 추가하고 이미지를 생성했더니 퀄리티가 높아졌습니다.

품질 향상 태그를 붙여 여러 이미지를 생성해 봤습니다. 이전 이미지보다 확연히 향상된 퀄리티의 결과물을 확인할 수 있습니다.

3 강화/약화 기능을 이용해 이미지 생성하기

이미지를 생성하다 보면 프롬프트에 원하는 텍스트를 입력했는데도 그 텍스트가 반영되지 않는 경우가 있습니다. 이 경우, 텍스트에 { }를 붙여 키워드를 강화합니다. 내가 원했던 것보다 키워드가 너무 강하게 반영되는 일도 있습니다. 이때 내가 원하는 태그에 [ ]를 넣어 가중치를 약화할 수 있습니다.

다음은 프롬프트에 1boy, chibi, white hair, blue eyes를 입력해 이미지를 생성한 것입니다.

눈의 윗부분에 푸른 기가 돌긴 하지만, 푸른 눈보다는 붉은 눈에 가까워 보이죠? 푸른 눈에 키워드를 강화해 보겠습니다.

> ✨ 이미지 제작 프롬프트   1boy, chibi, white hair, {{blue eyes}},

푸른 눈을 강화한 후 이미지를 다시 생성해 봅시다.

푸른 눈의 귀여운 SD 캐릭터가 나왔습니다. 태그 강화, 약화는 Prompt, Undesired Content 둘 다 적용 가능합니다. 본인이 원하는 태그에 강화, 약화를 써 보면서 연습해 보도록 합시다.

{ }	AI가 더 집중하게 하려는 태그나 텍스트를 { 및 }로 묶으면 AI 포커스의 가중치에 '1.05'가 곱해집니다.
[ ]	AI가 덜 집중하게 하려는 태그나 텍스트를 [및]로 묶으면 AI 포커스의 가중치가 '1.05'로 나눕니다.

4 배경 이미지 생성

캐릭터 일러스트 외에 배경 일러스트를 생성할 수도 있습니다. 프롬프트에 배경 관련 키워드들을 넣은 후 이미지를 생성하면 멋진 배경 이미지가 나옵니다.

이미지 제작 프롬프트 only background, {{masterpiece}}, {{fantasy}}, {{night}}, landscape,

프롬프트에 realistic을 추가하면 좀더 사실적인 배경이미지를 생성할 수 있습니다.

04 Novel AI-이미지 제네레이터 이미지 수정과 변형

원하는 키워드와 품질 향상 태그를 붙여 이미지를 생성하다 보면 해당 이미지를 조금씩 수정, 변형하고 싶을 때가 있습니다. 도구를 이용해 이미지를 수정해 보겠습니다.

1 이미지 수정&변형 UI 기본 설명

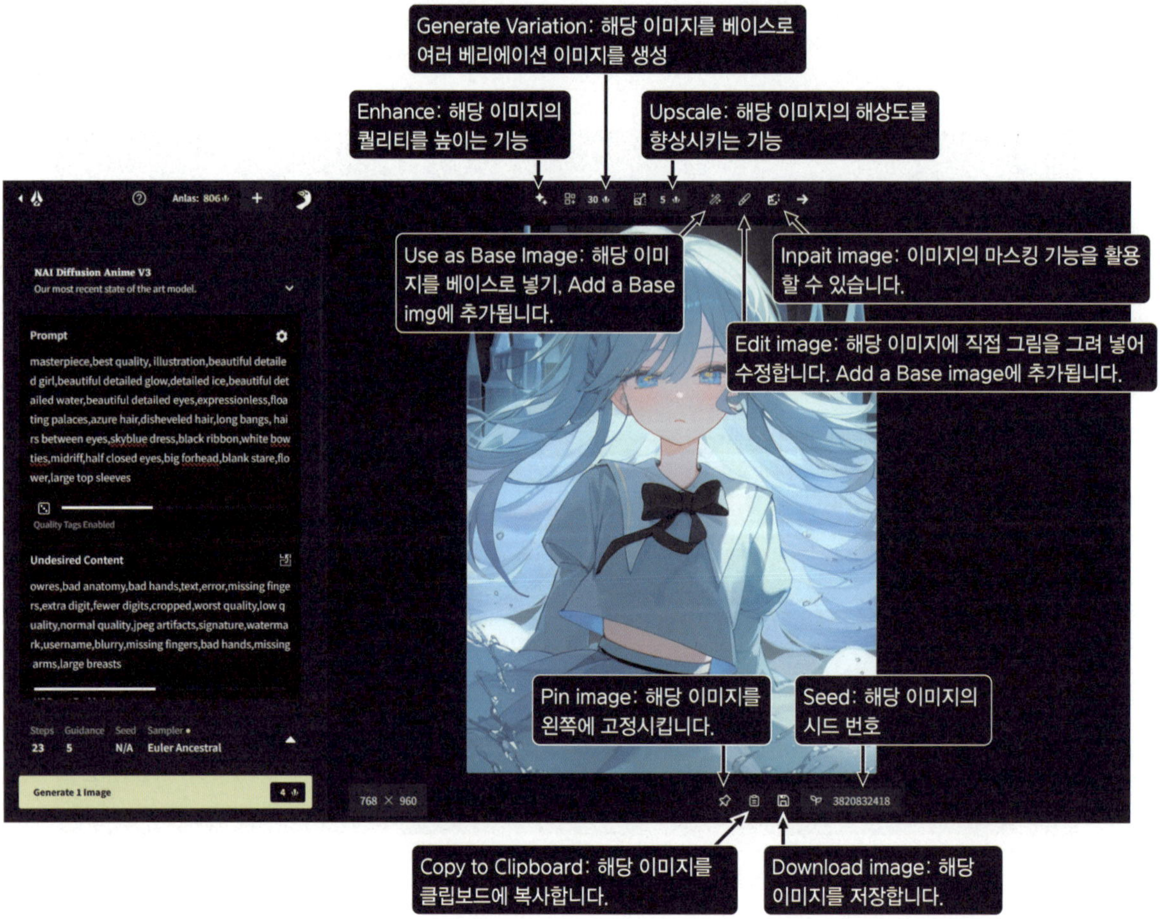

- **Generate Variation**: 해당 이미지를 베이스로 여러 베리에이션 이미지를 생성
- **Enhance**: 해당 이미지의 퀄리티를 높이는 기능
- **Upscale**: 해당 이미지의 해상도를 향상시키는 기능
- **Use as Base Image**: 해당 이미지를 베이스로 넣기, Add a Base img에 추가됩니다.
- **Inpaint image**: 이미지의 마스킹 기능을 활용할 수 있습니다.
- **Edit image**: 해당 이미지에 직접 그림을 그려 넣어 수정합니다. Add a Base image에 추가됩니다.
- **Pin image**: 해당 이미지를 왼쪽에 고정시킵니다.
- **Seed**: 해당 이미지의 시드 번호
- **Copy to Clipboard**: 해당 이미지를 클립보드에 복사합니다.
- **Download image**: 해당 이미지를 저장합니다.

생성한 이미지를 수정, 변형하기 위한 UI 설명입니다. 기능을 차례대로 활용해 보면서 이미지를 조금씩 변형해 보겠습니다.

2 Enhance

이미지의 퀄리티를 향상하는 기능입니다. 해당 버튼을 누르면 Enhance 기능을 사용할 수 있습니다.

전체 이미지의 느낌이 마음에 들 때나 많은 변화를 주지 않고 그림을 다시 만들고 싶을 때 사용합니다. 강도가 높을수록 원본 이미지의 변화가 커집니다.

강도별로 정리해 둔 다음 이미지를 참고하세요.

강도: 1   2   3   4   5

3 Generate Variation

해당 이미지를 바탕으로 다양한 베리에이션 이미지를 생성합니다.

4 Upscale

해당 이미지의 해상도를 올릴 수 있습니다. Enhance와 달리, 원본 이미지를 그대로 두고 해상도만 올립니다. 해당 기능을 사용했더니 640×832픽셀 이미지에서 2560×3328픽셀 이미지로 변경됐습니다.

5 Use as Base Image

해당 이미지를 넣어 그림을 재생성할 수 있습니다.

버튼을 누르면 왼쪽의 Add a Base Img에 해당 이미지가 들어갑니다. 이미지를 넣고 그림을 생성할 경우, 이미지를 바탕으로 새로운 이미지가 생성됩니다

- **Strength(기본값 0.7)**: 강도가 클수록 원본 이미지와 달라지고 약할수록 비슷해집니다.
- **Noise(기본값 0.2)**: 값이 높을수록 이미지가 많이 변형됩니다.

강도별로 정리한 다음 예시 이미지를 참고하세요.

Strength: 0.4
Noise: 0.02

Strength: 0.4
Noise: 0.3

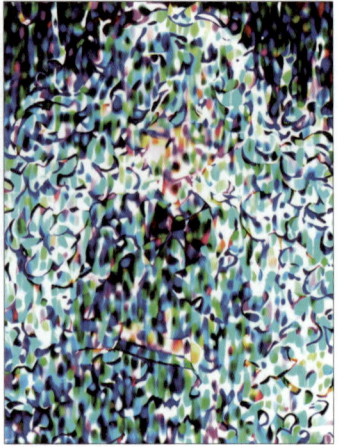
Strength: 0.4
Noise: 0.99

Strength: 0.8
Noise: 0.02

Strength: 0.7
Noise: 0.2

Strength: 0.99
Noise: 0.99

해당 이미지를 Use as Base Image 기능을 사용해 베이스로 넣은 채로 프롬프트에 쓰인 키워드를 바꿔 이미지를 생성할 수도 있습니다. 베이스에 쓰인 이미지를 바탕으로 바꿔 주며 Strength와 Noise의 강도가 높을수록 이미지가 가장 많이 변형됩니다.

이미지를 베이스로 넣고 프롬프트에 "beach, water"를 입력했더니 배경이 바다로 바뀌었습니다. Strength와 Noise를 조절하고 베이스 그림의 느낌을 가져오면서 그림을 조금씩 바꿔 나갈 수 있습니다.

6 Edit Image

이미지에 직접 그림을 그려 넣어 수정할 수 있는 기능입니다.

버튼을 누르면 해당 이미지에 직접 그림을 그릴 수 있게 설정됩니다.

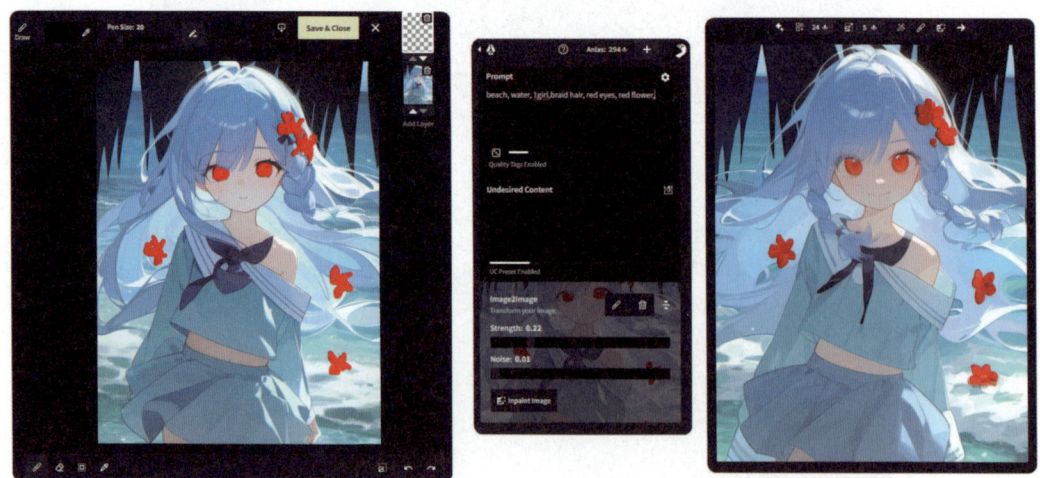

왼쪽 위의 브러시 색을 붉은색으로 바꿔 꽃을 그려 주고 눈에도 붉은색을 추가했습니다. [Save & Close] 버튼을 클릭하면 해당 그림이 베이스 이미지로 들어갑니다. 프롬프트에 "red eyes, red flower"를 추가한 후 Strength와 Noise 값을 조절하면서 이미지 생성을 진행했더니 눈이 붉은색으로 변하고 주변에 붉은 꽃이 생겼습니다.

7 Inpaint Image

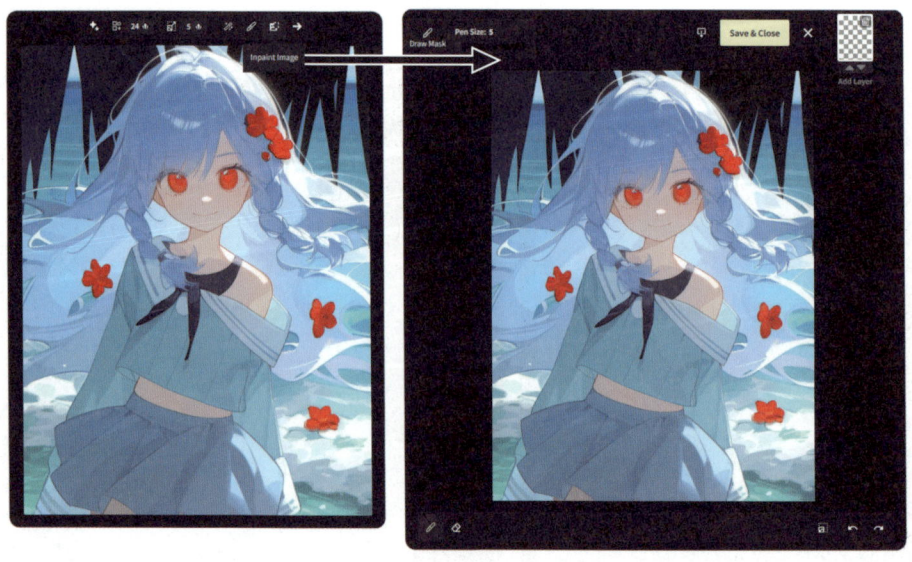

Draw Mask로 마스킹할 구간을 선택할 수 있습니다. 선택한 마스킹 부분 외의 이미지는 변동이 없으며 디테일을 바꾸는 데 도움이 됩니다.

배경과 상의의 앞부분, 치마를 마스킹했더니 해당 부분이 바뀌었습니다. 중간에 뭉개진 소품이 있거나 신체가 절단된 부분 등 바꾸고 싶은 부분이 있을 때 이 기능을 활용하면 그림의 디테일을 올릴 수 있습니다. 또한 마스킹을 한 후 프롬프트에 키워드를 바꿔 입력하면 그 키워드에 맞게 이미지가 변형돼 생성됩니다.

Novel AI-이미지 제네레이터 기능을 이용한 이미지 생성 & 변형

이전에 UI 설명에서 보여드렸던 기능을 사용해 이미지를 생성 또는 변형해 보겠습니다.

1 직접 그림을 그려 이미지 베이스 만들기

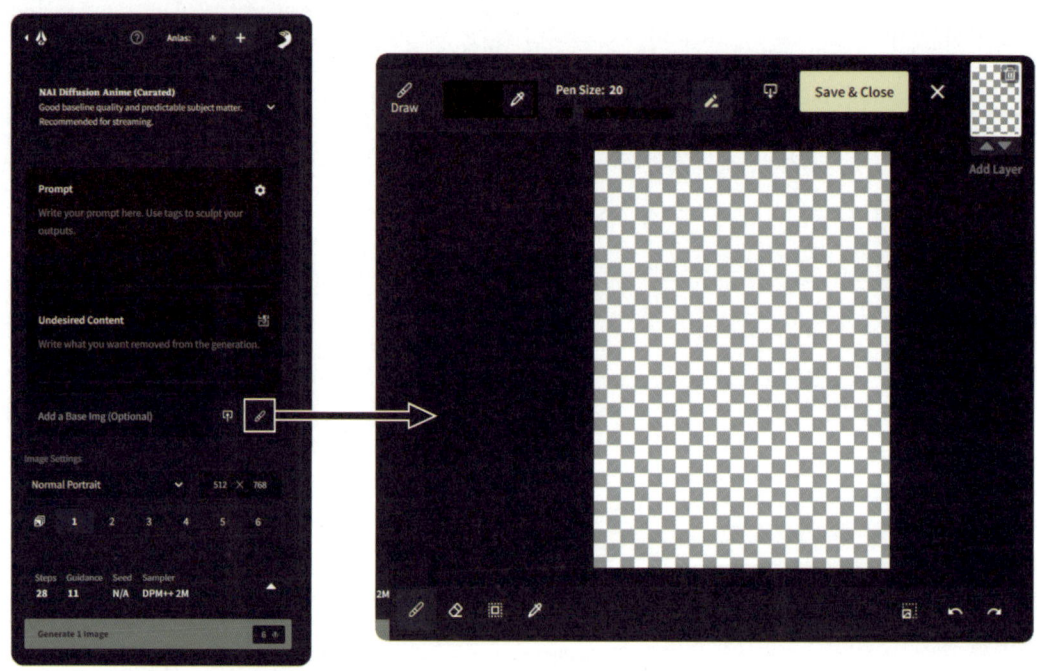

이번에는 직접 그림을 그려 이미지 베이스를 생성해 보겠습니다.

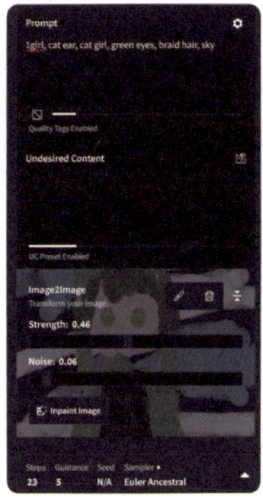

고양이 귀를 단 여성 캐릭터를 표현한 그림입니다. 그림을 그린 후 [save]를 누르면 베이스 이미지에 직접 그린 그림이 들어갑니다. 프롬프트에 여성, 고양이 귀, 초록 눈, 땋은 머리 등의 원하는 키워드를 넣고 이미지를 생성해 보겠습니다.

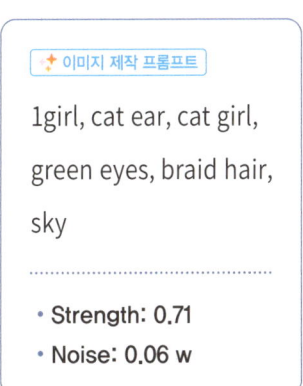

✨ 이미지 제작 프롬프트

1girl, cat ear, cat girl, green eyes, braid hair, sky

- Strength: 0.71
- Noise: 0.06 w

직접 그린 그림을 바탕으로 귀여운 고양이 귀를 가진 여성의 이미지가 생성됐습니다. 그림을 베이스로 넣을 경우, 생성될 이미지를 예측할 수 있어 창작자가 의도한 이미지의 그림이 나올 가능성이 큽니다. 또한 해당 이미지를 다시 베이스에 넣어 다시 생성하거나 베리에이션 기능을 써서 다른 그림을 얻을 수도 있습니다.

2. Vibe Transfer

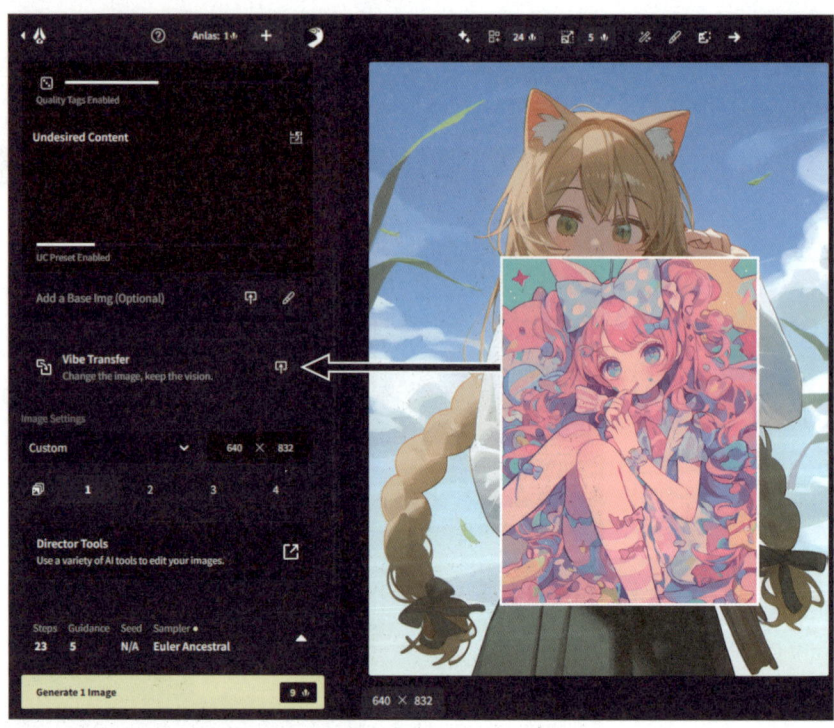

　[Vibe Transfer]는 참고할 그림을 넣고 해당 그림의 스타일을 믹스해서 그림을 생성합니다. 바로 앞 장에서 생성된 그림을 베이스 이미지로 사용하고 믹스할 그림에는 핑크색 색감의 여성의 이미지를 넣었습니다.

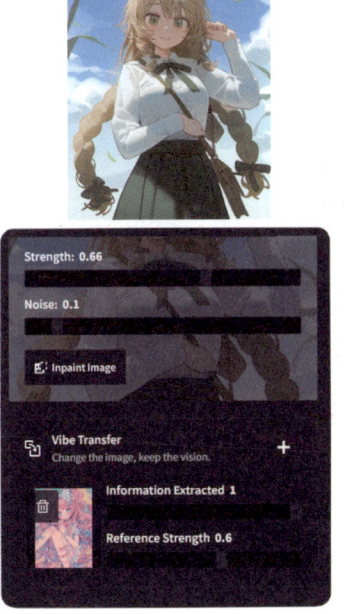

원래 베이스 이미지였던 고양이 귀, 땋은 머리 소녀에서 핑크색 색감과 키치(Kitsch)한 아이콘들이 추가돼 그림이 좀 더 풍부해졌습니다.

베이스 이미지가 없는 채로 Vibe Transfer를 써서 생성한 그림입니다. 텍스트 프롬프트에 "1girl, cat ear, braid hair"를 넣었으며 reference strength와 information extracted를 조절하면 다채로운 이미지를 얻을 수 있습니다.

 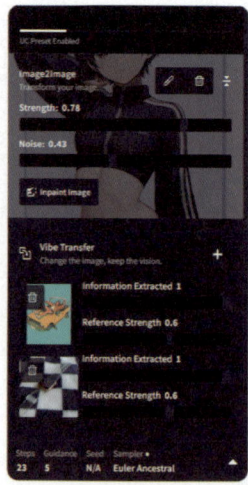 

참고로 사용할 이미지에 일러스트가 아닌 일반 사진을 넣거나 여러 장의 이미지를 업로드해 다양한 스타일의 일러스트를 생성할 수도 있습니다.

3 Director Tools

[Director Tools]는 배경 지우기, 선화, 스케치화, 채색, 감정 표현, 정리 기능을 쓸 수 있는 도구입니다.

해당 버튼을 눌러 [Director Tools]를 이용할 수 있습니다. 우측 상단의 버튼을 누르면 해당 이미지가 바로 다이렉트 도구에 추가됩니다. 왼쪽 하단의 버튼을 눌러 변형할 이미지를 수동으로 추가할 수도 있습니다.

다이렉트 도구에서 이미지를 추가한 화면입니다. 하단의 기능을 차례대로 이용해 보겠습니다.

01 Remove BG – 배경을 지워 줍니다. 우측 하단의 [저장] 버튼을 눌러 배경이 지워진 png 파일을 다운로드할 수 있습니다.

02 Line Art – 해당 이미지를 선화로 바꿔 줍니다.

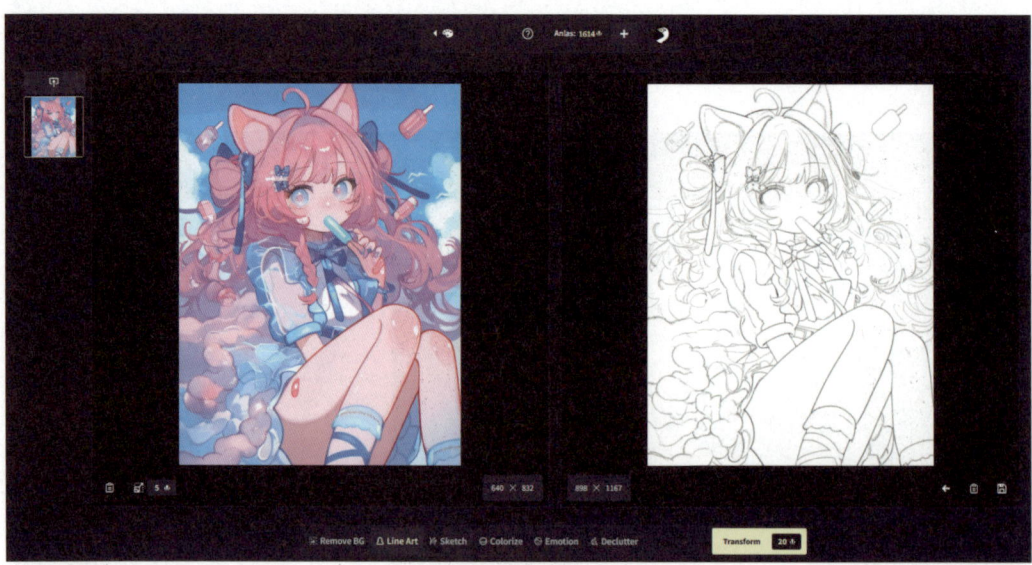

03 Sketch – 해당 이미지를 스케치 느낌의 이미지로 바꿔 줍니다.

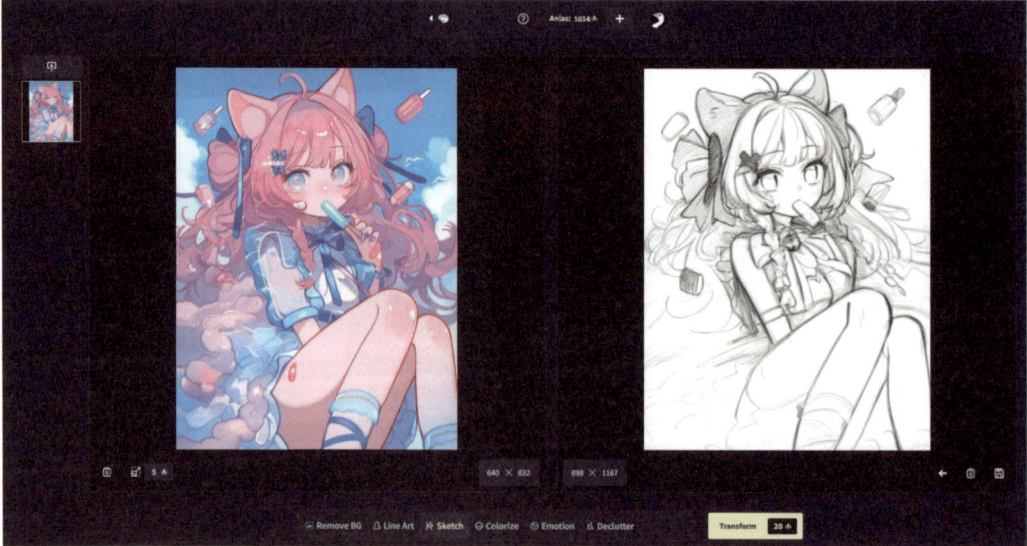

04 Colorize – 채색. 프롬프트에 blue와 colorful을 넣고 생성했습니다. 베이스 이미지가 이미 색이 칠해져 있는 상태라서 채도가 좀 더 강해진 듯한 이미지가 생성됐습니다.

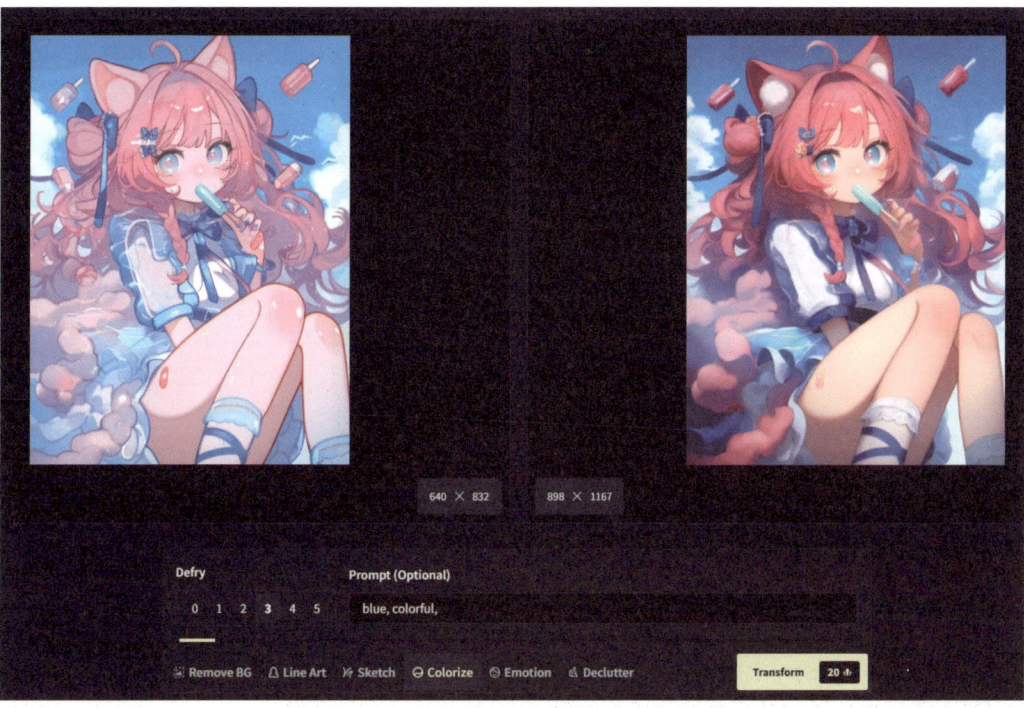

이전에 생성한 선화 이미지를 베이스로 두고 같은 프롬프트로 이미지를 생성하자 프롬프트에 쓰인 색인 푸른색 위주로 채색됐습니다.

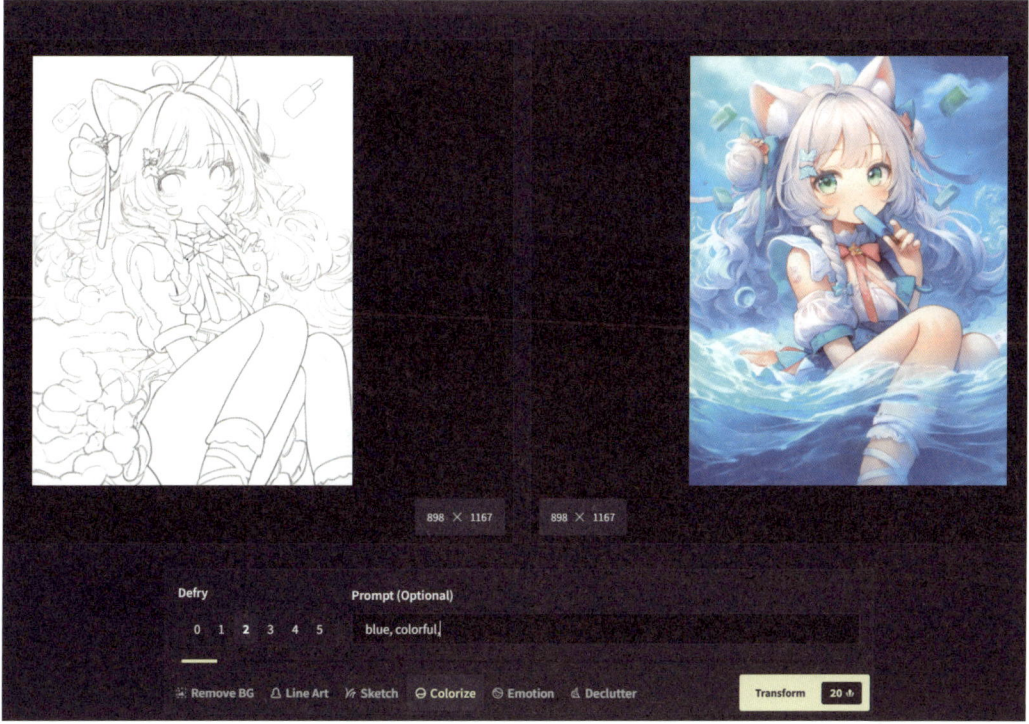

05 Emotion – 이미지의 표정을 바꿔 줍니다. 해당 창을 클릭해 표정을 선택할 수 있습니다. 꼭 살려야 하는 얼굴의 특징이 있다면 프롬프트에 써 주고 생성합시다.

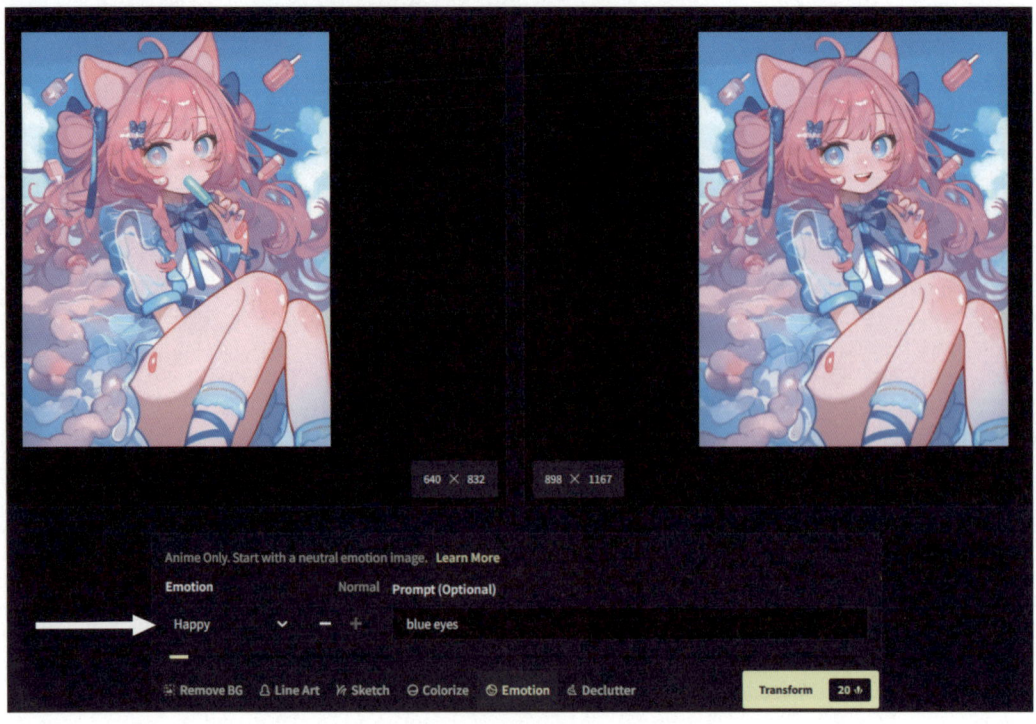

우는 표정, 웃는 표정 등을 선택해 만든 이미지입니다.

06 Declutter - 이미지를 정리해 줍니다. 이미지에 생긴 노이즈나 말풍선 등 복잡한 이미지를 지워 줍니다. 해당 그림의 경우, 배경에 있던 흐릿한 아이스크림이 지워지고 그림이 좀 더 깔끔하게 변했습니다.

06 Novel AI-이미지 제네레이터 AI Settings

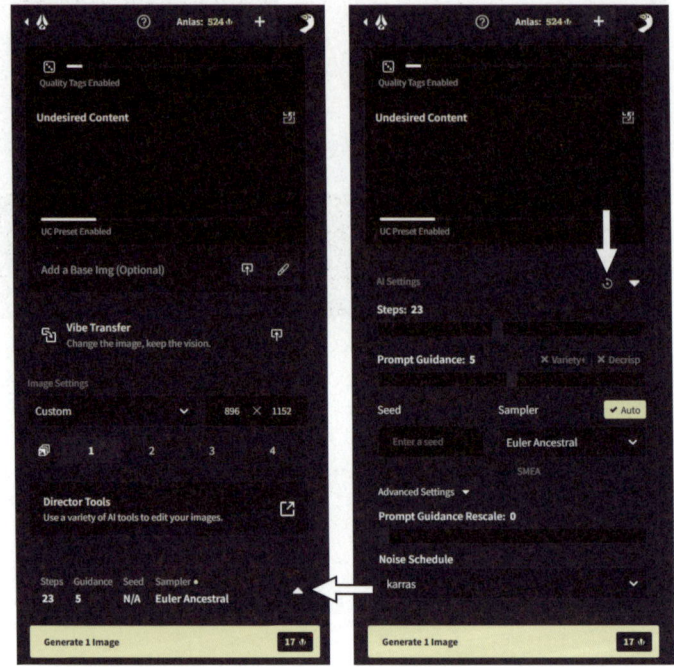

지금까지 다양한 기능을 활용해 일러스트를 생성해 봤습니다. 이런 기능 외에도 [AI Settings]를 수정해 이미지를 생성하는 데 변화를 줄 수도 있습니다. 메뉴의 왼쪽 아래에 있는 삼각형을 누르면 AI 세팅을 수정할 수 있습니다. 오른쪽 위에 있는 [되돌리기] 버튼을 누르면 세팅 기본값으로 돌아갑니다.

1 Steps

Steps는 이미지 생성 과정에서 AI가 반복적으로 이미지를 개선하는 반복 횟수를 나타냅니다. 스텝의 숫자가 높을수록 이미지가 좀 더 선명하고 세밀하게 생성됩니다(Anlas의 소모량도 커집니다).

다음은 같은 이미지에 스텝 변화만 주어 생성한 예시입니다.

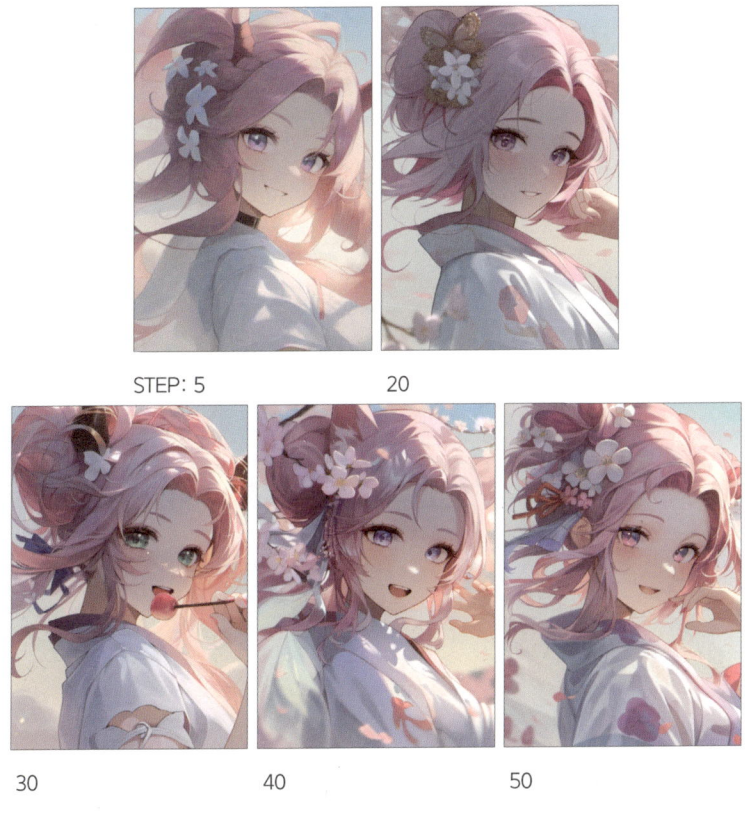

다음은 같은 프롬프트/시드로 만든 이미지에 스텝 변화만 주어 생성한 예시입니다.

2 Prompt Guidance

프롬프트를 얼마나 반영할지 설정합니다. 값이 클수록 사용자가 쓴 키워드에 가까워집니다. 값이 낮을수록 회화적이고 부드러운 이미지가 생성되고 값이 높을수록 디테일과 선명도가 올라갑니다.

다음은 같은 이미지에 Prompt Guidance 값의 변화만 주어 생성한 예시입니다.

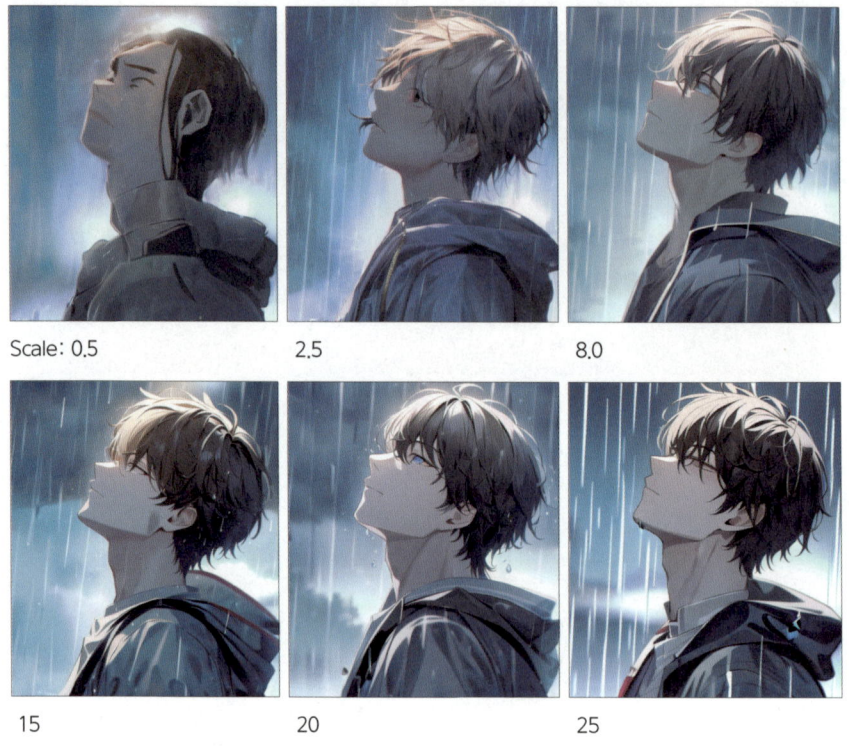

다음은 노벨 AI에서 제공한 Scale 평균 안내 가이드입니다.

지침 값 2~6
AI가 텍스트 프롬프트를 느슨하게 해석하도록 허용합니다. 사이키델릭한 룩과 콘셉트, 재미있는 풍경에도 좋습니다.

지침 값 7~14
프롬프트 텍스트에 대한 강력한 지침입니다.

지침 값 15~20
텍스트 프롬프트를 더욱 엄격하게 준수합니다. 세대는 더 깨끗해 보일 수도 있지만, 더 딱딱해 보일 수도 있습니다. 시각적인 인공물이 나타나기 시작할 수 있습니다. 이 값 이상에서 더 선명한 설정을 권장합니다.

지침 값 21+
텍스트 프롬프트에 지나치게 초점을 맞춥니다. 예측이 불가능할 수도 있습니다.

3 Seed

시드(Seed)는 AI가 생성한 그림에 부여되는 고유 번호로, 이미지를 생성하면 오른쪽 하단에 표기됩니다. 같은 시드 번호를 입력해 이미지를 생성하면 그림을 비슷한 느낌으로 생성합니다.

- **Seed**: 2640095715를 이용해 같은 프롬프트(pink hair, Chibi)로 생성한 이미지

4 Sampler

이미지를 생성하는 방식입니다. 기본값은 'Euler Ancestral'이며 여러 방식이 있습니다. 방식마다 각자 다른 이미지를 생성하지만, 차이점이 항상 명확하지는 않습니다.

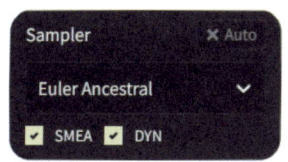
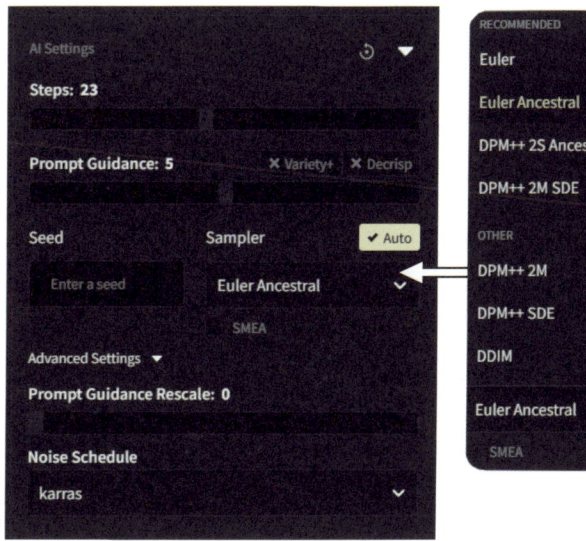

밑의 샘플러 변형 체크 박스 SMEA(Sinusoidal Multipass Euler Ancestral)는 높은 해상도에서 품질 향상을 목표로 개발된 새로운 샘플러입니다(1024×1024 이상의 픽셀을 쓰면 자동으로 적용됩니다.)

- 여러 방식을 이용해 생성한 이미지

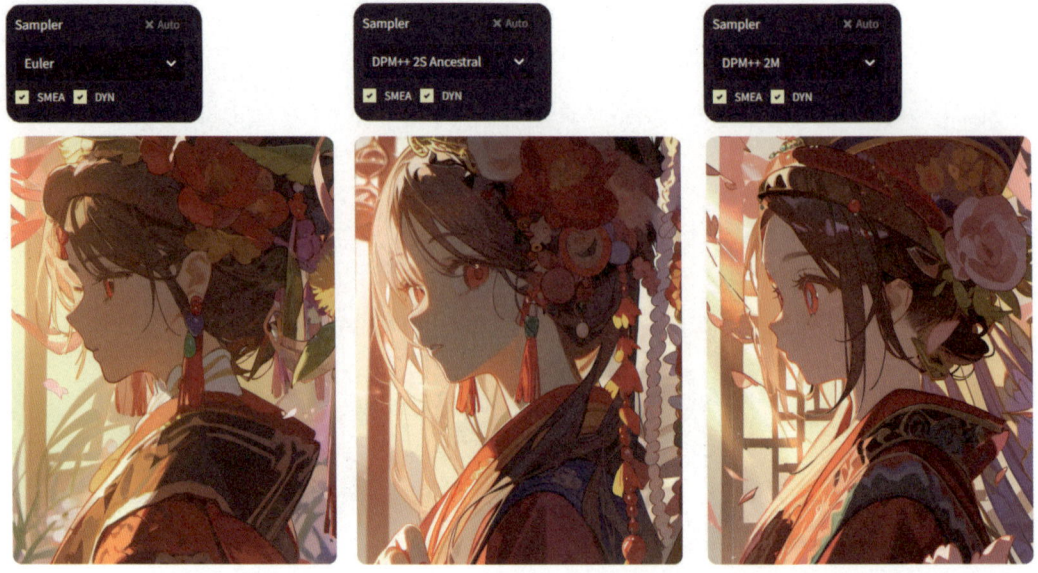

샘플러 변형 박스에 체크 표시를 한 후 이미지를 생성하면 평소보다 좀 더 뚜렷한 인상의 이미지가 생성됩니다.

CHAPTER 07 기타 기능

1 다른 모델을 이용한 이미지 생성(V3/V4)

지금까지 기본 모델인 V3의 기능을 사용해 그림을 생성했습니다. 하지만 노벨 AI에는 V2(이전 모델), V3(Furry), V4(아직 실험 중인 모델)이 존재합니다.

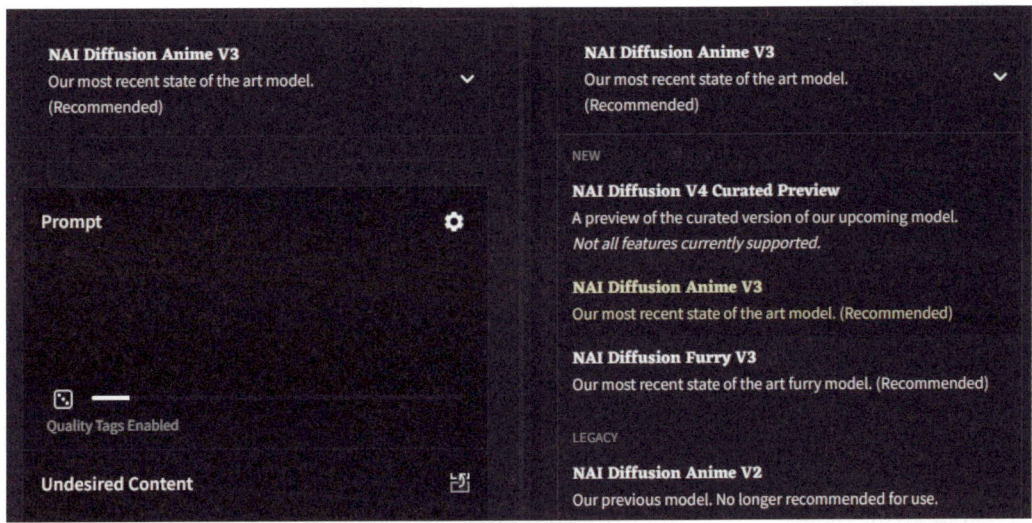

V3(Furry)의 경우, 수인 일러스트를 그리는 데 적합하며 어떤 프롬프트를 입력해도 전부 수인이 돼 버리는 수상한 모델입니다.

V4의 경우, 캐릭터 프롬프트 창이 새로 생겼으며 동일한 캐릭터를 고정시켜 그림을 생성할 수 있습니다. 아직 개발 중인 모델로, 추후에 기능이 좀 더 업데이트 될 것으로 보입니다.

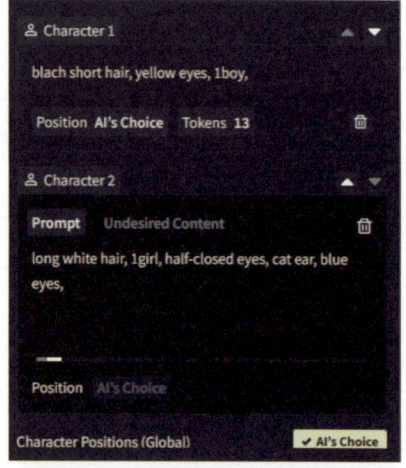

2 다른 모델을 이용한 이미지 생성(V2)

V2는 V3이 출시되기 이전의 모델로, 그림의 퀄리티가 낮은 것이 흠이지만, 다양한 기능이 있어 해당 모델로도 그림을 생성할 수 있습니다.

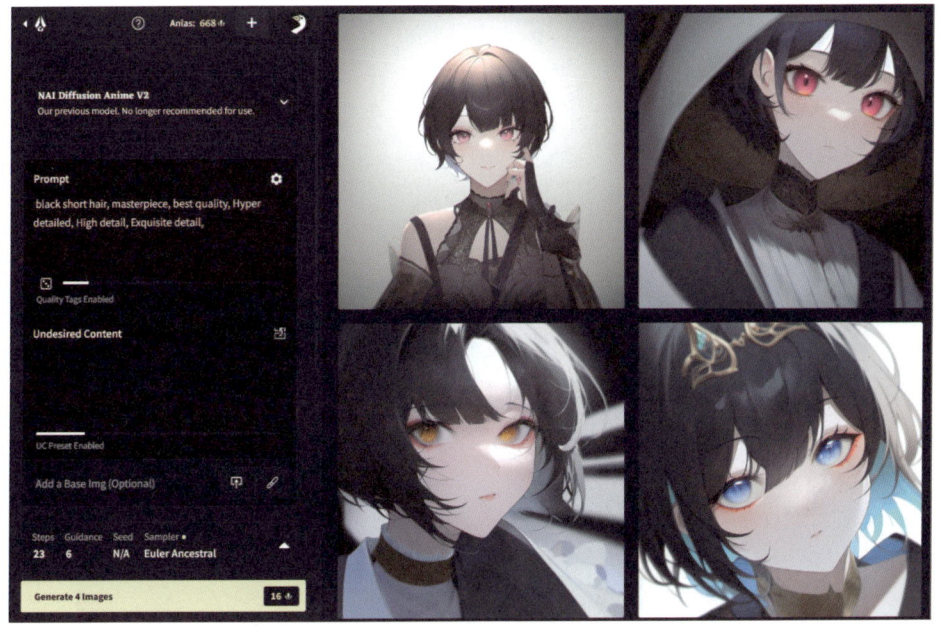

V2에서 프롬프트를 입력해 생성한 이미지

Anlas 소모량이 적어 실험적으로 V2에서 여러 이미지들을 만들고 해당 이미지를 V3 모델로 다시 생성해 퀄리티를 높이면 Anlas 소모량을 줄일 수 있습니다.

V2의 기능을 간단하게 알아봅시다.

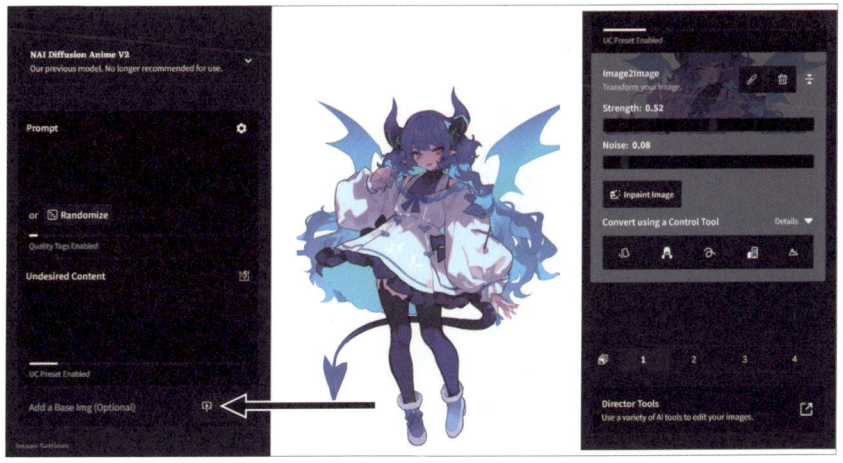

왼쪽 위 상단에서 모델을 V2 모델로 바꾸고 이미지를 넣으면 베이스 이미지의 밑에 있는 컨트롤 도구를 이용할 수 있게 됩니다.

- Palette Swap: 베이스 이미지의 선(라인)을 지침으로 이미지를 생성합니다.

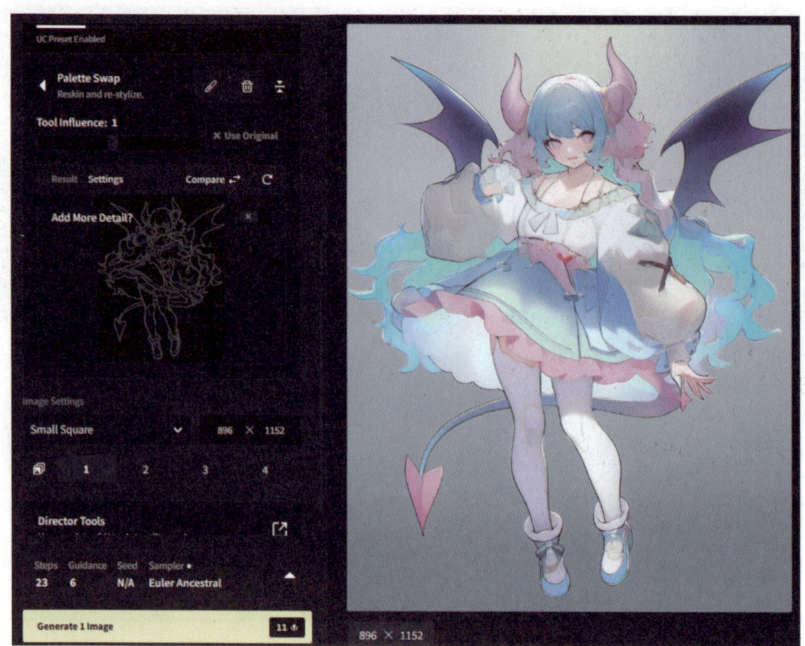

- Form Lock: 이미지의 3D(깊이감)를 지침으로 이미지를 생성합니다.

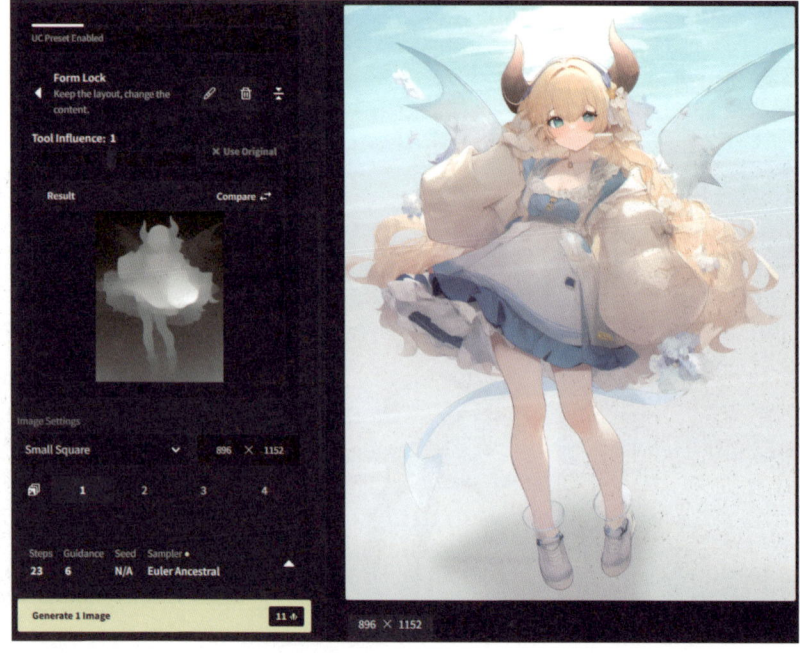

- **Scribbler**: 베이스 이미지의 2D 이미지를 지침으로 이미지를 생성합니다.

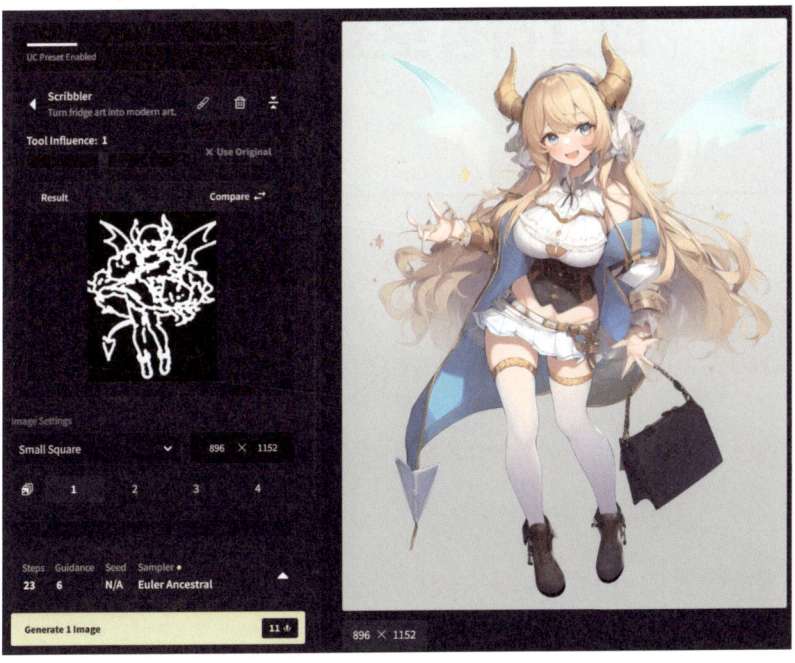

다음은 해당 이미지들을 다시 V3 모델로 재생성한 이미지입니다.

이렇게 여러 모델을 쓰면서 조합하다 보면 다양한 일러스트를 생성할 수 있습니다.

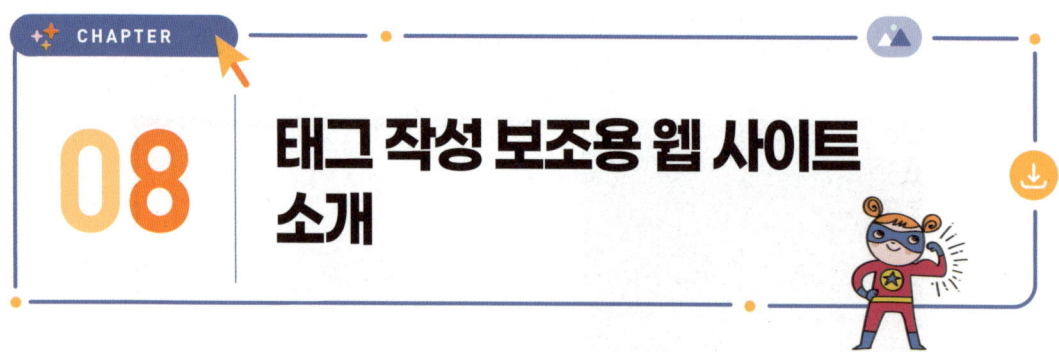

08 태그 작성 보조용 웹 사이트 소개

1 프롬프트 태그 추천 및 참고용 사이트

프롬프트 태그 입력이 익숙하지 않거나 어떤 단어를 사용해야 할지 고민되는 경우에는 관련 키워드를 기반으로 태그를 추천해 주는 웹 사이트를 참고하는 것이 큰 도움이 됩니다.

다음에 소개하는 웹 사이트들은 초보자부터 숙련자까지 모두 활용할 수 있는 유용한 도구입니다.

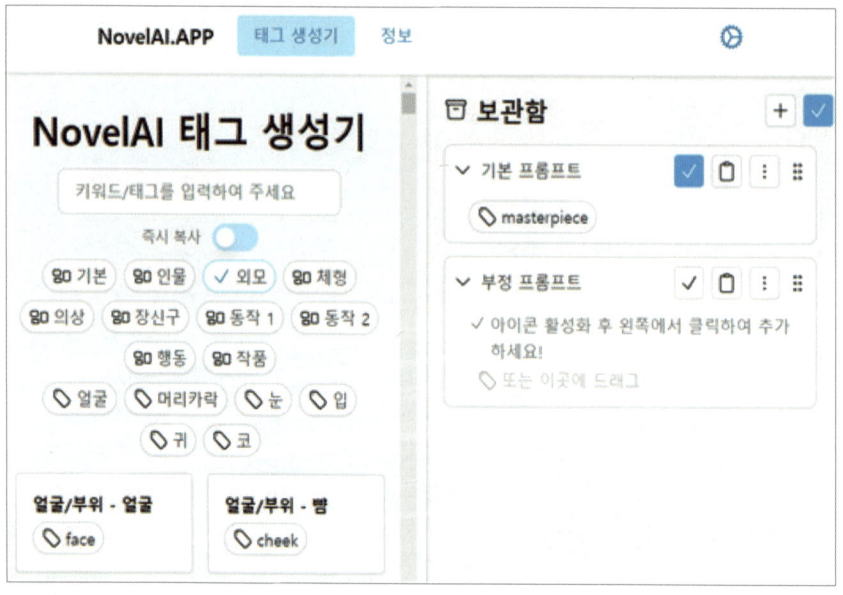

NovelAI 태그 생성기(https://novelai.app/)

이 웹 사이트는 자주 사용되는 태그를 목록 형태로 제공하며, 원하는 키워드를 직접 입력하면 관련 태그를 자동으로 추천해 줍니다.

텍스트를 작성하는 데 필요한 키워드를 쉽게 찾아볼 수 있어 프롬프트 작성이 익숙하지 않은 사용자에게 특히 유용합니다.

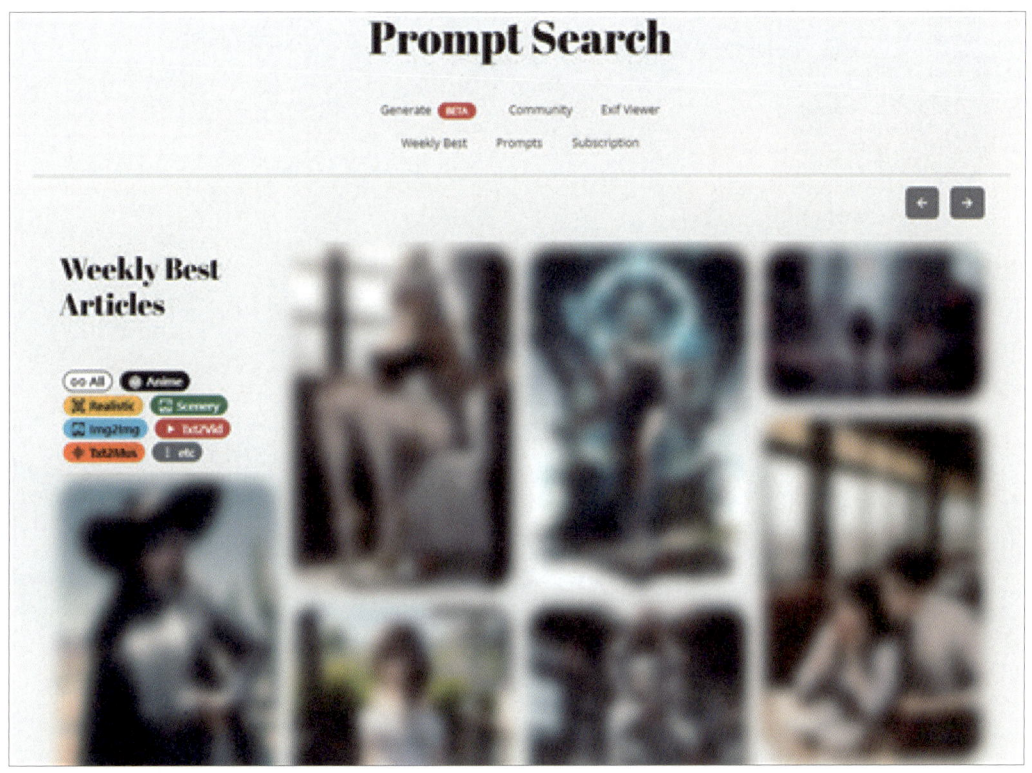

Prompt Search(https://www.ptsearch.info/home/)

Prompt Search는 AI 이미지 사용자들이 생성한 이미지와 함께 사용된 태그를 공유하는 웹 사이트입니다. 원하는 이미지 스타일을 선택하면, 해당 이미지에 어떤 태그와 프롬프트가 사용되었는지 직접 확인할 수 있습니다.

다른 사용자의 프롬프트를 참고해 자신만의 프롬프트를 구성하는 데 활용할 수 있습니다.

Part **3**

니지저니

니지저니(Niji Journey)는 AI 이미지 생성 서비스인 미드저니의 확장 모델로, 애니메이션 및 만화 스타일의 이미지 생성에 특화된 인공지능 모델입니다.
부드러운 색감과 정교한 선 처리, 감성적인 캐릭터 표현을 통해 일본 애니메이션 특유의 분위기를 세밀하게 구현하는 것이 특징입니다.
Part 3에서는 니지저니를 구독하는 방법과 다양한 기능을 활용해 원하는 이미지를 생성하는 방법에 대해 알아보겠습니다.

01 니지저니 가입/구독 및 비공개 서버 세팅

    니지저니는 가입부터 이미지 생성, 편집까지 모든 작업이 디스코드(Discord) 서버 내에서 이루어지는 것이 특징입니다. 따라서 디스코드 앱(또는 PC의 경우 웹앱) 설치 및 계정 가입이 필요하며, 공식 홈페이지(https://nijijourney.com)를 통해 디스코드 서버에 접속할 수 있습니다. 서비스 이용은 유료 구독 기반이며, 구독 이후부터 이미지 생성 기능을 사용할 수 있습니다.

    노벨 AI처럼 텍스트를 기반으로 이미지를 생성하는 방식이지만, 큰 차이점은 키워드 나열 방식이 아닌 자연스러운 문장 형태로도 충분히 원하는 이미지를 생성할 수 있다는 것입니다. 이는 초보자에게도 더 직관적이며, 프롬프트 작성 부담을 줄여 줍니다.

    또한 생성되는 이미지의 기본 퀄리티가 높은 편이며, 서비스 정책상 노출이 과도하거나 유혈이 포함된 이미지는 생성되지 않습니다. 생성된 이미지에 대한 책임과 권한은 전적으로 사용자에게 있음을 명시하고 있습니다. 이에 대한 보다 구체적인 내용은 공식 서비스의 이용 약관 페이지를 통해 확인할 수 있습니다.

    다음은 서버에 링크된 중요 웹 사이트들입니다.

- 서비스 약관(Terms of Service): https://docs.midjourney.com/docs/terms-of-service
- 개인정보 정책(Privacy Policy): https://docs.midjourney.com/docs/privacy-policy Community
- 가이드라인(Guidelines): https://docs.midjourney.com/docs/community-guidelines

1️⃣ 니지저니를 사용하기 위한 디스코드 설치 및 서버 가입

    니지저니를 사용하기 위해서는 디스코드(메신저) 가입이 필요합니다. 니지저니 AI는 모바일 앱에서도 사용 가능하지만, 이 책에서는 PC 기준으로 설명합니다.

01 https://discord.com/에 접속해 [window용 다운로드]를 클릭합니다. 파일을 실행한 후 설치하고 디스코드를 열어 주세요.

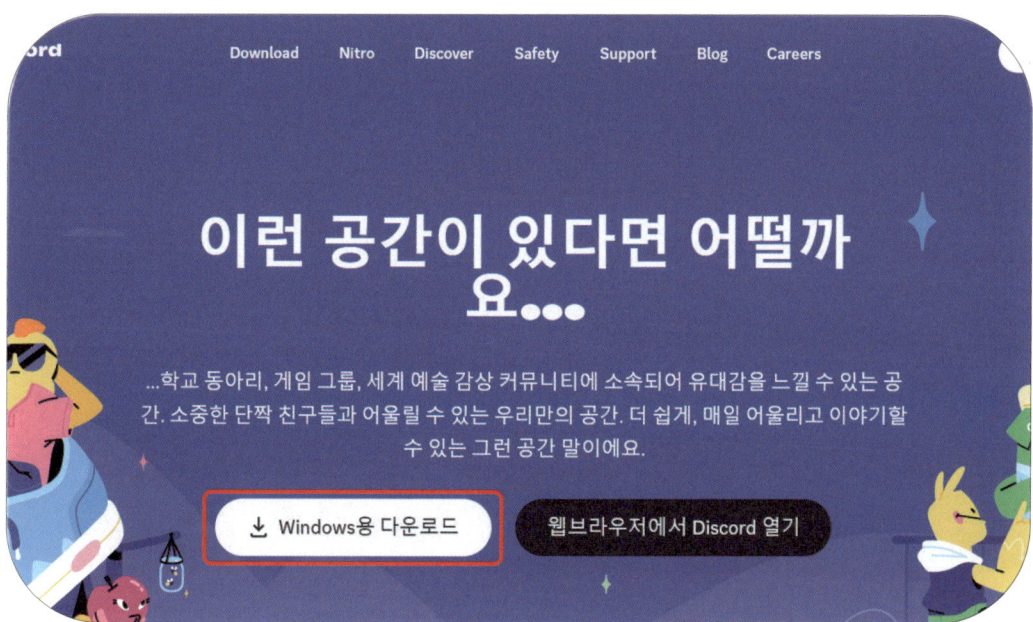

02 [로그인] 버튼 밑에 있는 [가입하기]를 클릭해 계정을 만든 후 로그인합니다.

03 로그인 후 이메일 인증을 진행합니다. 가입 시 입력했던 메일로 들어가 디스코드에서 온 이메일 주소 인증을 확인합니다.

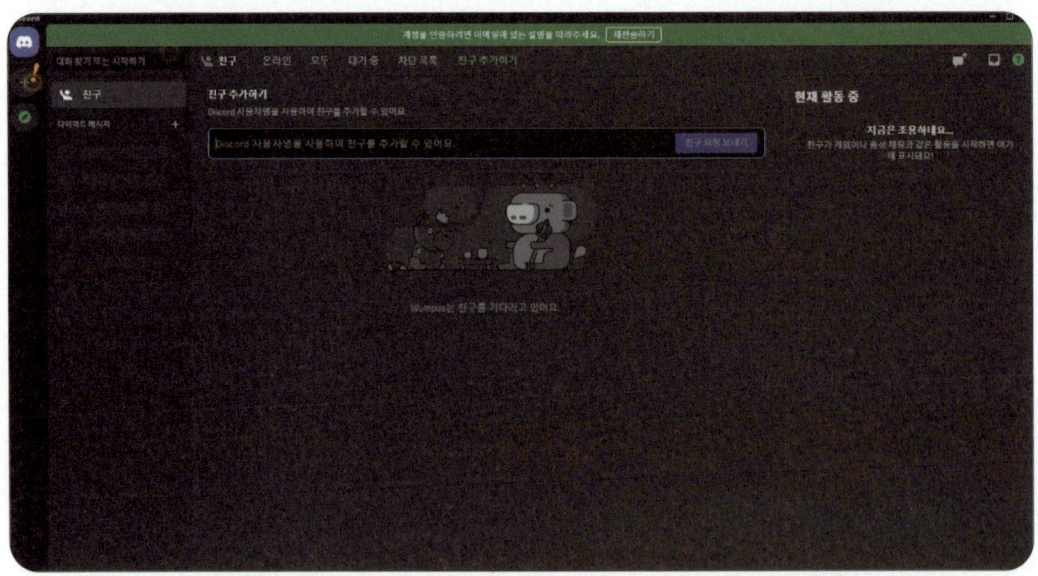

04 이메일 인증까지 끝났다면 니지저니 홈페이지(https://nijijourney.com/ko/)에 접속합니다. 화면에 일러스트가 나타나면 스크롤을 내려 중앙의 버튼 중 오른쪽(지금 시작하세요)을 클릭합니다.

05 녹색 버튼(디스코드에 가입하세요)을 클릭하면 디스코드 앱으로 자동 연결됩니다. 디스코드의 [niji·journey 참가하기] 버튼을 눌러 서버에 들어갑니다. 언어 설정[1]은 '한국'으로 설정해 진행했습니다.

[1] https://www.aitimes.com/news/articleView.html?idxno=144027

06 서버에 처음 들어가면 서버 가이드에 대한 내용이 나타납니다. 스크롤을 내리면 서버 규칙이 적혀 있습니다. 한 번씩 읽어 보고 진행합시다. 왼쪽 카테고리(welcome)에서 규칙, 공지 등을 확인할 수 있습니다.

07 카테고리를 아래로 내리다 보면 한국어로 적힌 카테고리가 보입니다. 서로 의견을 남기거나 도움을 주는 공간들이 있으므로 막히는 부분이 있다면 이 게시판을 활용합시다.

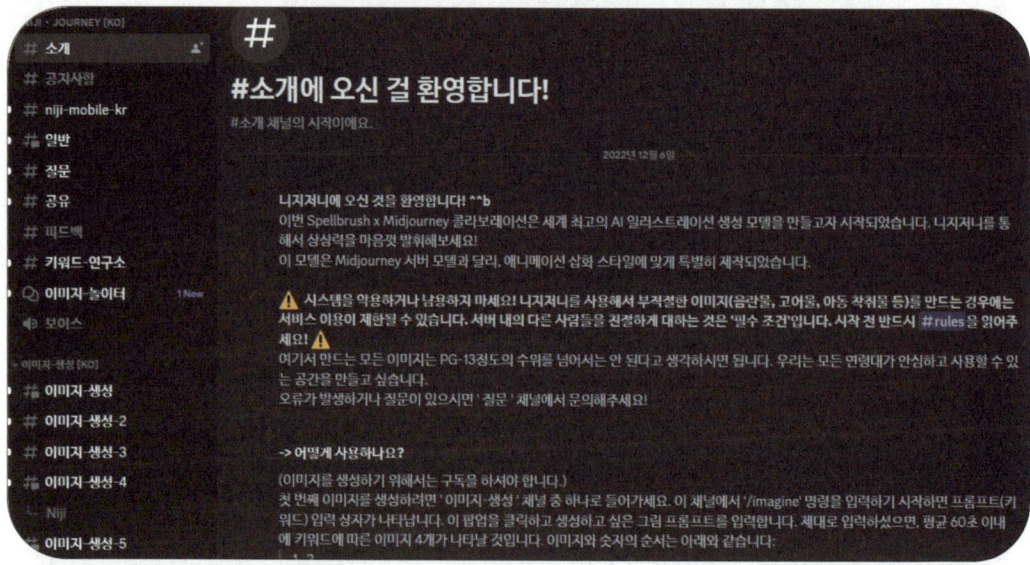

2 니지저니 구독 및 요금제 설명

01 구독을 진행해 보겠습니다. 왼쪽 디스코드 한국 이미지 생성 채널을 클릭해 들어간 후 '/subscribe'를 입력하고 Enter를 누릅니다.

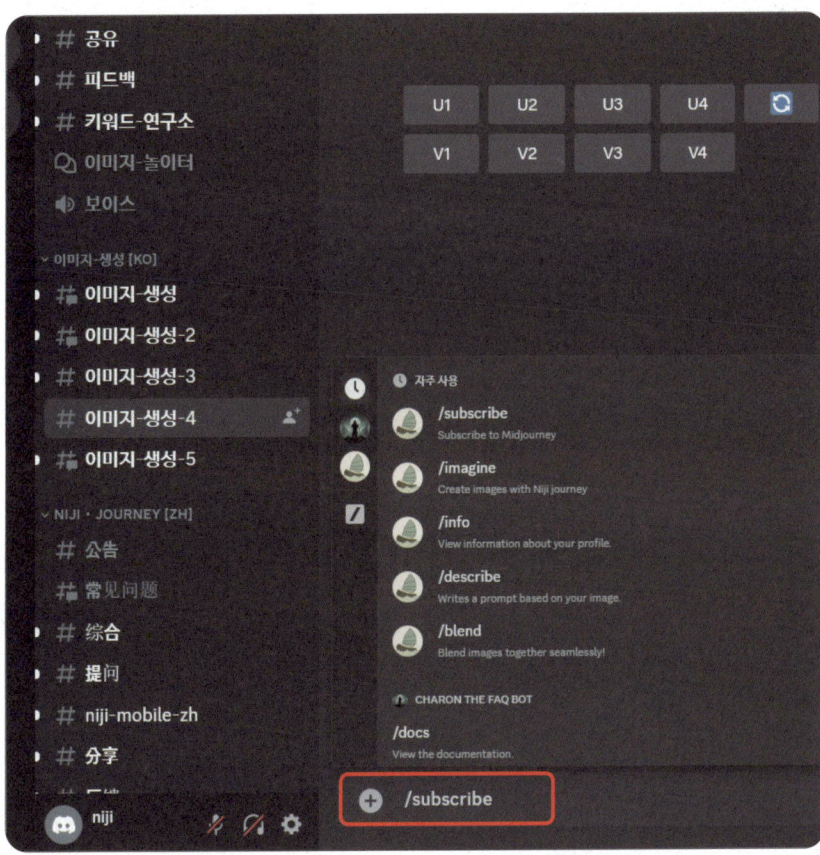

02 [Manage Account]를 클릭해 결제를 진행합니다.

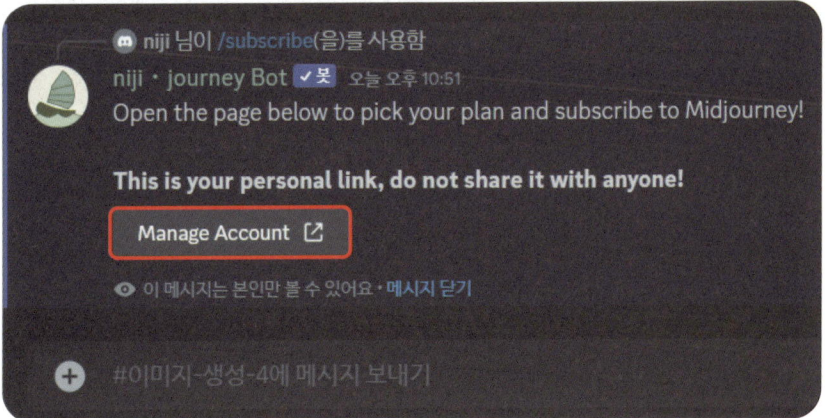

03 웹 사이트에 접속하면 구독 가격표가 나타납니다. 원하는 요금제를 선택합니다.
구독 플랜에는 월간과 연간 옵션이 있으며, 이 책에서는 월간 결제를 기준으로 진행합니다.

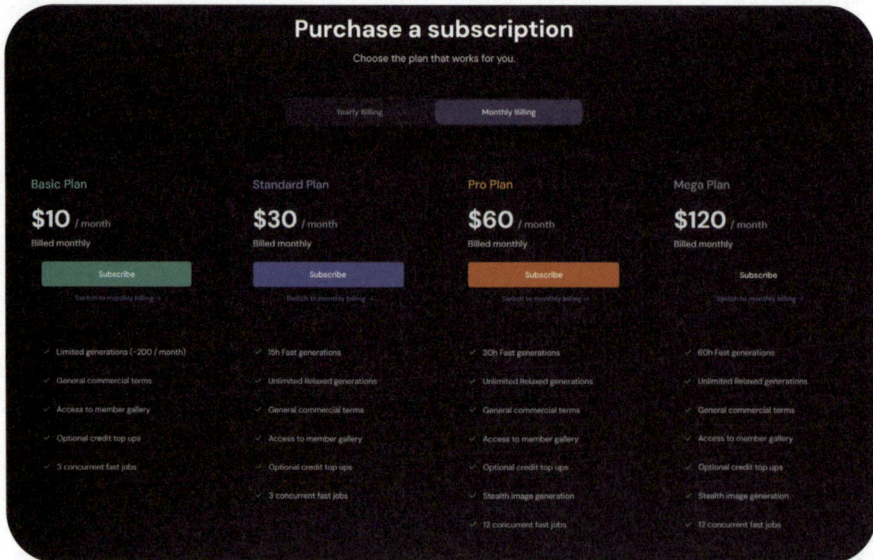

Monthly Billing(월간 결제)

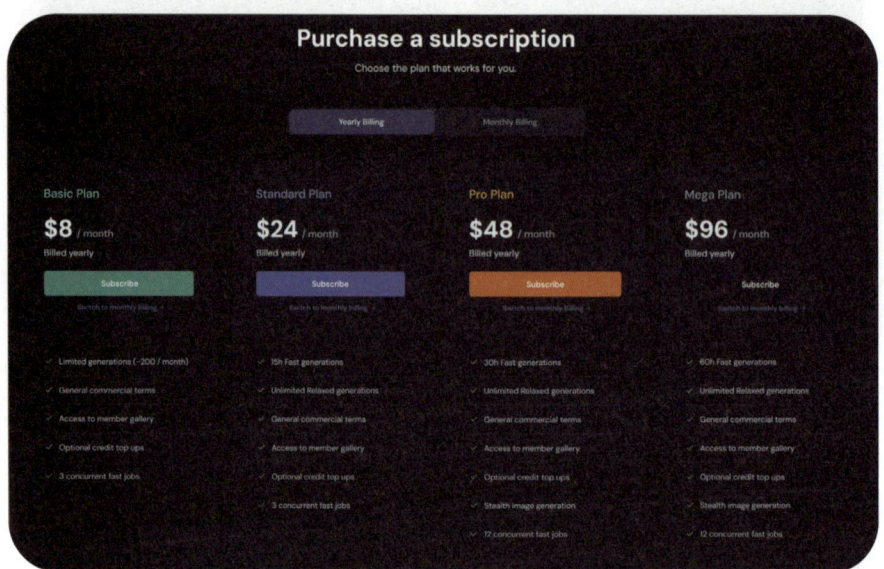

Yearly Billing(1년 결제)

월간 결제 시 가격표

Basic Plan	Standard Plan	Pro Plan	Mega Plan
10달러/month	30달러/month	60달러/month	120달러/month
월 200분 제한(약 200~280장) 회원 갤러리 이용 크레딧 추가 충전 가능 3개 동시 작업 가능	월 15시간 패스트 모드 월 무제한 릴렉스 모드 일반 상업 조건 회원 갤러리 이용 크레딧 추가 충전 가능 3개 동시 작업 가능	월 30시간 패스트 모드 월 무제한 릴렉스 모드 회원 갤러리 이용 크레딧 추가 충전 가능 스텔스 이미지 기능 12개 동시 작업 가능	월 60시간 패스트 모드 월 무제한 릴렉스 모드 회원 갤러리 이용 크레딧 추가 충전 가능 스텔스 이미지 기능 12개 동시 작업 가능

- 패스트 모드는 서버 내에서 가장 빠르게 이미지를 생성해 줍니다.
- 스텔스 이미지[2]의 경우, 내가 생성한 이미지를 다른 사람이 볼 수 없게 해 줍니다.
- 하위 플랜을 쓰다가 상위 플랜으로 업그레이드도 가능합니다.

04 Standard Plan 밑의 파란색 구독 버튼을 눌러 카드 결제를 진행합니다. 이 책에서는 Standard Plan을 기준으로 진행합니다.

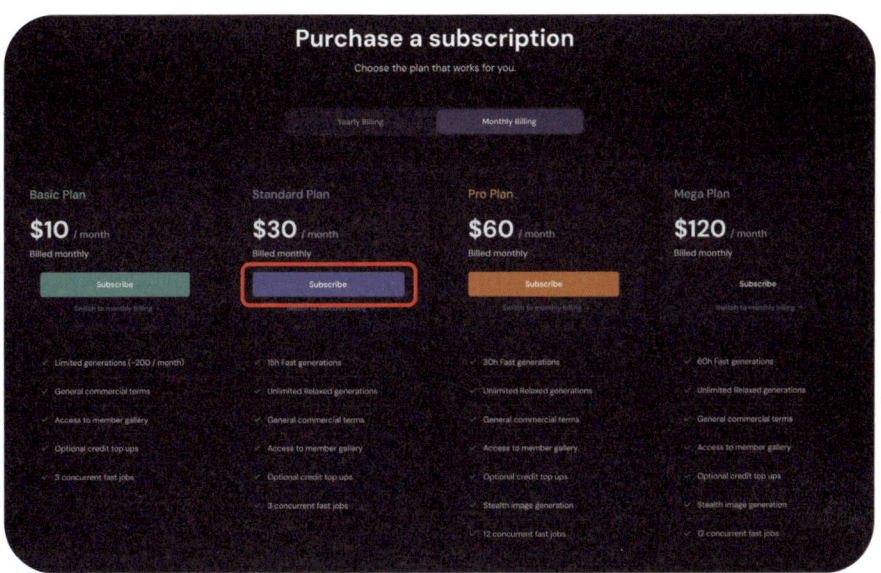

[2] 사용자가 생성한 모든 이미지는 삭제하지 않는 이상 사용한 프롬프트와 함께 니지 회원 갤러리 사이트에 올라갑니다. 이것이 싫은 사용자들은 스텔스 기능이 있는 플랜을 구매하면 됩니다. 필자는 개인적으로 쓰지 않습니다. 갤러리에 워낙 많은 이미지가 올라오고 따로 삭제할 수도 있기 때문입니다.

05 해외 결제가 가능한 카드를 입력한 후 결제를 완료하면 해당 창이 나타납니다. [close] 버튼을 눌러 이미지처럼 활성화됐는지 확인해 봅시다. 활성화되면 해당 플랜 밑에 있는 버튼이 [Active]로 바뀝니다.

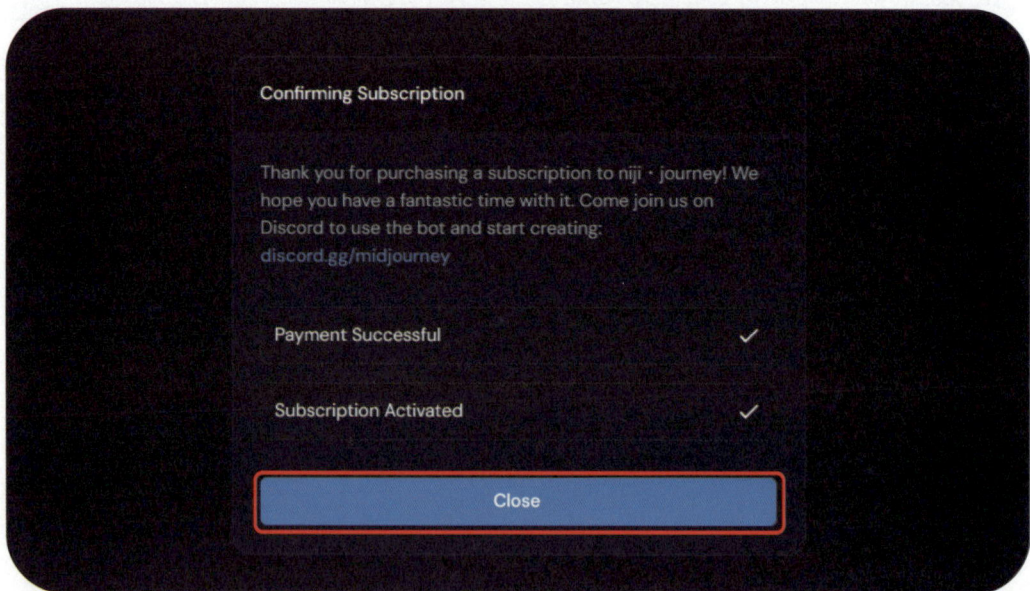

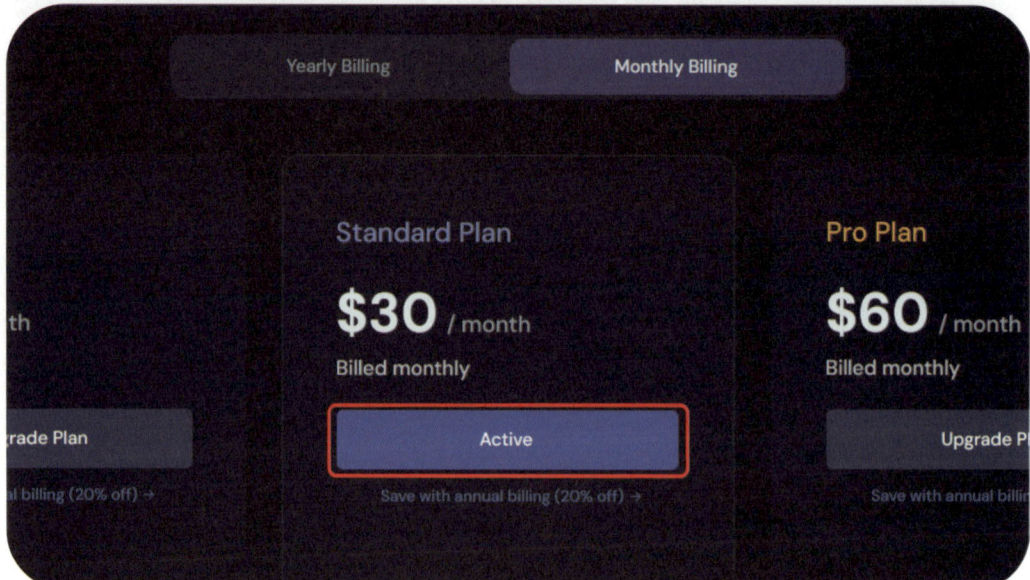

3 비공개 스레드 만들기

01 다시 디스코드의 니지 채널에 들어갑니다. 이미지 생성 채널에서 이미지를 바로 생성할 수 있지만, 채널에 생성된 이미지는 전체 사용자에게 공개되므로 개인 작업용으로는 비공개 스레드를 만들어 사용하는 것이 적절합니다.

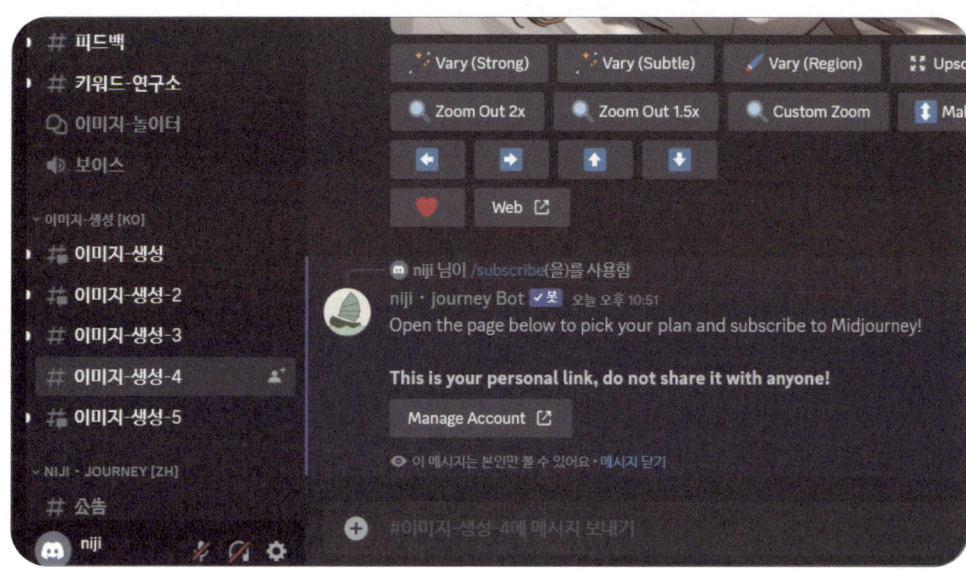

02 이미지 생성 채널에서 스레드 아이콘을 클릭합니다.

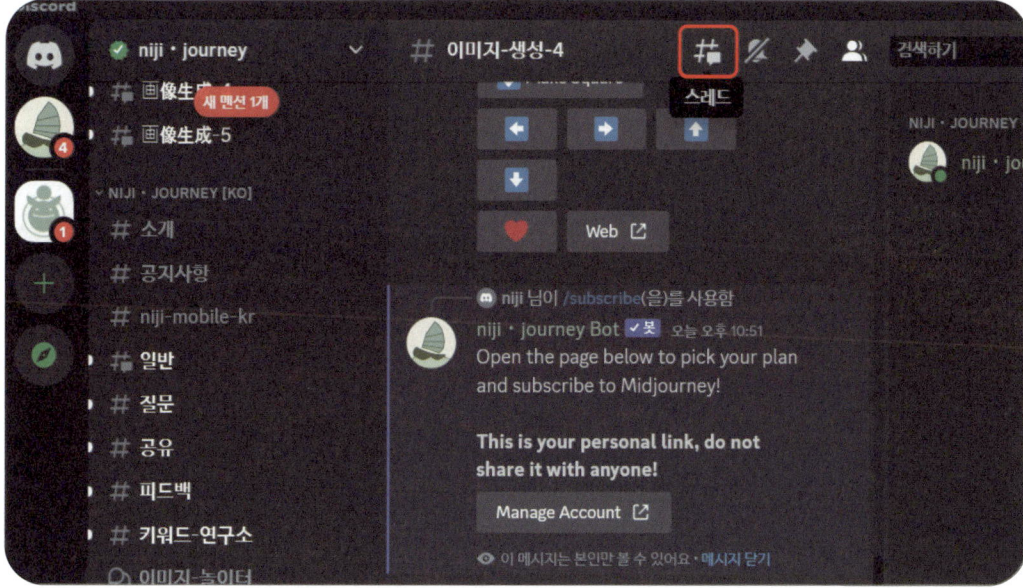

03 [만들기 버튼]을 클릭합니다.

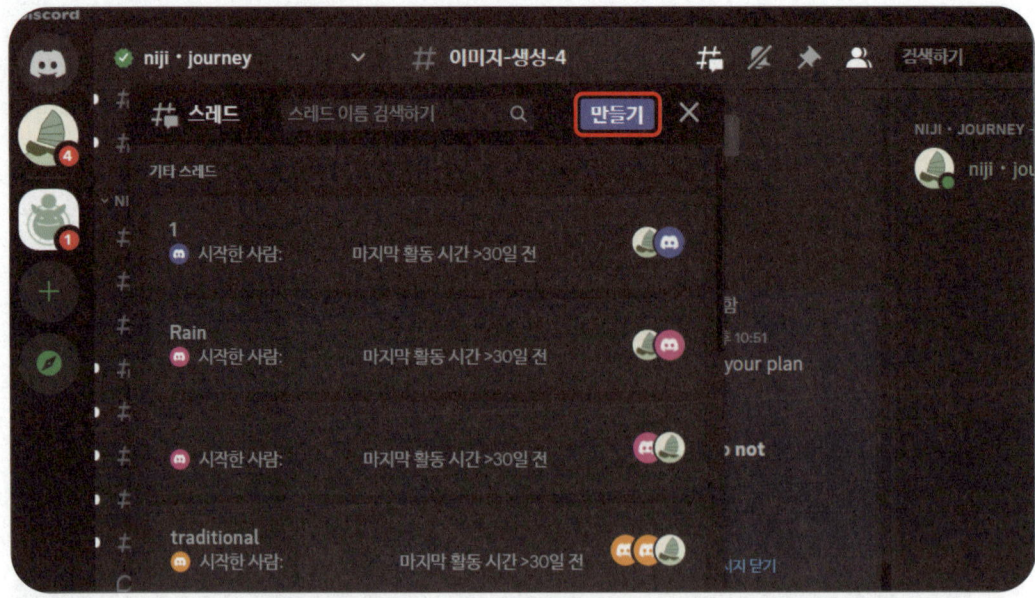

04 스레드의 이름을 정한 후 비공개 스레드에 체크 표시를 하고 채팅 창에 글을 쓴 다음 Enter를 누릅니다.

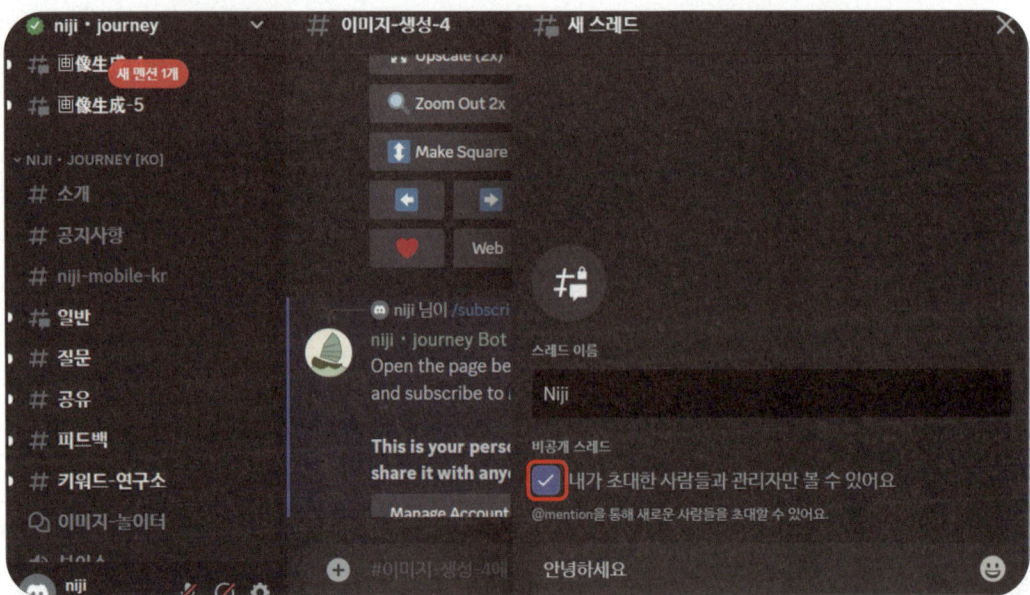

05 비공개 스레드가 만들어졌습니다. 여기서 쓰는 내용들은 자기가 초대한 사람과 관리자만 볼 수 있습니다.

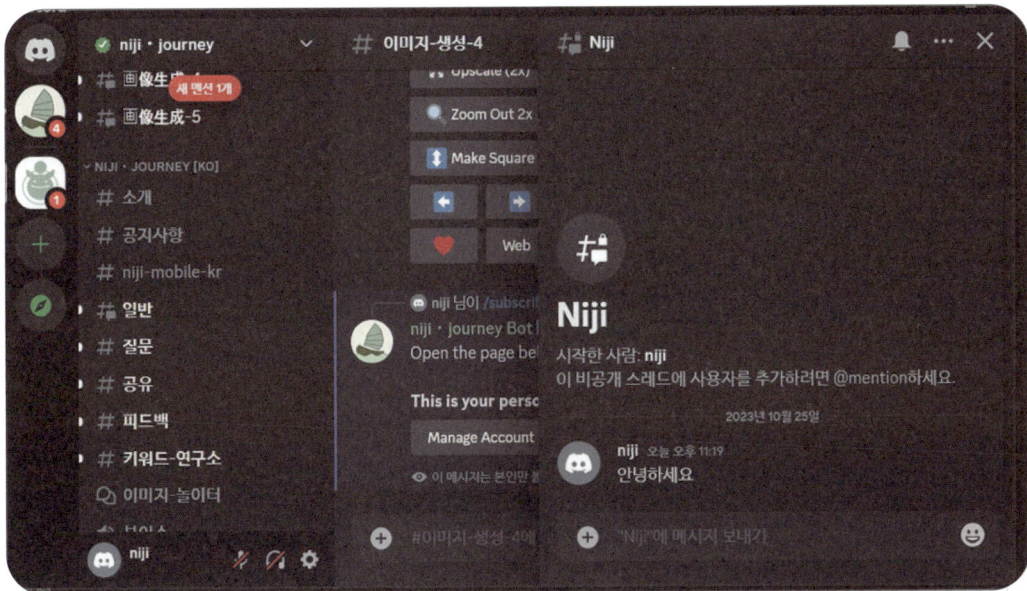

06 해당 방의 채팅 창에서 '/'(슬래시 기호)를 입력해 세팅[3] 및 이미지 생성 등을 할 수 있습니다.

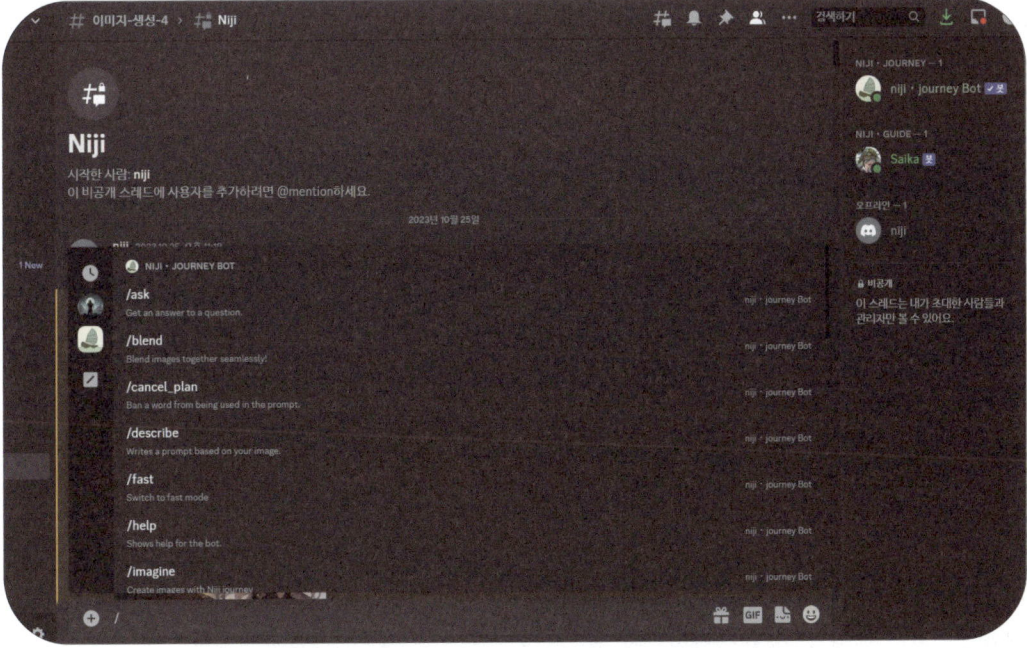

3 /help를 입력하면 기본 사용법이나 /info를 통해 현재 내 사용 시간 등을 알 수 있습니다.

02 니지저니-이미지 생성

1 프롬프트를 이용해 이미지 생성하기

만들어진 대화방에서 "/imagine"을 입력한 후 Spacebar 를 누르면 프롬프트 칸이 생성됩니다. 해당 칸에 문장이나 키워드 형식으로 원하는 이미지를 자유롭게 입력할 수 있습니다. 예시 프롬프트로 "낮, 공원에서 스케이트 보드를 타고 있는 금발의 여자"를 입력했습니다.

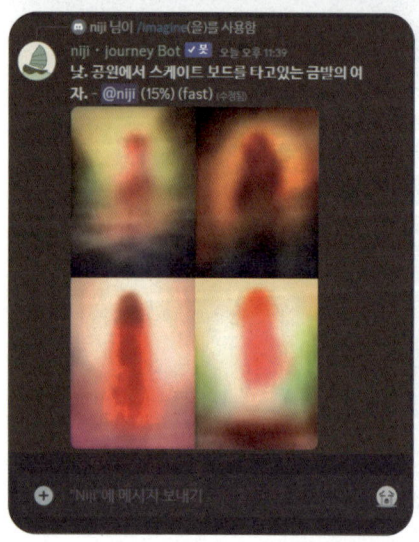

채팅이 끝나면 왼쪽처럼 그림이 만들어지는 과정이 보입니다. 서버 상태에 따라 차이는 있지만, 일반적으로 1~2분 이내에 생성됩니다.

> ✨ 이미지 제작 프롬프트   낮. 공원에서 스케이트 보드를 타고 있는 금발의 여자
> (afternoon. Blonde woman riding a skateboard in the park. seed:483573816)

필자가 입력한 텍스트를 기반으로 일러스트가 만들어졌습니다. 프롬프트 칸에 여러 문장과 키워드를 넣어 이미지를 생성해 봅시다.

✨ 이미지 제작 프롬프트 하품하는 마녀

✨ 이미지 제작 프롬프트 인물 없이 배경만, 도시

✨ 이미지 제작 프롬프트 남성, 캐릭터 설정, 여러 각도

간단한 단어로도 퀄리티 높은 이미지가 생성됩니다.

✨ 이미지 제작 프롬프트

A couple dating in the city, warm clothes, warm atmosphere, lovely expressions

✨ 이미지 제작 프롬프트

Two women brushing their teeth, Toilet, mirror, toothbrush, morning, light coming in, a pleasant atmosphere.

원하는 이미지를 생성하기 위해서는 프롬프트에 구체적인 상황 묘사(또는 키워드)가 필요합니다. 한국어[4]를 써도 인식은 하지만, 영어를 써야 원하는 이미지를 얻기 쉽습니다.

2. 이미지 링크(i2i)를 이용해 이미지 생성하기

프롬프트 칸에 이미지 링크를 넣어 AI가 레퍼런스로 활용하게 할 수 있습니다.

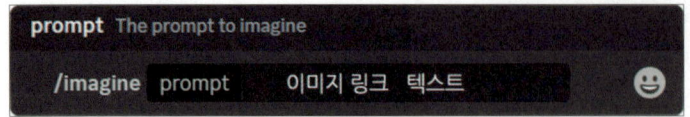

이미지 링크는 기본적으로 텍스트 앞에 위치합니다.

01 먼저 필자가 가지고 있는 이미지를 링크로 변환해 보겠습니다. 채팅 창의 왼쪽에 있는 [더하기] 버튼을 클릭한 후 [파일 업로드]를 선택해 이미지를 업로드합니다.

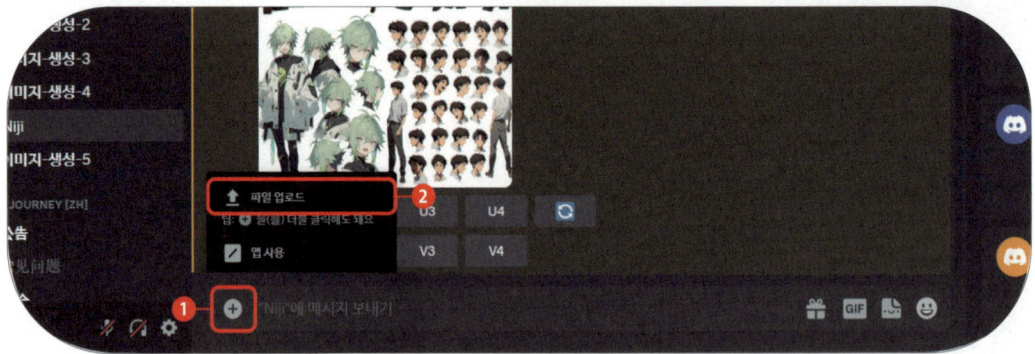

---

4 한국어를 입력하면 니지저니가 자동 번역해 이미지 생성을 진행합니다. 이 과정에서 번역이 다르게 되는 경우가 있습니다. 따라서 영어로 입력하는 것이 좋습니다.

02 채팅방에 올린 이미지[5] 위에 마우스 오른쪽 버튼을 클릭해 [링크 복사하기]를 클릭합니다.

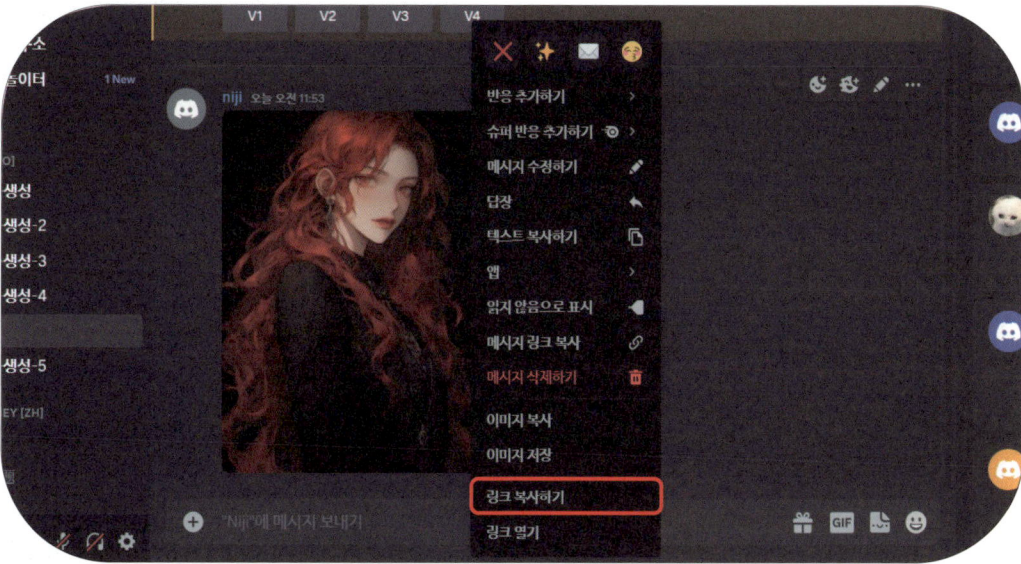

03 /imagine을 활성화한 후 프롬프트 칸에 링크를 붙여 넣습니다.

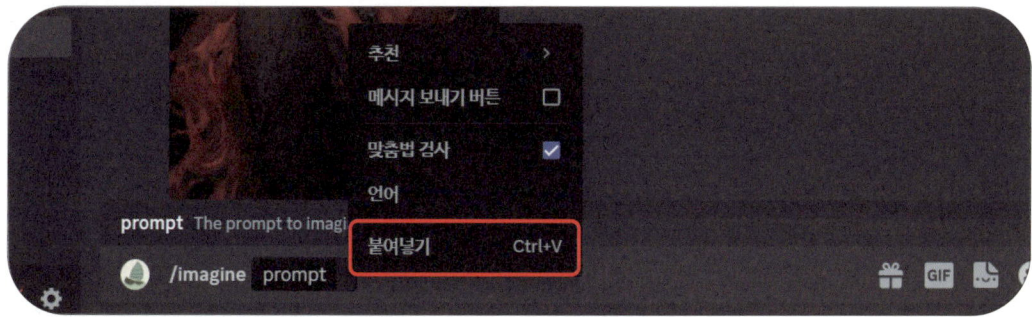

04 이미지 링크를 붙여 넣은 후 원하는 이미지를 글로 적습니다. 필자는 "고양이 귀, 귀여움"을 추가로 적었습니다.

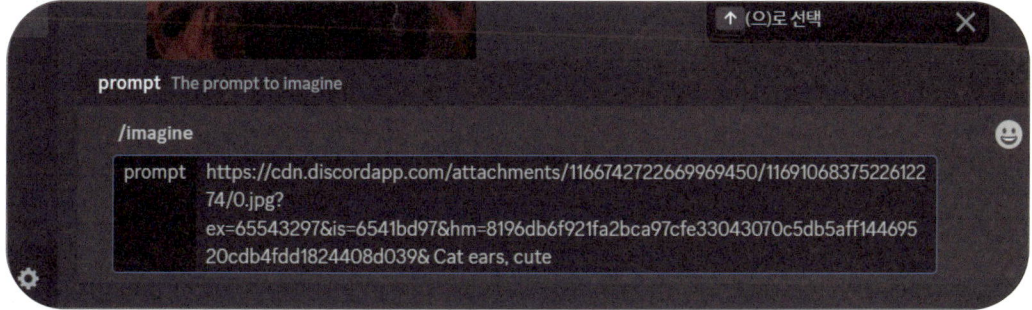

5 해당 이미지는 니지저니로 만든 것으로, 프롬프트는 "a woman with red curls, Wearing a suit, red eyes."입니다.

05 링크된 이미지를 바탕으로 고양이 귀가 달린 귀여운 여성의 이미지가 생성됐습니다.

3 파라미터를 이용해 이미지 생성하기

프롬프트 칸에 파라미터(Parameters)를 입력하면 여러 가지 설정을 변경할 수 있습니다.

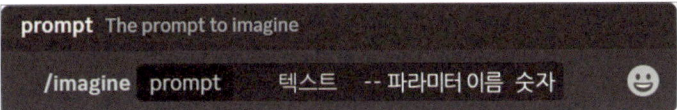

파라미터[6]는 기본적으로 텍스트 뒤에 위치합니다.

텍스트 공백(Spacebar) --파라미터 이름 공백(Spacebar) 숫자를 입력해 사용합니다.

파라미터를 사용해 이미지를 좀 더 다채롭게 만들어 보겠습니다.

1. --s(stylize)

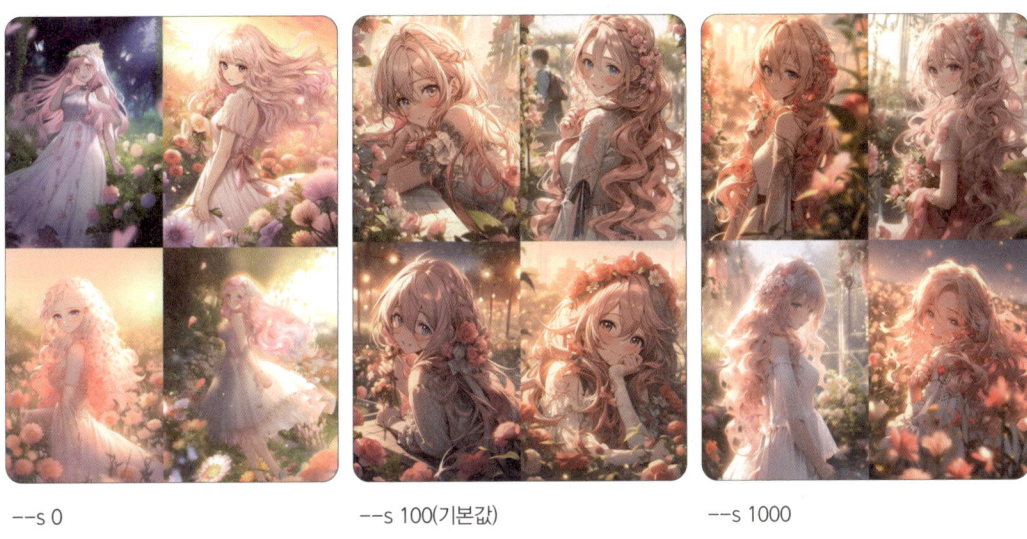

--s 0 　　　　　　　　--s 100(기본값) 　　　　　　　　--s 1000

> ✦ 이미지 제작 프롬프트   A girl in the middle of a flower garden. wearing a dress. pink long curly hair, sparkling eyes, lighting, sunset

이미지의 스타일을 조정할 수 있습니다. 숫자가 높을수록 AI의 자의적 스타일을 프롬프트의 지시보다 우선합니다. 숫자가 낮을수록 프롬프트 반영률은 높지만, 부가 장식이나 디테일이 떨어집니다.

---

6 해당 챕터에서는 자주 사용되는 파라미터만 다루고 있습니다. 그 외 파라미터 사용법은 니지저니 공식 웹 사이트를 참고하기 바랍니다.

2. --ar(aspect ratios/이미지의 비율 조절)

--ar 가로:세로를 붙여 생성할 이미지의 비율을 변경할 수 있습니다. 다음은 프롬프트 뒤에 --ar 16:9를 입력해 이미지를 생성한 이미지입니다.

> ✨ 이미지 제작 프롬프트 Fairytale, 8 bits, pixel art, dot style, Isometric view --ar 16:9

--ar 10:1을 붙여 생성한 이미지입니다. 해당 파라미터를 사용해 여러 비율의 이미지를 만들 수 있습니다.

> ✨ 이미지 제작 프롬프트 winter, snowy landscape, house --ar 10:1

3. --q(quality/이미지의 퀄리티 조절[7])

(0.25 ~1.0 가능) 1.0이 기본값이며 퀄리티를 의도적으로 낮췄습니다. 렌더링 시간이 단축돼 그림을 빠르게 생성할 수 있습니다.

✦ 이미지 제작 프롬프트   Starry night, silver hair, stand, goddess/동일 프롬프트 --q 0.1

4. --chaos(aspect ratios/이미지의 변형률)

(0~100 가능) 숫자가 높을수록 다양한 결과물을 볼 수 있습니다. 다만 프롬프트의 연관성은 떨어집니다.

---

[7] 이전 버전에서는 퀄리티를 q5까지 상승시킬 수도 있었지만, 니지저니가 업데이트되면서 퀄리티 상승 기능이 사라졌습니다 (V4,V5 기준).

--chaos 20　　　　　　　　　--chaos 100

> ✨ 이미지 제작 프롬프트　Female astrologer, black hair in pigtails, cards, beads, purple, lighting

5. --no(키워드 제외)

　제외하고 싶은 키워드를 입력하면 이미지에 해당 키워드가 나오지 않습니다. 배경을 생성하는데 계속 사람이 나오는 경우 또는 남자를 생성하는데 수염을 제외하는 등 제외하고 싶은 뭔가가 있을 경우에 사용합니다. 다만 이 파라미터를 사용하면 퀄리티가 급감하는 경우가 있으므로 필자는 잘 사용하지 않습니다.

> ✨ 이미지 제작 프롬프트　Summer, rainy, sad atmosphere/동일 프롬프트 뒤에 --no person, people

6. --sref(Style Refa white hair girl, ice magic, erences/스타일 참고)

해당 파라미터 뒤에 참고하고 싶은 스타일(그림체, 기법 등)의 이미지 링크를 넣으면 그 그림의 스타일대로 이미지를 생성합니다(꼭 디지털 일러스트일 필요는 없으며 사진, 명화 등을 넣어 다양한 이미지를 생성할 수 있습니다).

> ✨ 이미지 제작 프롬프트 a girl, white hair, --sref "참고할 이미지 링크"

프롬프트 칸에는 이처럼 이미지 링크, 텍스트, 파라미터를 써서 이미지를 생성할 수 있습니다.

4 이미지 링크, 프롬프트, 파라미터를 활용해 이미지 생성하기

앞에서 설명한 것들을 활용해 이미지를 생성해 보겠습니다.

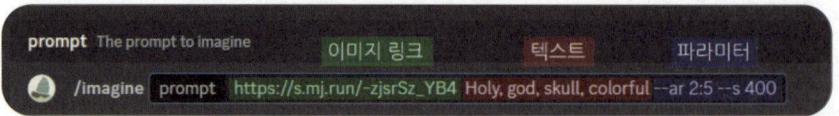

앞에서 사용한 이미지 링크/텍스트/파라미터(ar과 s)를 이용해 생성한 일러스트입니다.

이미지 링크나 파라미터를 사용해 더욱 다양한 일러스트를 생성해 보도록 합시다.

> ✨ **이미지 제작 프롬프트**　이미지링크 Holy, god, skull, colorful --ar 2:5 --s 400

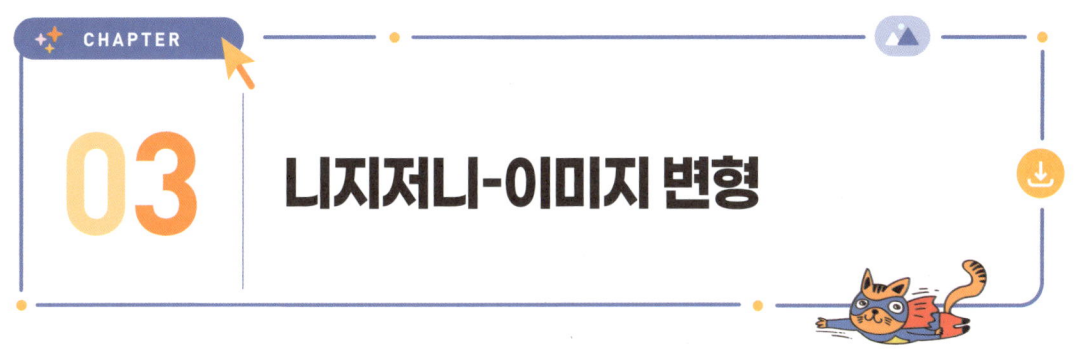

03 니지저니-이미지 변형

1 니지저니 기능 설명

이미지를 생성하면 이미지 아래에 여러 버튼이 보입니다.

아래 기능부터 설명하겠습니다.

2 V(베리에이션)

비슷한 화풍, 구도의 이미지를 만듭니다. [V4] 버튼을 누르면 네 번째 이미지와 유사한 이미지가 생성됩니다.

3 재생성

(재생성)을 누르면 이미지가 같은 프롬프트(낮, 공원에서 스케이트 보드를 타고 있는 금발의 여자)로 재생성됩니다.

4 U(업스케일)

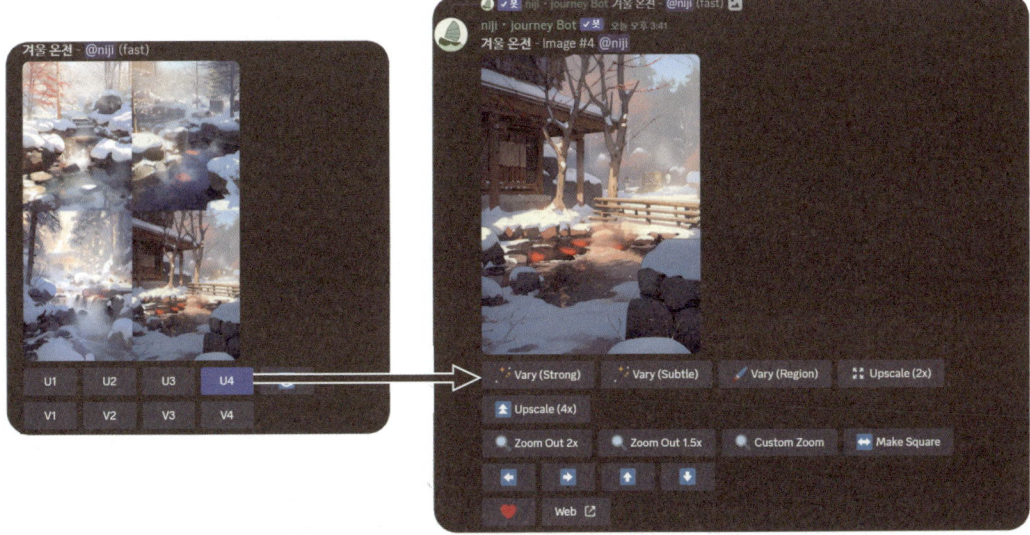

이번에는 다른 이미지를 이용해 업스케일 버튼을 설명하겠습니다. [U4] 버튼을 눌러 이미지를 수정해 보겠습니다. 네 번째 이미지가 개별적으로 나타나면서 여러 버튼이 보입니다.

- Vary(Strong): 해당 이미지에 강한 변화를 주어 베리에이션
- Vary(Subtle): 해당 이미지에 미세한 변화를 주어 베리에이션
- Vary(Region): 인페인트 기능을 이용해 베리에이션
- Upscale(2X): 이미지를 2배로 확대한 이미지로 생성
- Upscale(4X): 이미지를 4배로 확대한 이미지로 생성
- Zoom Out 2x: 해당 이미지에서 줌아웃 2배
- Zoom Out 1.5x: 해당 이미지에서 줌아웃 1.5배
- Custom Zoom: 거리를 정해서 줌아웃(1.0~2.0 가능)
- Make Square: 해당 이미지에서 줌아웃해 정사각형 이미지를 만듦.
- 화살표: 현재 이미지에서 방향을 누른 곳으로 시야를 늘려 이미지를 생성

버튼을 하나씩 버튼을 눌러 예시 이미지를 보여드리겠습니다.

Vary(Subtle)은 전체적인 이미지는 기존 이미지와 비슷하지만, 건물 모양이나 눈이 쌓인 모양이 바뀌는 등 미세한 변화가 느껴지는 그림을 생성합니다.

Vary(Strong)은 이미지의 구도가 바뀌는 등 좀 더 변화가 큰 그림을 생성합니다.

원본　　　　　　　　　　　Variations(Subtle)　　　　　　　　　Variations(Strong)

Vary(Region)을 이용해 구간을 선택한 후 "곰"을 넣어 이미지를 생성했습니다. 중앙에 귀여운 곰이 생겼습니다.

원본　　　　　　　　　　　　　　　　　Variations(Subtle)

본인이 원하는 이미지를 생성한 후 키워드 형식으로 길게 입력해도 그림의 이미지가 커지거나 해상도가 높아집니다.

원본(928×1232) Upscale 2X(1856×2464) Upscale 4X(3712×4928)

[Zoom Out] 버튼을 누르면 원본 이미지를 가운데 두고 위, 아래, 옆이 늘어나면서 좀 더 멀리서 찍은 듯한 이미지가 생성됩니다.

원본 Zoom Out 2x Zoom Out 1.5x

Make Square—줌아웃+1:1 비율로 생성

[Make Square] 버튼을 누르면 줌아웃해 1:1 비율로 이미지가 생성됩니다.

[화살표] 버튼은 선택한 화살표 아이콘의 방향에 맞춰 이미지를 확장 생성합니다.

 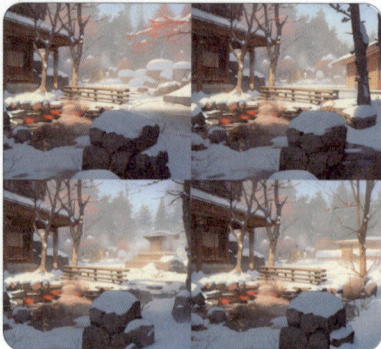 

원본 　　　　　　　　Pan Right 　　　　　　　　Pan Left

원본 　　　　　　　　Pan Up 　　　　　　　　Pan Down

5 기능 활용

이러한 기능을 활용해 얼굴 위주의 일러스트에서 전신 일러스트를 만들어 낼 수도 있습니다. 파라미터 --chaos 예시에서 만든 이미지를 사용해 수정하겠습니다.

원본

Pan Down

U2-Zoom Out

6 Vary(Region)-인페인트

Vary(Region)-인페인트는 이미지에서 내가 원하는 부분만 수정할 수 있는 기능입니다.

01 수정하고 싶은 이미지 번호의 [U] 버튼을 누른 후 [Vary(Region)] 버튼을 누르면 해당 기능을 사용할 수 있습니다.

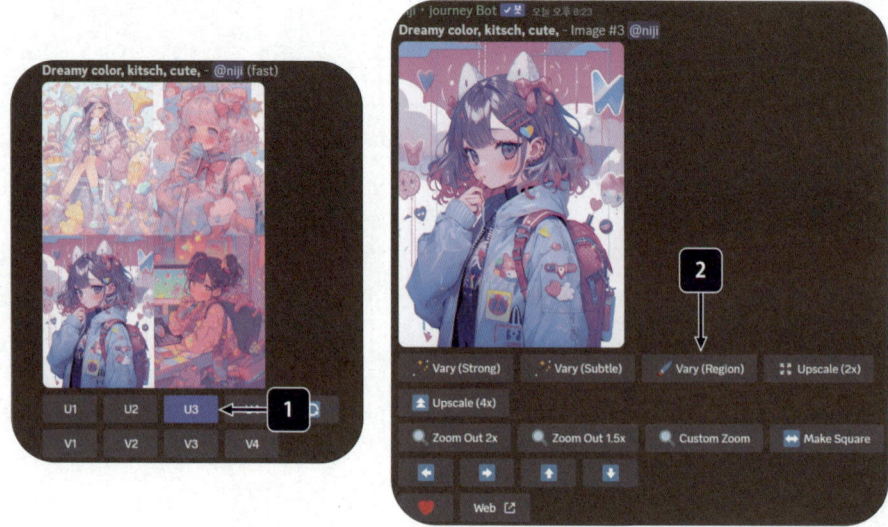

02 버튼을 누르면 새로운 팝업이 나타납니다. 해당 화면에서 수정할 부분을 선택한 후 프롬프트를 입력할 수 있습니다.

03 직사각형 도구나 올가미 도구(L)를 이용해 수정할 부분을 드래그할 수 있습니다.

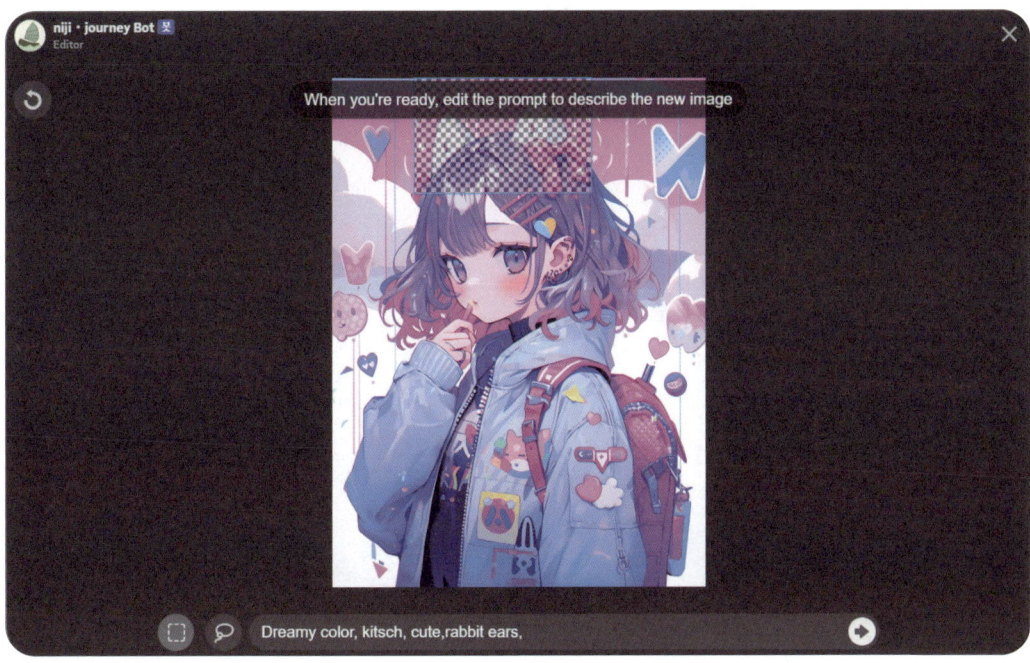

04 직사각형 도구를 이용해 귀 부분을 선택했습니다. 우측 하단의 화살표 버튼을 눌러 이미지를 생성하면 귀 부분이 랜덤으로 바뀌어 나타납니다. 필자는 토끼 귀로 바꾸기 위해 프롬프트 칸에 "rabbit ears"를 추가로 입력하고 화살표를 눌러 이미지를 생성했습니다.

렌더링이 끝나면 토끼 귀로 변환된 결과물을 확인할 수 있습니다.

Vary(Region)-인페인트를 이용해 수정한 이미지 예시입니다. 손부분을 올가미 도구(L)로 드래그해 기도하는 손/코코아를 든 손을 추가했습니다.

손과 인형과 눈동자를 인페인트 기능을 사용해 랜덤으로 바꿨습니다. 이처럼 인페인트 기능을 활용하면 이미지를 간편하게 수정할 수 있습니다.

04 니지저니-기타 기능

1️⃣ 내 정보/갤러리 웹 사이트

채팅 창에 "/info"를 입력하면 내 정보를 확인할 수 있습니다.

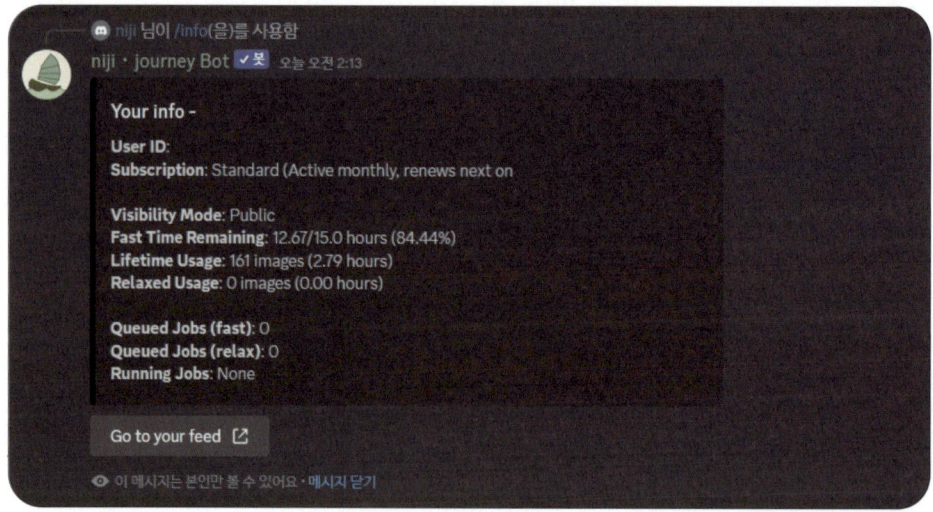

- **User ID와 구독 현황**: 현재 남은 fast mode time이나 얼마나 이미지를 생성했는지가 나타납니다.
- **[Go to your feed]**를 클릭하면 내가 지금까지 생성한 이미지를 모아 놓은 갤러리 웹 사이트로 이동합니다.

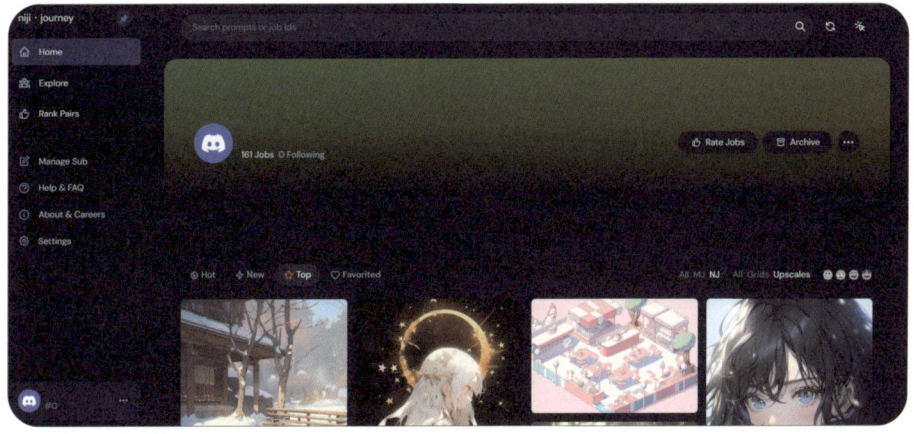

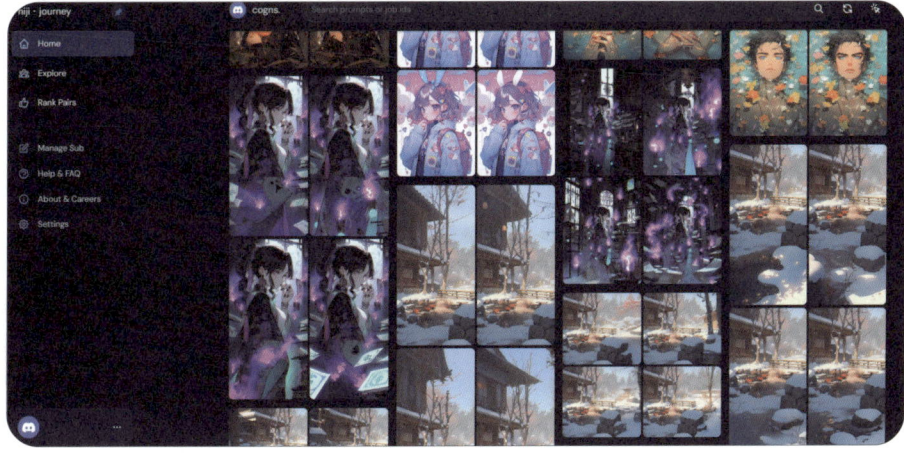

기본적으로 모든 이미지는 갤러리 웹 사이트에 공개적으로 올라갑니다. 내가 생성한 이미지가 남들에게 공개되는 것을 원치 않으면 pro plan을 구독한 후 스텔스 모드(/stealth)를 켜고 이미지를 생성하면 됩니다.

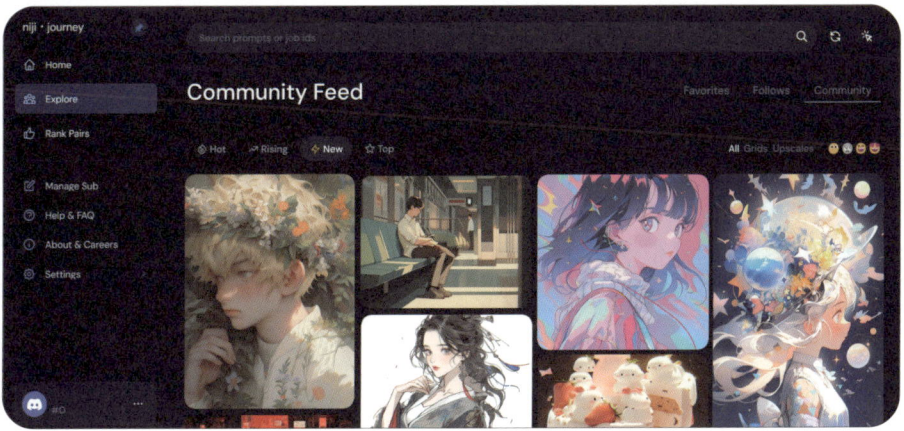

해당 웹 사이트[8]에서 다른 사용자들이 만든 AI 작업물도 확인할 수 있습니다. 이미지를 누르면 해당 작업물에 쓰인 프롬프트도 확인할 수 있습니다. 해당 유저의 갤러리에 들어가 다른 작업물도 볼 수 있습니다.

2 /describe(텍스트 역추출)

레퍼런스 이미지는 있지만 텍스트로 설명하기 어려운 경우, /describe 기능을 이용해 텍스트를 역추출할 수 있습니다.

01 채팅 창에 "/describe"를 입력합니다.

02 레퍼런스 이미지를 넣습니다.

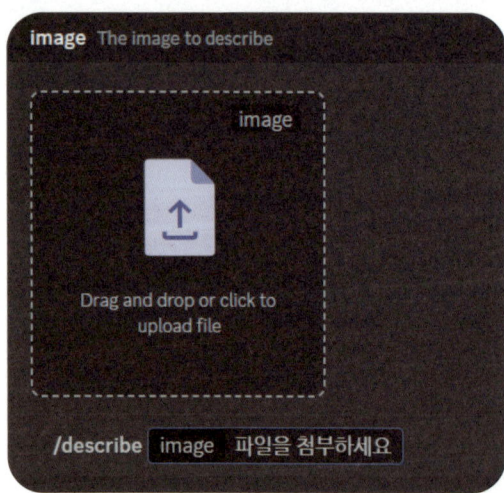

---

[8] 저작권 문제로 필자가 생성한 이미지들을 대신 넣었습니다.

03 니지저니가 해당 이미지를 분석해 텍스트 예시를 출력했습니다.

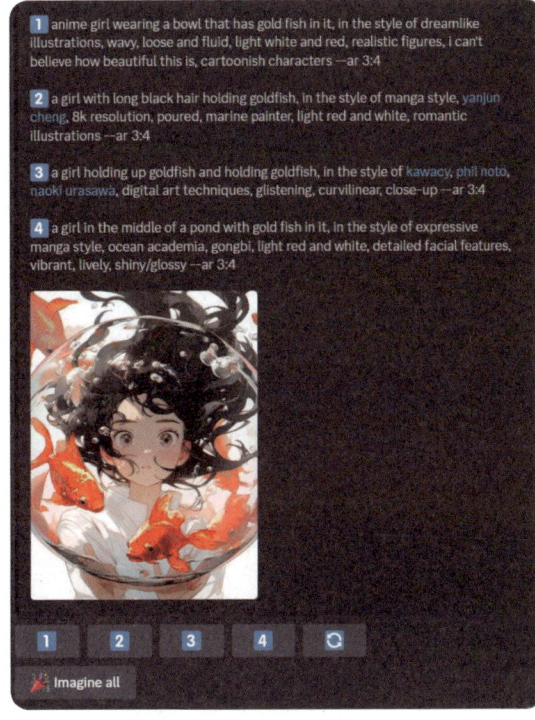

> ✨ 이미지 제작 프롬프트

1. anime girl wearing a bowl that has gold fish in it, in the style of dreamlike llustrations, wavy, loose and fluid, light white and red, realistic figures, i can't believe how eautiful this is, cartoonish characters --ar 3:4

2. a girl with long black hair holding goldfish, in the style of manga style, yanjun cheng, 8k resolution, poured, marine painter, light red and white, romantic illustrations --ar 3:4

3. a girl holding up goldfish and holding goldfish, in the style of kawacy, phil noto, naoki urasawa, digital art techniques, glistening, curvilinear, close-up --ar 3:4

4. a girl in the middle of a pond with goldfish in it, in the style of expressive manga style, ocean academia, gongbi, light red and white, detailed facial features, vibrant, lively, shiny/glossy --ar 3:4

04 버튼을 눌러 이미지 생성을 그대로 진행하거나 사용자가 출력된 텍스트를 정리해 프롬프트를 만들 수 있습니다. 회전 버튼(🔄)을 누르면 텍스트 예시를 다시 출력할 수 있습니다. 출력한 텍스트를 바탕으로 /imagine한 결과물입니다. 이외에도 레퍼런스를 이미지 링크(i2i)로 넣고 출력된 프롬프트를 함께 사용하면[9] 좀 더 예상 가능한 결과물을 얻을 수 있습니다.

> ✨ 이미지 제작 프롬프트   anime girl wearing a bowl that has gold fish in it, in the style of dream like illustrations, wavy, loose and fluid, light white and red, upper body, vivid

---

9 본인의 그림을 업그레이드할 때 /describe를 사용해 프롬프트를 정리한 후 i2i와 함께 사용하면 좀 더 좋은 결과물을 얻을 수 있습니다.

3 /blend(사진 혼합)

채팅 창의 /blend 기능을 통해 그림들을 혼합해 생성할 수 있습니다. 더 보기 칸을 클릭해 이미지를 더 추가할 수 있고 더보기 칸의 /dimensions를 눌러 출력할 이미지의 비율을 정할 수 있습니다.

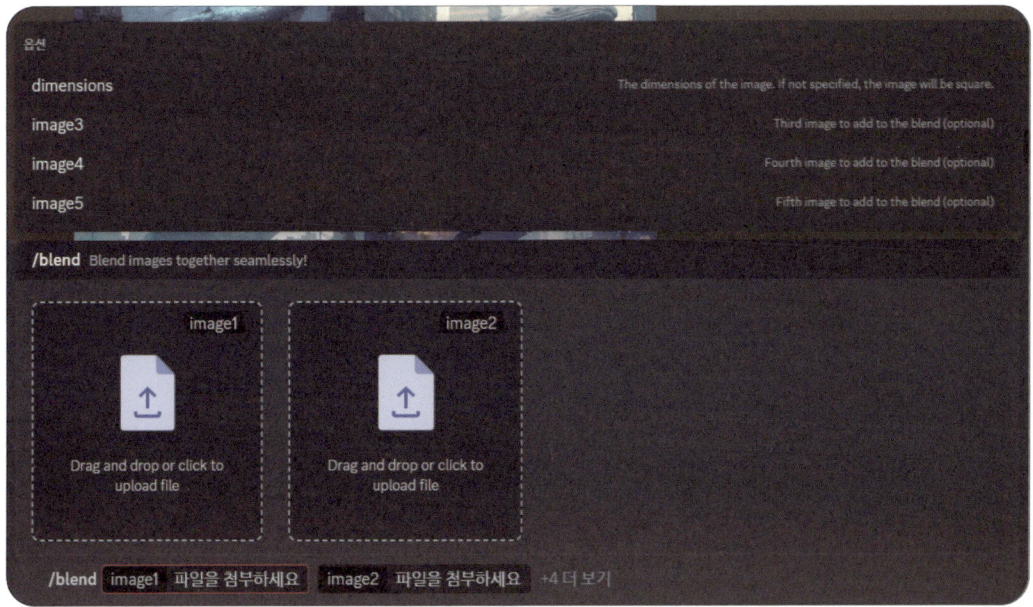

세 이미지를 섞어 이미지를 만들어 보겠습니다.

해당 이미지들을 섞어 만든 이미지입니다.

이처럼 여러 이미지를 섞어 새로운 이미지를 만들 수 있습니다.

4 /setting(세팅)

01 채팅방에 "/settings"를 입력해 기본 세팅 값을 바꿀 수 있습니다.

02 기본 세팅 값입니다. 여기서 간단한 세팅을 바꿀 수 있습니다.

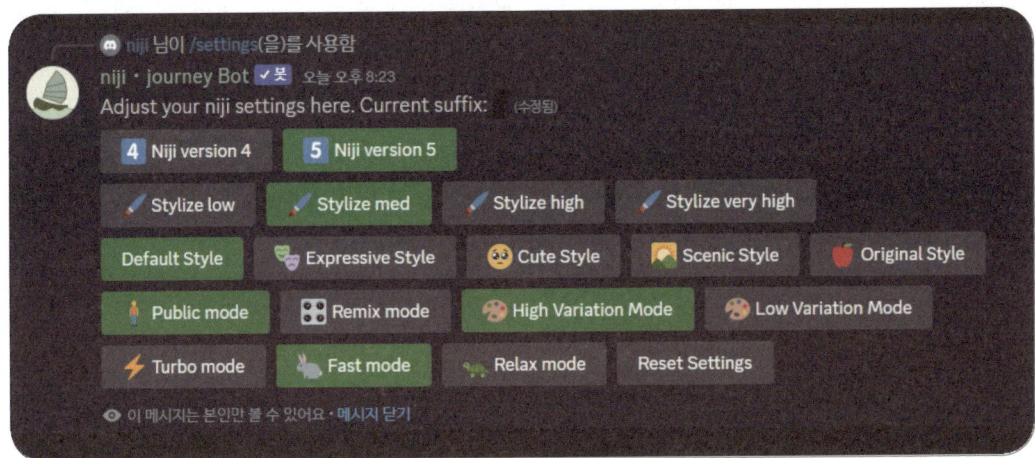

03 귀여운 스타일과 리믹스 모드로 바꿔 진행해 보겠습니다.

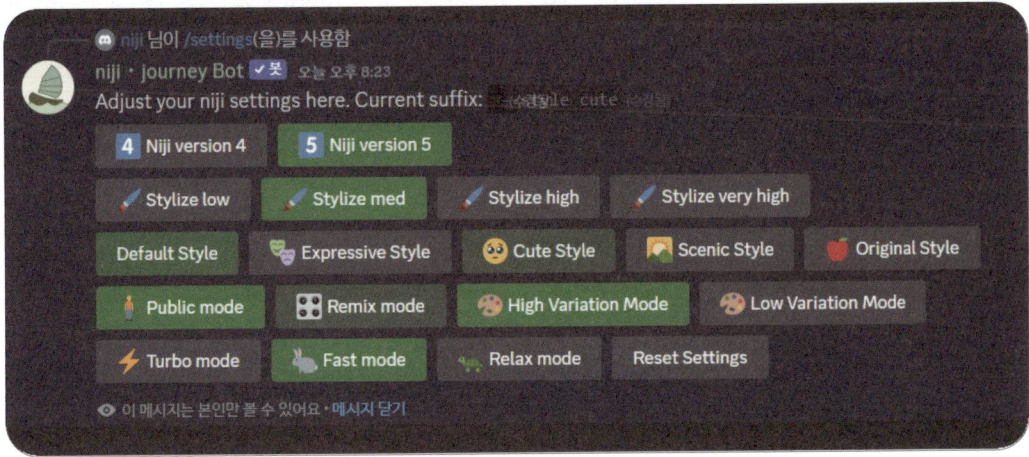

04 어떤 이미지를 생성하든 --style cute가 붙어 귀여운 일러스트가 생성됩니다.

05 같은 프롬프트라도 스타일 세팅을 다르게 하면 전혀 다른 분위기의 일러스트가 나타납니다. 스타일 외에 여러 세팅을 만져 보면서 다양한 일러스트를 만들어 봅시다.

✨ 이미지 제작 프롬프트   a student studying at a cafe --style expressive

✨ 이미지 제작 프롬프트   student studying at a cafe --style scenic

CHAPTER 05 여러 기능을 활용해 나만의 캐릭터 만들기

지금까지 학습한 내용을 바탕으로 나만의 캐릭터를 만들어 콘셉트 이미지를 제작해 보겠습니다. 콘셉트를 잡기 위해 프롬프트를 만들고 여러 이미지를 생성해 보겠습니다.

01 검은 곱슬머리의 소녀, 푸른색, 전신을 메인으로 왼쪽부터 나비, 꽃/메카닉/예언가를 추가해 생성했습니다.

02 마음에 드는 그림을 선택해 [V4]로 여러 베리에이션을 뽑아 봤습니다. 이대로 변형을 진행해 만들어 나가도 좋지만, 좀 더 눈에 띄는 캐릭터를 만들어 보겠습니다.

03 머리색 부분이 좀 심심한 것 같아 /blend로 화려한 머리의 그림을 합쳐 보겠습니다.

04 머리에 그러데이션이 들어갔습니다. 네 번째 이미지가 마음에 들지만, 앞머리가 마음에 들지 않습니다.

05 Vary(Region)-인페인트 기능을 사용해 앞머리 부분만 선택한 후 "full bang"을 프롬프트로 사용해 이미지를 생성했습니다. 브리지가 들어간 머리가 마음에 듭니다.

06 [U4]를 눌러 [Zoom Out]했더니 일러스트가 허벅지까지 나타납니다. 손 부분이 마음에 들지 않으므로, 다시 인페인트로 수정해 보겠습니다.

07 U2-Vary(Region)-손이 나온 부분과 가슴까지의 부분을 선택한 후 프롬프트 "–two praying hands"로 수정했습니다.

08 U1-Pan Down(화살표 아래)를 눌러 캐릭터의 전신을 생성합니다. U2-Zoom Out(custom)-프롬프트에 캐릭터 시트 관련 키워드[10]를 넣은 후 이미지를 생성합니다.

10 Character turnaround References sheet, with both hands at one's waist,curly blue black long hair girl, a prophet ––ar 16:9 Zoom Out / ––ar 2:1 zoom 1.4 등 여러 비율로 줌아웃해서 여러 장을 생성했습니다.

183

184 / Chapter 05 • 여러 기능을 활용해 나만의 캐릭터 만들기

여러 이미지를 합성해 만든 콘셉트 이미지입니다. 다음 표정은 인페인트 기능을 이용해 "smile, angry, sad"를 프롬프트에 넣고 만들었습니다.

파라미터 sref를 이용해 팬 아트 느낌의 그림을 만들어 볼 수도 있습니다.

이미지 제작 프롬프트: ballerinas, animation concept art, dynamic poses, black and white scene, conte style, texture, elegant movements, overlapping figures, high contrast

Part **4**

스테이블 디퓨전

스테이블 디퓨전(Stable diffusion)은 오픈 소스 기반의 AI 이미지 생성 모델로, 프롬프트를 입력받아 창의적이고 고품질의 이미지를 만들어 내는 혁신적인 도구입니다. 이 모델이 만들어 내는 결과물들은 놀라울 정도로 다양하고 세밀하지만, 항상 '나의 니즈에 딱 맞는 이미지'를 보장하지는 않습니다. 이러한 한계를 극복하기 위해서는 세심한 프롬프트 작성과 조정이 필요할 수 있습니다.

Part 4에서는 스테이블 디퓨전의 주요 기능과 사용자가 원하는 결과물을 효과적으로 얻기 위한 방법에 대해 알아보겠습니다.

CHAPTER 01 스테이블 디퓨전을 위한 필수 웹 사이트

스테이블 디퓨전은 다양한 모델을 경험하고 소유하며 프롬프트를 제작하는 과정을 통해 나에게 맞는 스타일을 찾는 것이 중요합니다. 이때 타인의 결과물을 보면 큰 도움이 됩니다. 스테이블 디퓨전을 위한 필수 웹 사이트를 알아보겠습니다.

1 CIVIT AI

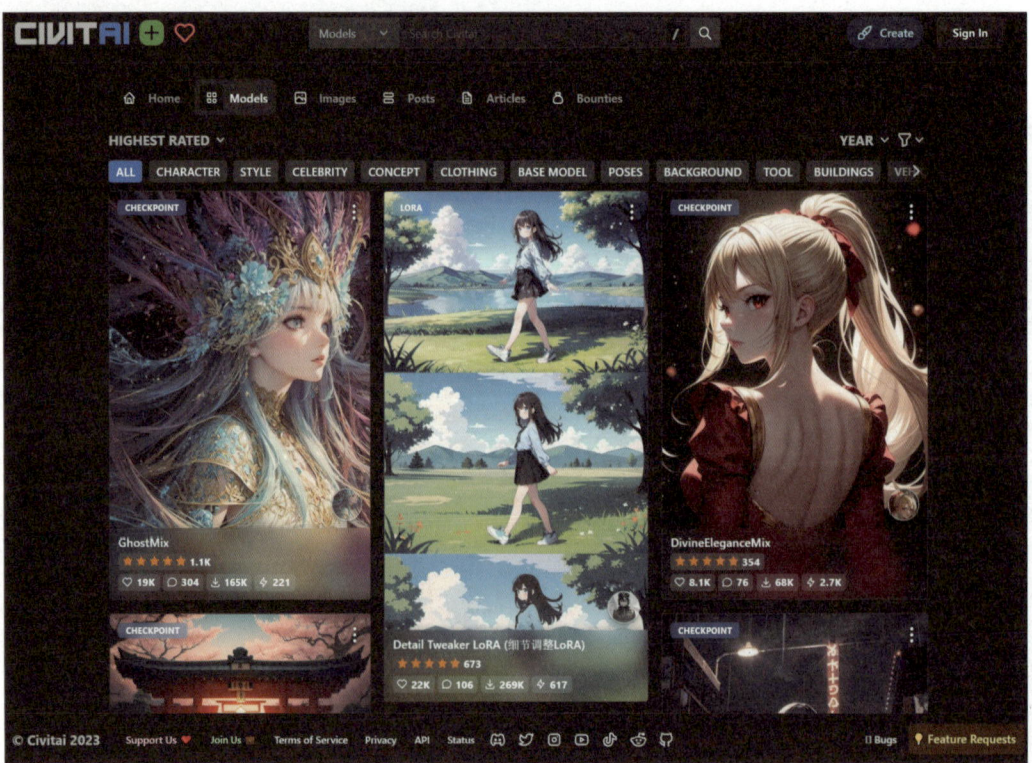

https://civitai.com/models

가장 크고 대중적인 모델 공유 웹 사이트입니다. 각종 모델과 로라를 얻을 수 있으며 [Home] 탭에는 각종 결과물이, Models 탭에는 모델이 모여 있습니다. 링크 역시 모델 탭으로 첨부했습니다.

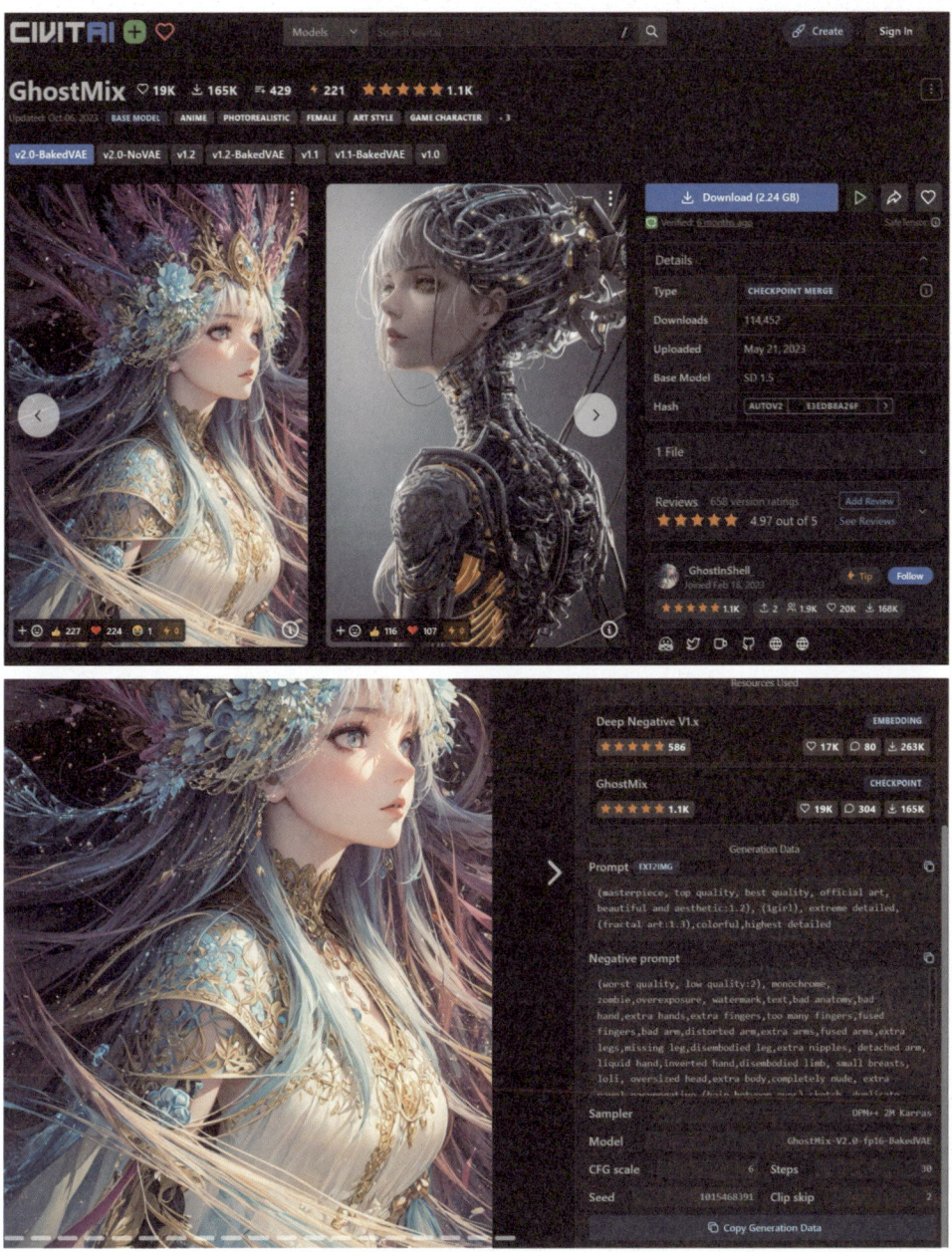

모델을 클릭하면 오른쪽 하단의 다운로드 버튼을 통해 다운로드할 수 있습니다. 이미지를 클릭하면 사용된 모델, 프롬프트 및 상세 설정을 볼 수 있습니다.

2 Lexica

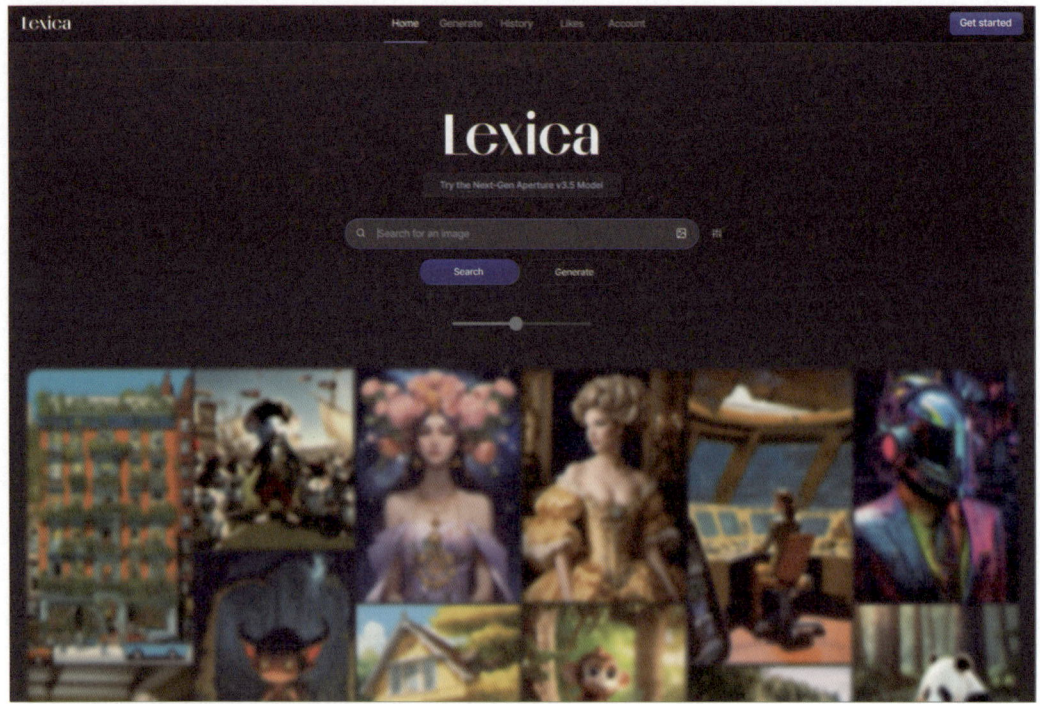

https://lexica.art/

이미지와 프롬프트가 올려 있는 웹 사이트입니다. 검색 칸에서 찾고자 하는 키워드를 검색한 후 유사한 내용의 이미지들의 프롬프트를 볼 수 있습니다. 상대적으로 다양한 그림체를 볼 수 있다는 장점이 있습니다. 이미지를 클릭하면 왼쪽에서 상세 프롬프트를 볼 수 있습니다.

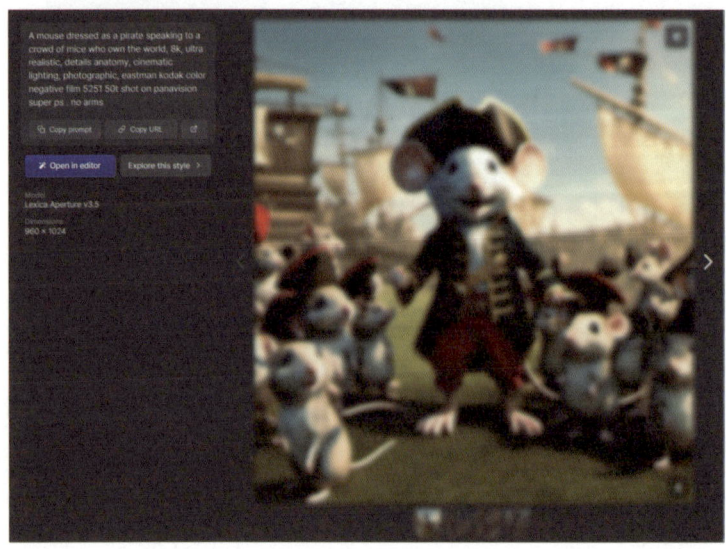

3️⃣ Prompt Search

https://www.ptsearch.info/articles/list_best/

    이미지를 클릭하면 제작 프롬프트 및 상세 내용을 볼 수 있는 웹 사이트입니다. 링크는 [Weekly Best] 탭으로 첨부했습니다. Lexica에 비해 좀 더 상업적이고 실사~반실사체 여성 위주로 구성돼 있습니다. 과거의 트렌드를 볼 수 있다는 점도 재미있는 부분입니다.

    이외에도 많은 사이트와 갤러리가 있지만, 대표적인 3가지만 소개했습니다.

CHAPTER 02
스테이블 디퓨전 web UI와 관련 도구 설치하기

스테이블 디퓨전을 사용하기 위한 Web UI와 기능들을 설치해 보겠습니다.

1. Web UI 설치하기

01 Stable diffusion web UI를 공유 중인 https://github.com/AUTOMATIC1111에 접속합니다.

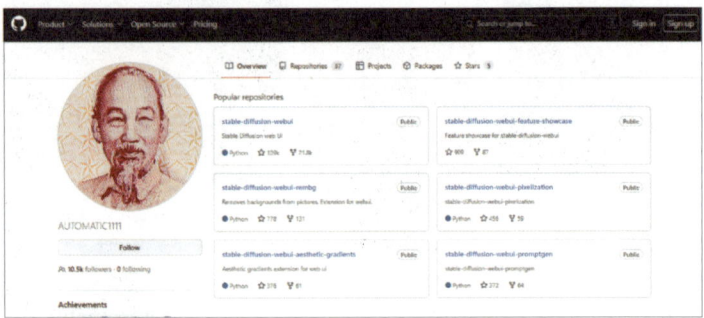

02 첫 번째 칸의 'stable-diffusion-web UI'를 클릭합니다. Python과 git을 설치하기 위해 스크롤을 아래로 내리겠습니다.

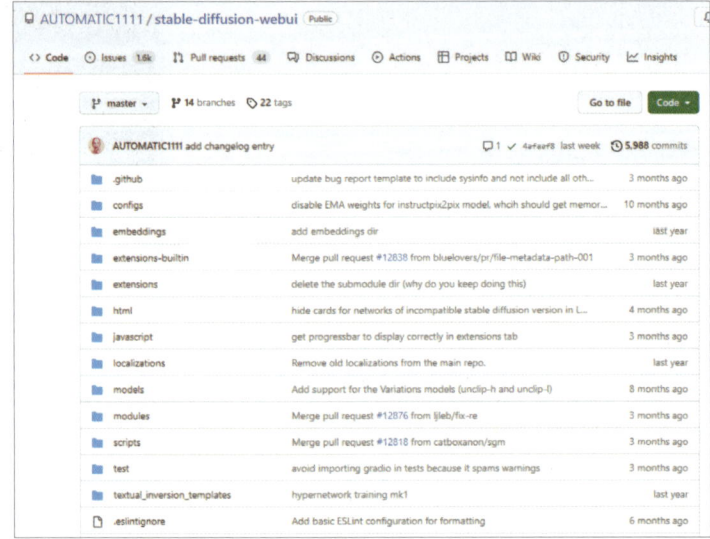

중간에 나온 README.md에 web UI에 대한 대략적인 안내가 있습니다. 계속 아래로 이동합니다.

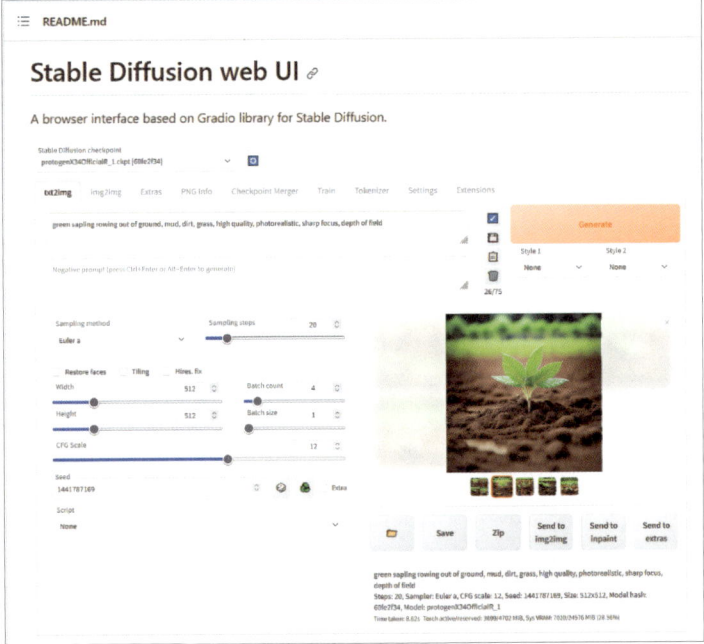

설치 및 권장에 관련된 텍스트가 나타납니다. 하단의 'Automatic Installation on Windows'를 중점적으로 살펴보겠습니다.

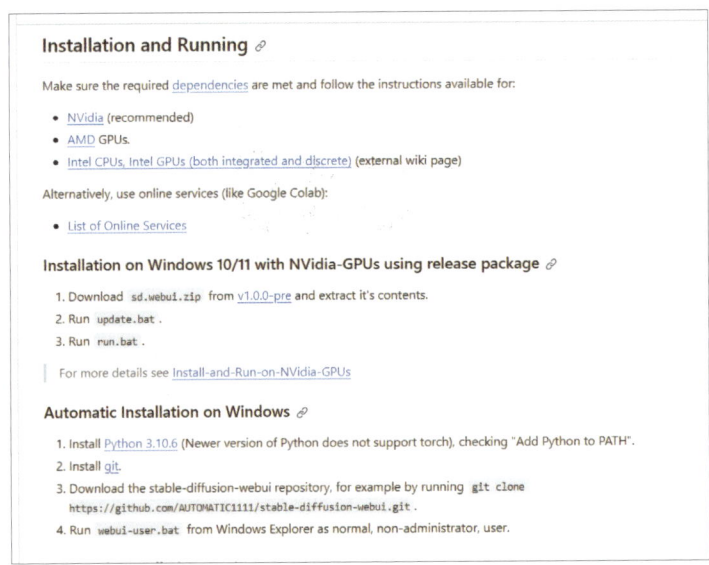

Automatic Installation on Windows

1. Install Python 3.10.6(Newer version of Python does not support torch), checking "Add Python to PATH".
2. Install git.
3. Download the stable-diffusion-web UI repository, for example by running git clone https://github.com/AUTOMATIC1111/stable-diffusion-web UI.git.
4. Run web UI-user.bat from Windows Explorer as normal, non-administrator, user.

[번역] 윈도우에 자동 설치

1. Python 3.10.6 설치+"Add Python to PATH" 체크 표시
2. git 설치
3. git에서 복제해 stable-diffusion-web UI 실행
   git clone https://github.com/AUTOMATIC1111/stable-diffusion-web UI.git
4. 일반 사용자 상태로 web UI-user.bat 실행

해당 과정 그대로 진행해 보겠습니다.

1. install Python 3.10.

03 Python 3.10.6 링크 클릭/ 또는 https://www.python.org/downloads/release/python-3106/에 접속합니다. 스크롤을 아래로 내립니다.

04 Files의 Windows installer(64-bit)를 클릭합니다.

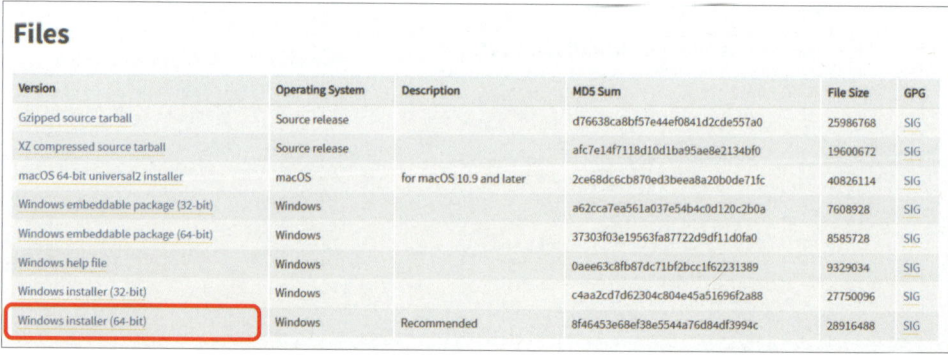

05 다운로드한 python-3.10.6-amd64.exe를 실행합니다.

06 인스톨 창의 [Add Python 3.10 to PATH]에 체크 표시를 합니다.
이후에는 따로 변동할 부분이 없습니다. 해당 부분에 꼭 체크 표시를 해 주세요.

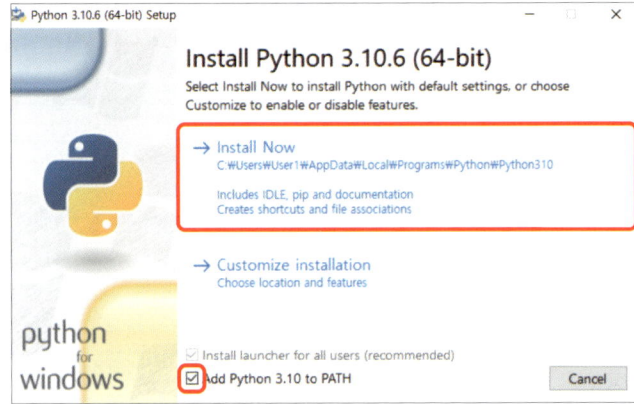

07 Python 설치가 진행됩니다.

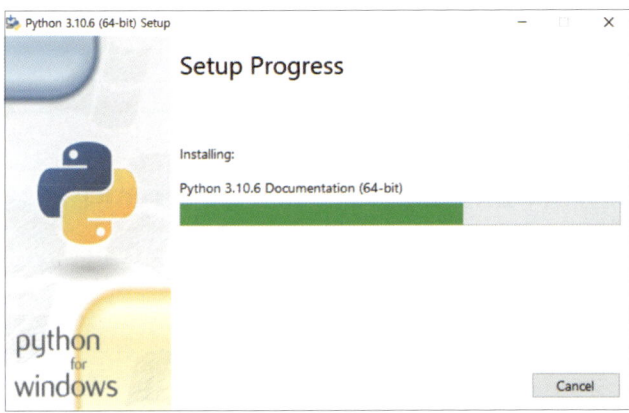

08 Python 설치가 완료됐습니다. [Close]를 누릅니다.

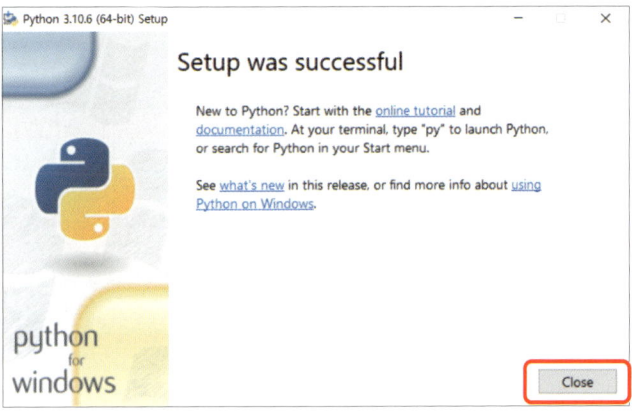

파이썬이 설치됐습니다. 이번에는 git을 설치해 보겠습니다.

2. install git

09 Automatic Installation on Windows에서 git 링크 클릭/ 또는 https://git-scm.com/download/win에 접속합니다(03에서 클릭한 Install Python 3.10.6의 바로 밑에 있습니다).

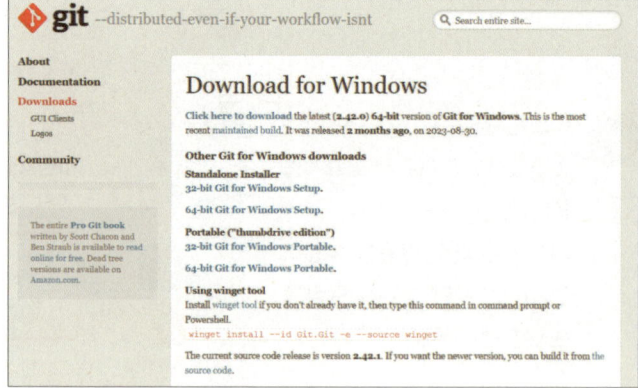

10 Standalone Installer의 [64-bit Git for Windows Setup]을 클릭해 파일을 다운로드합니다. Git-2.42.0.2-64-bit.exe를 실행해 설치를 진행합니다.

11 따로 설정할 것이 없으므로 모두 [Next]를 누릅니다.

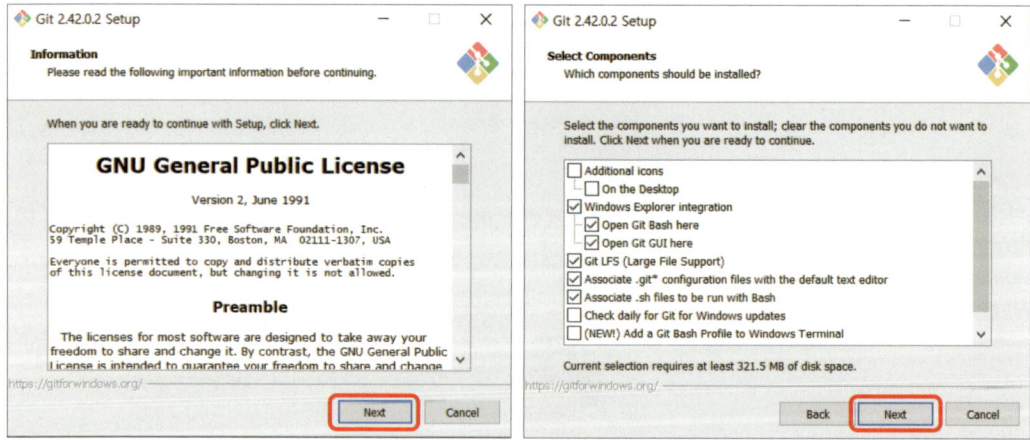

12 git 설치가 진행됩니다.

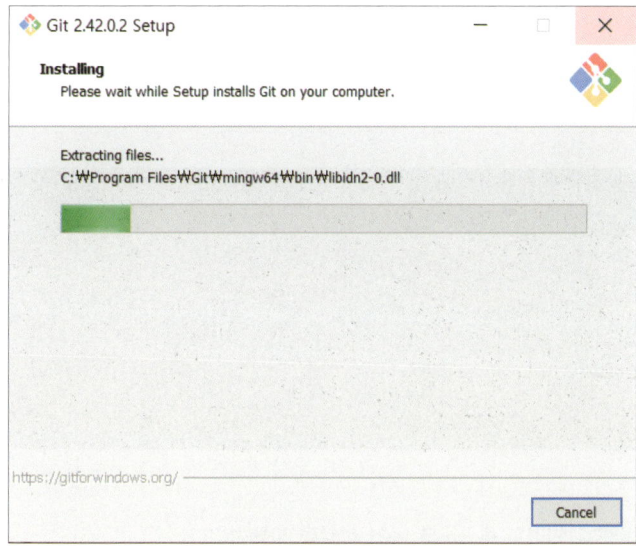

13 완료 후 [Finish]를 누릅니다.

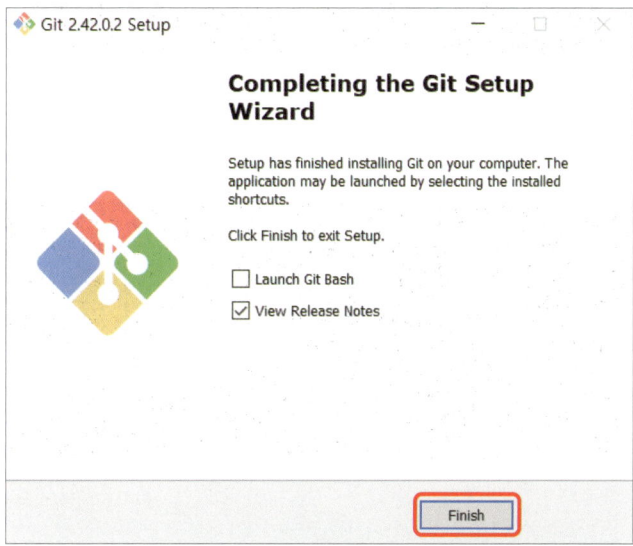

14 검색 창에서 'cmd'를 검색한 후 Git CMD를 실행합니다.

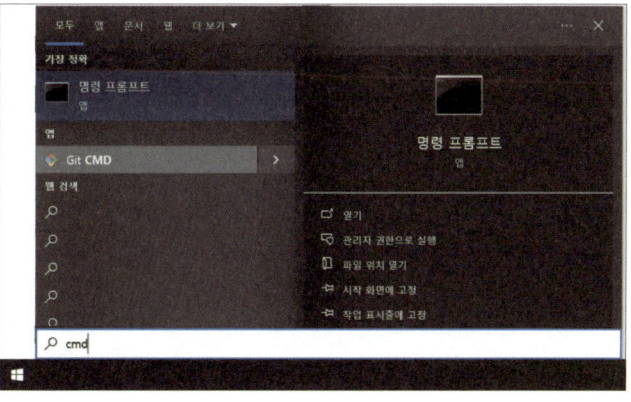

15 윈도우 자동 설치 설명 내용 중 'Download the stable-diffusion-web UI repository, for example by running git clone https://github.com/AUTOMATIC1111/stable-diffusion-web UI.git.'에서 노란색 부분을 복사한 후 붙여넣기합니다.

16 입력한 후 Enter를 눌러 설치를 진행합니다.

```
C:\Users\User1>git clone https://github.com/AUTOMATIC1111/stable-diffusion-webui.git
```

17 설치가 완료됐습니다.

```
C:\Users\User1>git clone https://github.com/AUTOMATIC1111/stable-diffusion-webui.git
Cloning into 'stable-diffusion-webui'...
remote: Enumerating objects: 28080, done.
remote: Counting objects: 100% (45/45), done.
remote: Compressing objects: 100% (29/29), done.
remote: Total 28080 (delta 22), reused 30 (delta 16), pack-reused 28035
Receiving objects: 100% (28080/28080), 32.56 MiB | 4.40 MiB/s, done.
Resolving deltas: 100% (19672/19672), done.
```

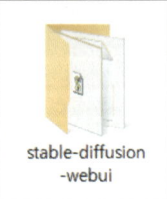

stable-diffusion
-webui

지정된 위치에 stable-diffusion-web UI 폴더가 생성됐습니다.

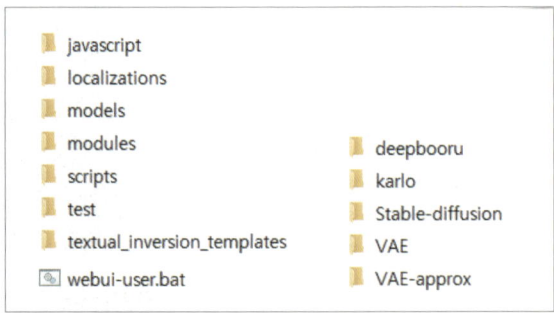

stable-diffusion-web UI 폴더 안 주요 폴더 및 파일/ models 폴더 안 models: 추후 다운로드한 모델들을 넣을 Stable-diffusion 폴더와 VAE 폴더가 있습니다. web UI-user.bat 추가 설치를 도와줄 bat 파일입니다.

 web UI-user.bat를 실행합니다.

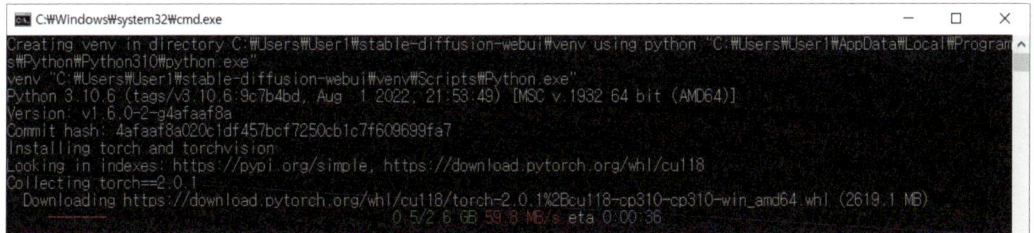

설치가 자동으로 진행됩니다. 시간이 꽤 걸리므로 여유 있게 기다려 주세요. 이후에도 stable-diffusion-web UI를 사용할 때마다 web UI-user.bat를 켜고 진행합니다.

설치가 완료됐다면 web UI 페이지가 생성됩니다.

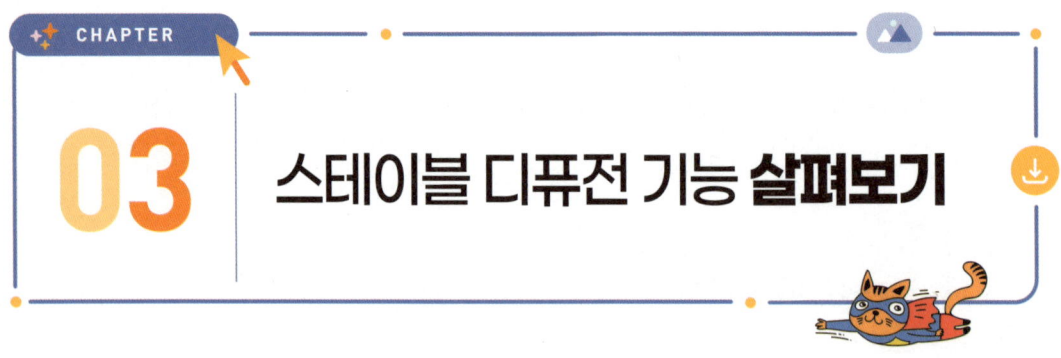

1 txt2img

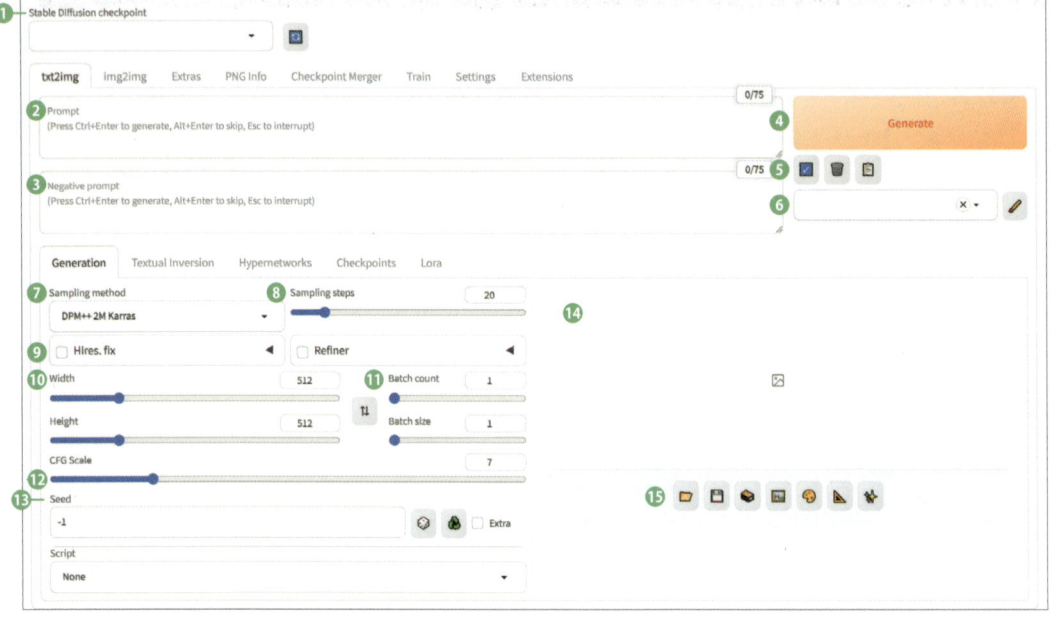

Stable diffusion web UI의 화면입니다. txt2img 탭의 구조를 살펴보겠습니다.

txt2img는 명령어를 통해 이미지를 만들어 내는 형식입니다.

❶ **Stable Diffusion Checkpoint**: 작업에 사용한 모델을 선택할 수 있습니다. 여러 모델을 다운로드한 후 상황에 따라 바꿔가며 사용하며 지금은 제작 당시 연간 랭킹 2위를 하고 있던 ghostmix가 배치돼 있습니다.

❷ **Prompt**: 명령어를 입력하는 공간입니다. 여러 명령어 중 특정 명령어의 강조를 원하는 경우, 해당 명령어를 드래그한 후 Ctrl + ↑를 누르면 강조 수치를 변경할 수 있습니다. 이와 반대로 Ctrl + ↓를 누르면 명령어 작성 시

괄호와 숫자 표기로도 같은 기능을 사용할 수 있습니다.

- **White만 입력**: 100% 중 100% 반영, (White: 1)과 같은 상태
- **(White: 1.3)**: White를 100% 중 130% 반영
- **(White: 0.7)**: White를 100% 중 70% 반영

❸ **Negative Prompt**: 제외되기를 원하는 파트의 명령어를 입력할 수 있는 공간입니다. 사용법은 프롬프트 칸과 같습니다.

❹ **Generate**: 프롬프트를 입력한 후 눌러야 하는 생성 버튼입니다.

❺
- **아이콘 1**: 프롬프트에서 정보를 읽어오거나 프롬프트가 비어 있는 경우, 마지막에 사용한 프롬프트를 불러옵니다(인터넷 등에서 프롬프트 정보를 복사하면 옵션 값과 네거티브 프롬프트까지 함께 복사되는 경우가 있습니다. 이때 해당하는 값에 자동으로 적용하는 역할을 합니다.).
- **아이콘 2**: 프롬프트를 제거합니다.
- **아이콘 3**: 선택한 모든 스타일을 적용합니다.

❻ : 스타일을 만들어 저장하고 활용합니다.

❼ **Sampling method**: 샘플링 방법을 선택할 수 있습니다. 기본 세팅은 'Euler a'로 돼 있지만, 보편적으로 많이 쓰이는 세팅은 'DPM++2M Karras'입니다. 연산량을 낮추고 싶다면 'Euler a' 시리즈를, 연산이 늘더라도 좋은 퀄리티를 원한다면 'DPM++' 시리즈를 추천합니다.

❽ **Sampling steps**: 샘플링 과정을 어느 정도로 할 것인지 선택합니다. 그림 한 장당 얼마만큼의 과정을 거칠 것인지로 이해하면 쉽습니다. 좀 더 많은 과정을 거칠수록 자세하게 그릴 확률이 높아지지만, 연산량도 올라가기 때문에 기본 세팅인 '20'과 보편적으로 많이 사용하는 '30'을 권장합니다.

❾ **Hires.fix**: 사이즈를 키워 다시 그립니다. 사이즈와 퀄리티를 높이는 만큼 작업 시간이 길어집니다.

❿ **Width, Height**: 생성되는 이미지의 가로, 세로 사이즈를 선택합니다. 사이즈가 커질수록 고퀄리티 이미지가 나올 확률이 높지만, 연산량이 많아지기 때문에 컴퓨터의 스펙에 따른 조율이 필요합니다.

⓫ **Batch count**: 작성된 프롬프트로 총 몇 개의 이미지를 생성할 것인지 선택합니다. 최대 100장까지 한 번에 생성할 수 있습니다. 프롬프트의 조율이 필요할 때는 2~3장 정도로 테스트한 후 여러 장을 생성하는 것을 추천합니다.

⓬ **CFG Scale**: 프롬프트에 얼마만큼 충실할 것인지를 선택합니다. 수치가 높을수록 어색하더라도 프롬프트에 맞는 이미지가 생성됩니다. 기본 세팅으로 돼 있는 값은 7이며 7~20을 권장합니다.

⓭ **Seed**: AI가 특정 이미지를 계산하는 데 사용하는 고유한 값을 의미합니다. 기본값인 -1은 무작위 생성을 의미하며 특정 시드 값을 입력하거나 고정할 경우, 숫자에 해당하는 이미지를 생성합니다. 모델, 시드 값, 프롬프트 내용이 완전히 똑같다면 같은 이미지를 생성할 수 있습니다.

⑭ 결과물이 나타나는 패널입니다.

⑮

- **아이콘 1**: 이미지 저장 폴더를 엽니다.
- **아이콘 2**: 이미지를 저장합니다.
- **아이콘 3**: 이미지가 포함된 zip 아카이브를 저장합니다.
- **아이콘 4**: img2img 탭으로 생성 이미지와 관련 프롬프트를 옮깁니다.
- **아이콘 5**: img2img inpaint 탭으로 생성 이미지와 관련 프롬프트를 옮깁니다.
- **아이콘 6**: Extras 탭으로 생성 이미지와 관련 프롬프트를 옮깁니다.
- **아이콘 7**: hires fix를 사용해 현재 이미지의 확대된 버전을 만듭니다.

2 img2img

img2img 탭의 구조를 살펴보겠습니다. img2img는 기존의 이미지에 프롬프트를 적용해 이미지를 만들어 내는 형식입니다. 이미지 칸에 변환할 이미지를 넣지 않으면 프롬프트를 입력해도 이미지가 생성되지 않습니다. 대부분은 txt2img와 유사하지만, 작업 시 중요하게 사용되는 Resize mode와 Denoising strength를 살펴보겠습니다.

❶ **Just resize**: 이미지의 크기를 목표 해상도로 조정합니다. width와 height 비율이 일치하지 않을 경우, 잘못된 비율의 이미지가 나올 수 있습니다.

❷ **Crop and resize**: 이미지를 잘라내거나 크기를 조정합니다. 목표 해상도 전체가 이미지로 채워지도록 이미지를 조정합니다. 메인 부분 외에 튀어나오는 부분은 잘라냅니다.

❸ **Resize and fill**: 크기 조정 및 채우기를 진행합니다. 전체 이미지가 목표 해상도 안에 있도록 이미지 크기를 조정합니다. 빈 공간은 이미지의 색상으로 채웁니다.

❹ **Just resize(latent upscale)**: 크기 조정 및 잠재 업스케일을 진행합니다. 이미지의 크기를 조정하면서 한 번 더 생성 작업을 진행합니다. 모델과 프롬프트의 영향이 강해지며 추가 디테일들이 생깁니다.

❺ **Denoising strength**: 노이즈 제거 강도를 설정합니다. 제시된 이미지를 얼마만큼 참고할 것인지 정할 수 있습니다. 원본 이미지의 영향을 강하게 하고 싶을수록 0에 가깝게, 프롬프트와 모델의 영향을 강하게 하고 싶을수록 1에 가깝게 설정합니다.

사용된 원본 이미지

✨ 이미지 제작 프롬프트

dog, masterpiece, best quality

❌ 네거티브 프롬프트

(worst quality, low quality:1.4), (human:1.5)

Denoising strength: 0.5

➕ 목표 해상도를 정비율로 설정

Just resize

Crop and resize

Resize and fill

Just resize(latent upscale)

　Just resize의 경우, 목표 해상도가 기존 이미지의 비율과 달라 눌린 실루엣으로 생성됐습니다.

　Crop and resize, Resize and fill은 메인 비율이 유지되면서 배경의 양이 변경됐고 Just resize(latent upscale)는 눌린 비율이 유지되면서도 좀 더 많은 디테일이 추가된 것을 확인할 수 있습니다.

원본

Denoising strength: 0.1

0.3

0.5

0.7

0.9

> ✨ 이미지 제작 프롬프트 `1girl, School uniform, masterpiece, best quality, smooth, big eyes`
>
> ❌ 네거티브 프롬프트 `(worst quality, low quality:1.4)`
>
> ✦ 모델: magicMIX

- 0.1: 확대해 보지 않으면 변화를 느끼기 어려움.
- 0.3: 디테일의 변화가 생겼지만, 모델을 가늠하기 힘듦.
- 0.5: 기존 이미지의 디테일들이 유지된 상태에서 모델 그림체로 변화됨.
- 0.7: 참고한 흔적은 보이지만, 디테일과 색조가 달라지기 시작함.
- 0.9: 원본 이미지의 참고 정도가 낮음.

3 PNG Info

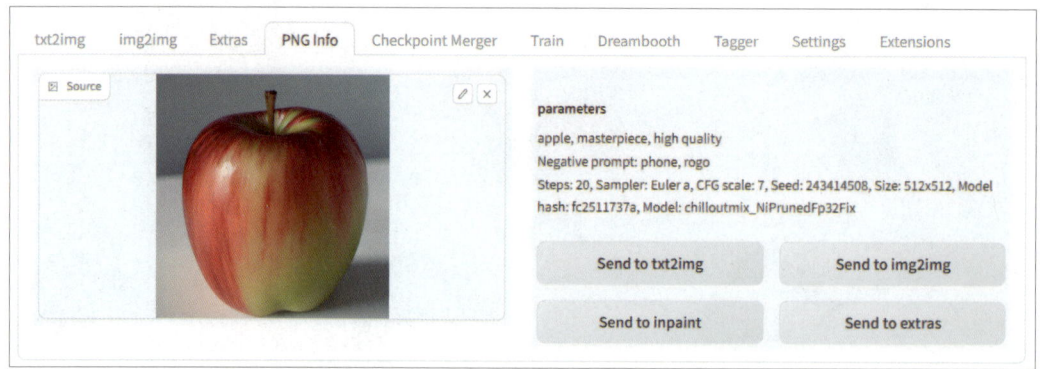

이미지를 넣어 생성할 때 사용한 모델과 프롬프트, 시드 정보 등을 확인할 수 있습니다. 생성 후 다운로드가 아닌 캡처나 복사로 저장된 데이터, 다른 AI의 결과물의 정보는 none으로 표시됩니다.

4 Settings

각종 설정을 바꿀 수 있는 탭입니다. 해당 탭에서 기능을 추가할 수 있습니다.

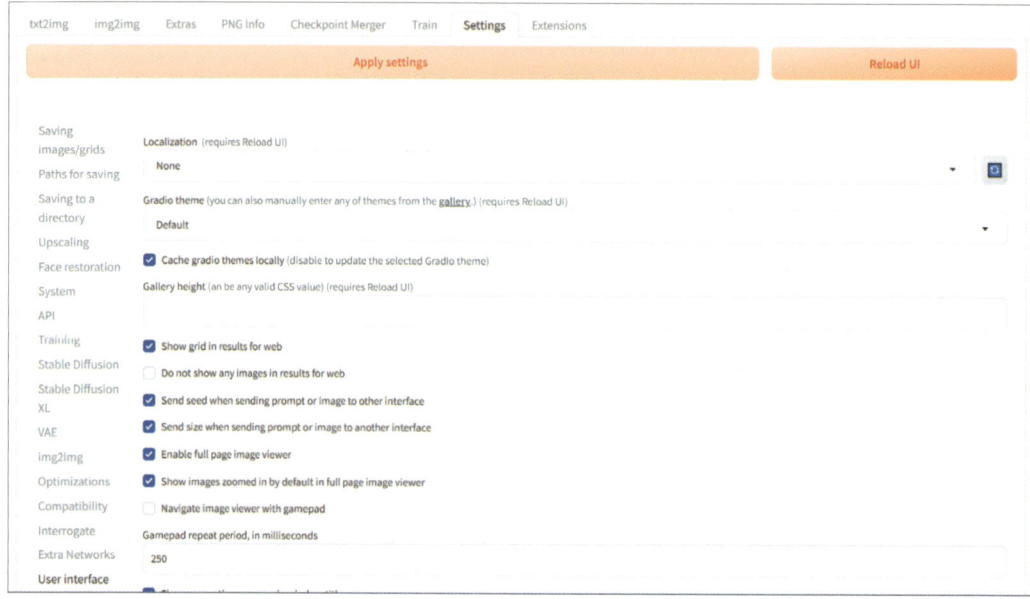

1. Settings에서 VAE 추가하기

이후에 사용할 기능을 위해 VAE 칸을 추가해 보겠습니다.

01 Settings의 왼쪽 탭에서 [User Interface]를 클릭합니다. 하단에 있는 [info] Quicksettings list의 sd_model_checkpoint 옆 공간을 클릭합니다.

02 검색을 위해 "sd_vae"를 입력합니다.

03 sd_vae가 추가됩니다.

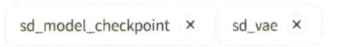

04 상단으로 올라가 [Apply settings] 버튼을 클릭합니다.

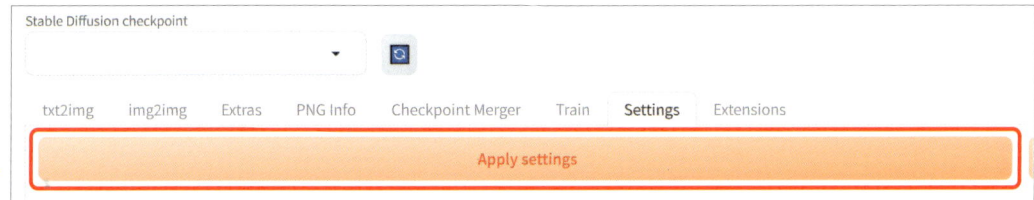

05 web UI 창과 web UI-user.bat를 모두 종료한 후 다시 시작하면 상단에 vea의 Quicksetting list 가 생성됩니다.

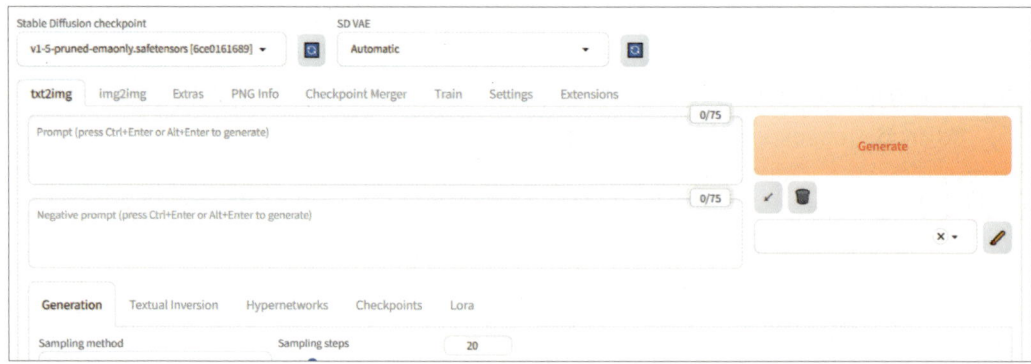

5 Installed

자동적으로 깔려 있는 기본 세팅, 기능들입니다. 기능을 Available을 통해 추가하면 이곳에서 확인할 수 있습니다.

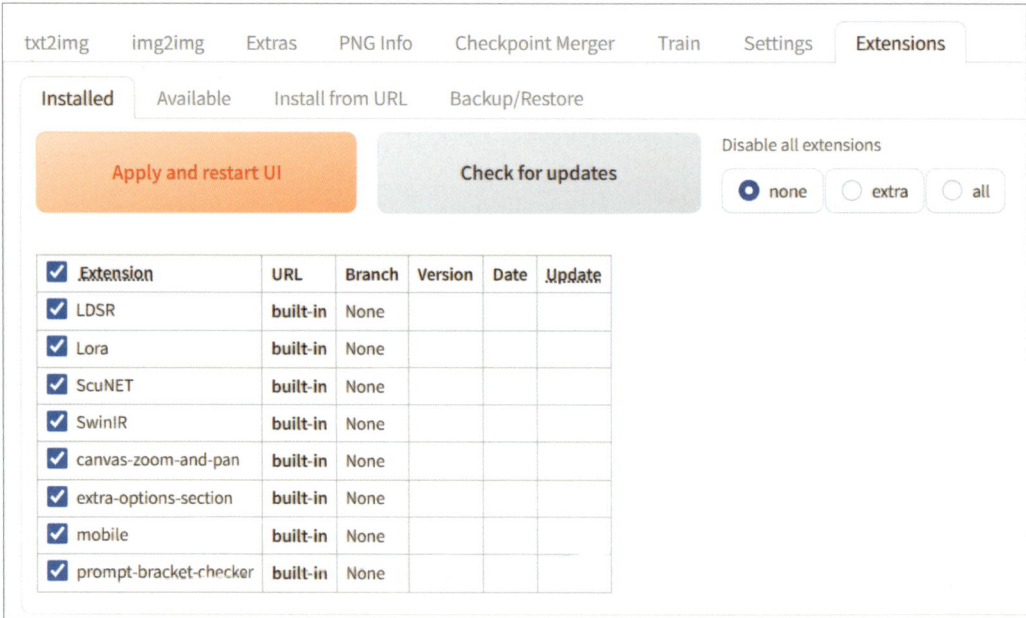

6 Available

이용할 수 있는 기능들을 검색한 후 추가할 수 있습니다. 추가 기능으로 많이 언급되는 controlnet도 여기에서 추가됩니다.

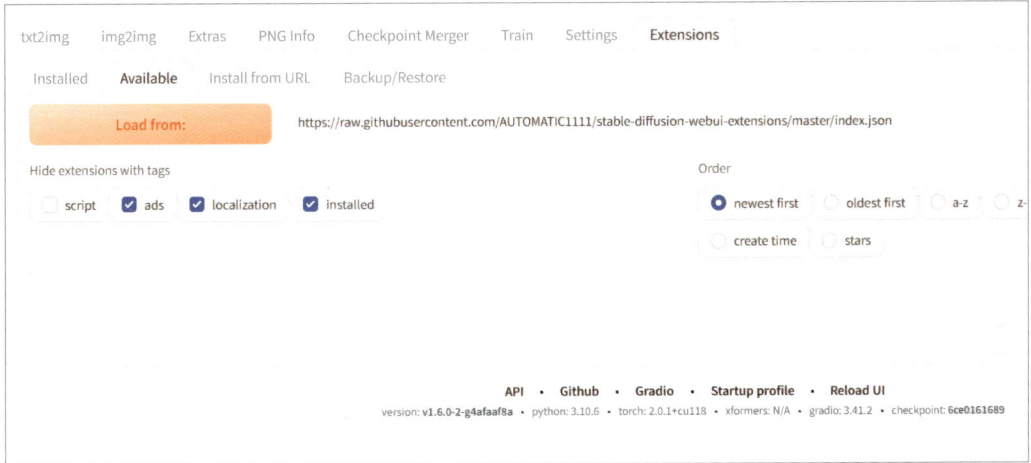

1. Available에서 controlnet 설치하기

controlnet을 설치해 보겠습니다.

01 기본 세팅 링크의 [Load from]을 눌러 기능들을 불러옵니다.

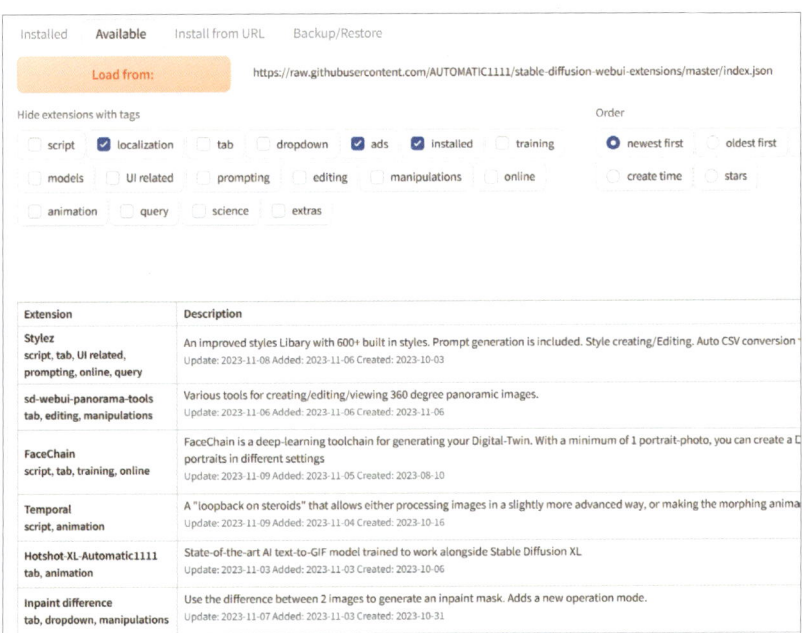

02 tags와 리스트 중간 텍스트 박스에 "controlnet"을 검색합니다.

03 검색된 리스트에서 sd-web UI-controlnet manipulations를 찾습니다. 오른쪽에 있는 Install을 클릭합니다.

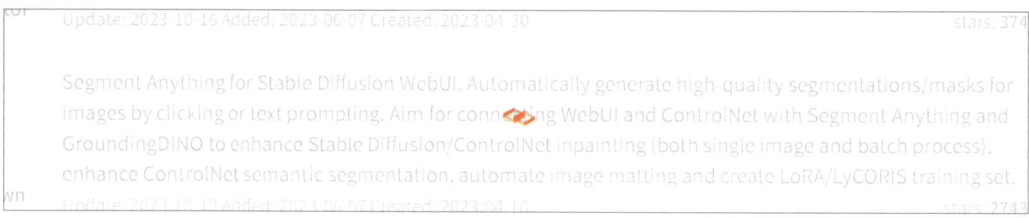

04 약간의 로딩 후 controlnet이 설치됩니다. 해당 로딩 아이콘이 사라지면 설치가 완료된 것입니다.

05 설치 유무는 [Install] 탭에서 한 번 더 확인할 수 있습니다 리스트에 controlnet이 추가됐습니다.

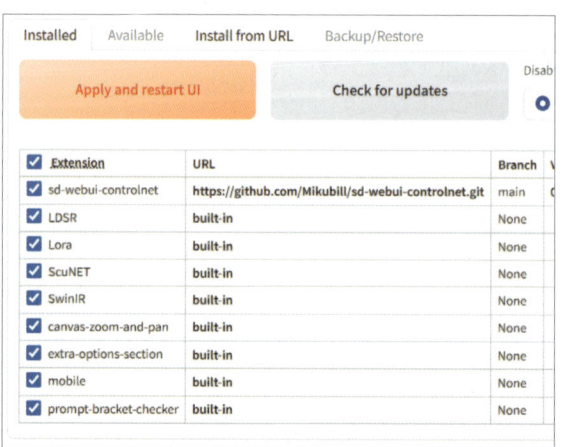

CHAPTER 04 원하는 화풍으로 AI 이미지 생성하기

프롬프트로 AI 이미지를 생성하기 위한 기본적인 설치를 진행해 보겠습니다. 베이스가 되어 줄 모델, 마무리를 도와줄 VAE, 특정 요소를 강화하는 데 도움을 줄 LoRA를 다운로드해 적용해 보겠습니다.

1 모델 다운로드와 설치

Checkpoint 칸에 들어가는 것이 모델입니다. 기본 베이스가 되기 때문에 퀄리티와 화풍에 가장 큰 영향을 미치며 매우 많은 용량을 차지합니다. VAE나 LoRA는 없어도 작업이 가능하지만, 모델 없이는 작업이 불가능합니다.

모델의 검색은 CIVITAI를 이용하겠습니다. CIVITAI는 예시 중 하나일 뿐, 모델을 얻을 수 있는 어떠한 수단이든 상관없습니다.

머릿속에 구체적인 구상이 없을 때는 txt2img 방식을, 유사 이미지를 가지고 있거나 러프 드로잉이 가능한 경우는 img2img를 권장합니다.

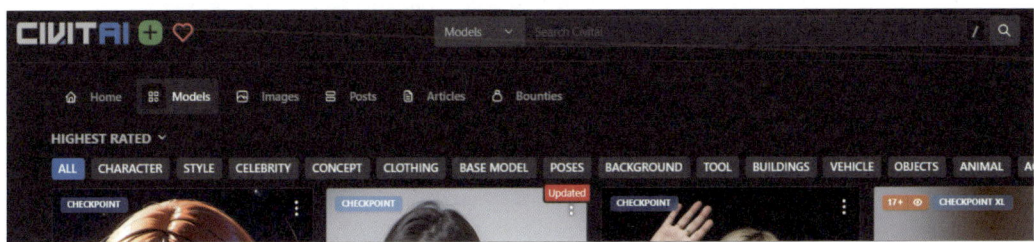

01 CIVITAI의 [Models] 탭에서 원하는 화풍의 모델을 찾아봅니다.

모델은 가장 기본이면서 개성이 강한 파트이기 때문에 다양한 화풍의 모델을 보유하는 것이 유리합니다. 특히 같은 모델을 쓰더라도 사용자의 프롬프트 및 작업 스타일에 따라 잘 맞고 안 맞는 것이 있으므로 타인의 추천을 기준으로 하기보다는 직접 테스트해 보는 것이 좋습니다.

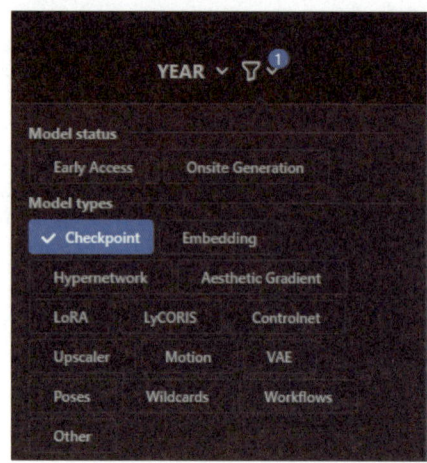

오른쪽 상단 필터에서 [Checkpoint]를 선택하면 모델만 모아 볼 수 있습니다. 여기서는 연간 Checkpoint 기준으로 상단에 있던 XXMix_9realistic을 사용해 보겠습니다.

> **Tip** 오른쪽의 [File]을 열면 파일의 상태를 확인할 수 있습니다.
>
>
>
> 모델 앞에 Pruned가 적혀 있는 경우는 최적화가 진행된 파일, Full이 적혀 있는 경우는 원본 파일입니다.

> **Tip** 이미지 상단에는 해당 모델의 현버전과 이전 버전을 선택할 수 있는 탭이 있습니다. 최신 버전일수록 퀄리티가 올라갈 확률이 높지만, 무조건 좋다고 볼 수는 없습니다. 예를 들어 3.0 버전의 경우, 인체의 정확성은 떨어지지만 좀 더 캐주얼한 그림체인 반면, 4.0 버전의 경우 인체의 정확성이 높아졌지만, 더 실사적인 그림체가 늘어나는 경우 등이 있습니다. 이 경우 퀄리티 자체는 높아졌다고 볼 수 있지만, '사용자가 원하는 방향으로 좋아졌는가?'라는 측면에서는 맞지 않을 수 있습니다. 그러므로 파일 정리 시 새 버전을 테스트 작업해 본 후에 이전 버전을 제거하도록 합시다.
>
>

02 모델 페이지의 오른쪽 상단의 [Download] 버튼을 눌러 파일을 다운로드합니다.
- 모델들은 대부분 용량이 2~3GB 정도로 높은 편입니다.
- 이미지의 상단 버튼을 통해 지금 버전(v4.0) 외에 이전 버전도 다운로드할 수 있습니다.
- 모델의 양이 많아질수록 이름만으로 구분하기 어려워지므로 대표 이미지를 함께 저장합니다.

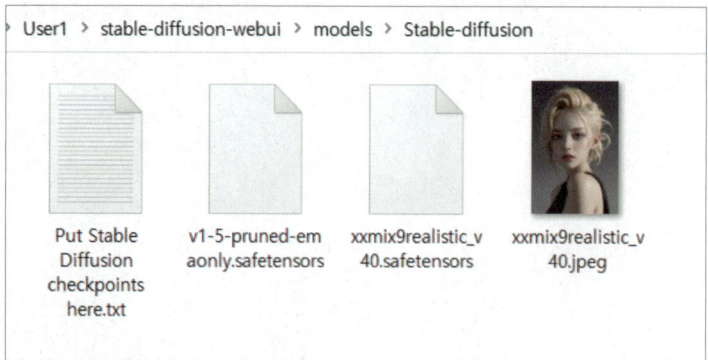

03 stable-diffusion-web UI>models>Stable-diffusion 안에 safetensors 파일과 같은 이름의 이미지 파일을 넣어 줍니다. 왼쪽은 web UI 설치 시 기본으로 들어 있는 txt 파일과 기본 모델입니다.

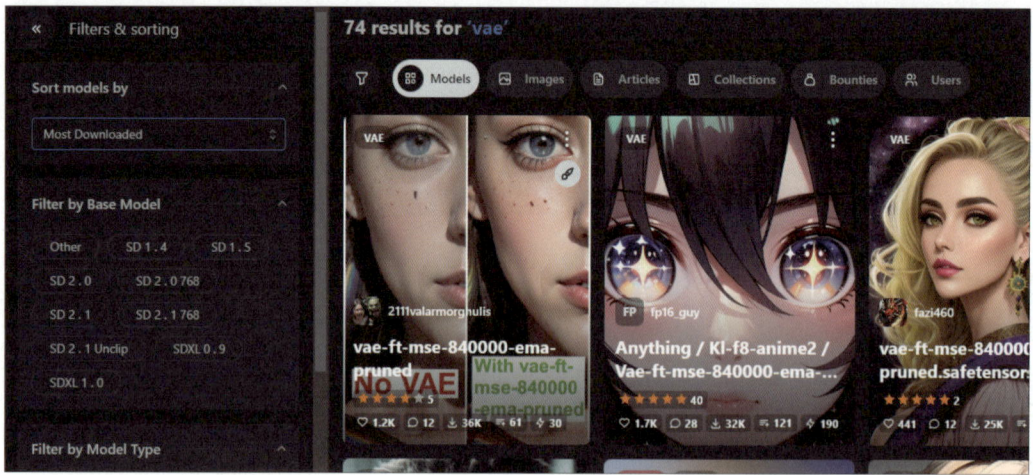

04 VAE 파일도 검색한 후 다운로드합니다. VAE의 경우, [Models] 탭에서 VAE 단어를 검색한 후 정렬했습니다.

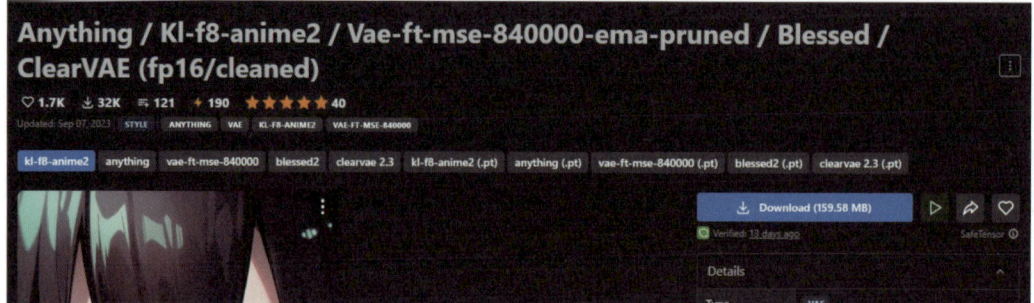

이번에는 애니메이션 느낌의 채도가 높은 Anything VAE를 사용했습니다.(최근 모델 중에는 VAE 없이도 잘 돌아가거나 VAE가 있으면 오히려 충돌이 일어나는 경우도 있습니다. 모델에 따라 선택하세요.)

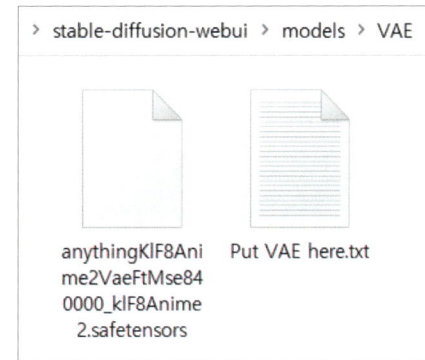

05 stable-diffusion-web UI>models>VAE 안에 넣어 줍니다. 맨 처음 열었을 경우, Put VAE here.txt 외에는 아무것도 없으며 같은 safetensors 파일이라도 모델과 용량 차이가 납니다.

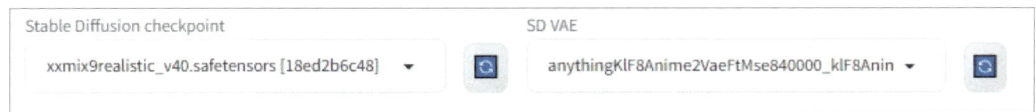

06 Web UI 상단의 Stable Diffusion checkpoint, SD VAE 칸의 오른쪽 아이콘을 눌러 새로 고침해 줍니다. 모델과 VAE가 전부 설치됐습니다. 이제부터는 모델과 VAE를 바꿔가면서 작업할 수 있습니다. 상단 외에 [Checkpoints] 탭에서도 모델과 이미지를 확인할 수 있습니다.

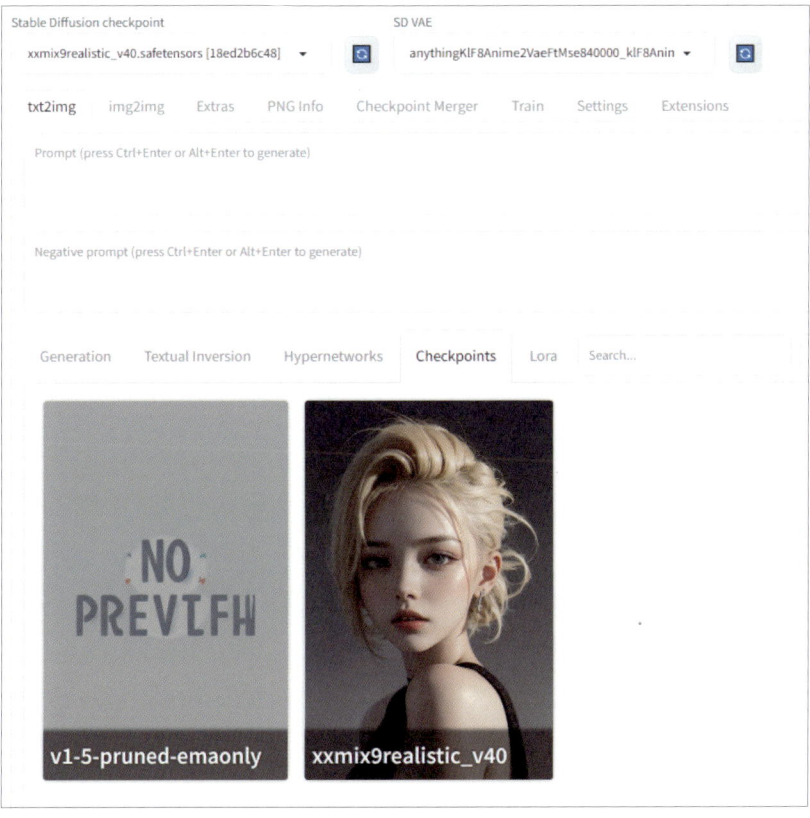

2 예시 이미지의 프롬프트를 참고해 이미지 제작하기

모델을 구할 때 이 예시 이미지를 참고해 프롬프트를 복사한 후 이미지를 제작해 보겠습니다.

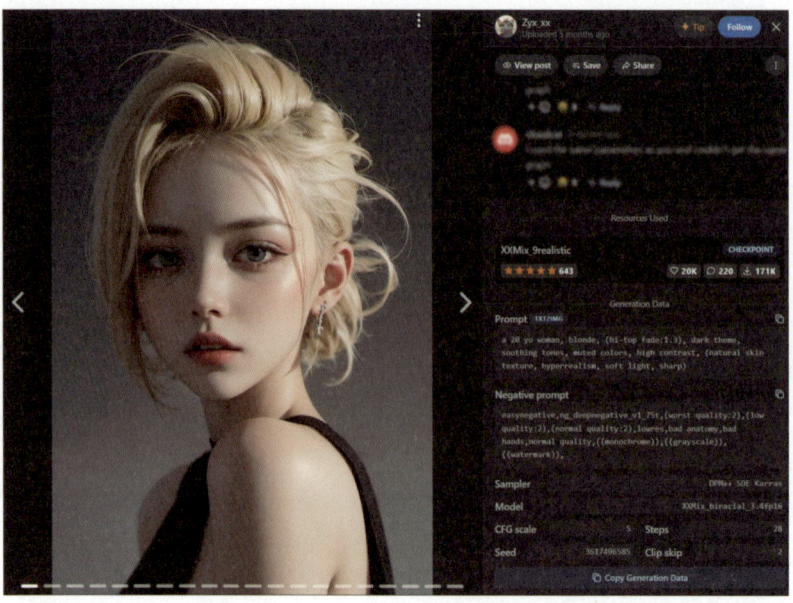

01 프롬프트와 설정값을 복사해 가져옵니다. 프롬프트는 기본적으로 나열한 후 다음과 같이 구분하고 수정해가면서 사용하면 됩니다(영역 선택 후 Alt +화살표 키로 강도 조절 가능).

- (A:1): A 프롬프트의 강도가 1인 기본 상황
- (A:0.7): 0.7로 프롬프트 강도 약화
- (A:1.3): 1.3으로 프롬프트 강도 강화

예시를 참고해 사용할 프롬프트는 다음과 같습니다.

> ✨ 이미지 제작 프롬프트
>
> a 20 yo woman, blonde, (T-shirt:1.3)(복장을 무난한 흰색 티셔츠로 변경), dark theme, muted colors, high contrast, (natural skin texture, hyperrealism, soft light, sharp)
>
> ❌ 네거티브 프롬프트
>
> (worst quality:2), (low quality:2), (normal quality:2), lowres, bad anatomy, bad hands, normal quality, ((monochrome)), ((grayscale)), ((watermark)), (본래 없어도 되는 부분이나 굳이 삭제하지 않고 사용)

이외에 추가 기능 유도 프롬프트는 제거하고 기본적인 상황에서 작업을 진행해 보겠습니다. steps 등의 기타 설정을 예시 그대로 맞춰도 좋습니다.

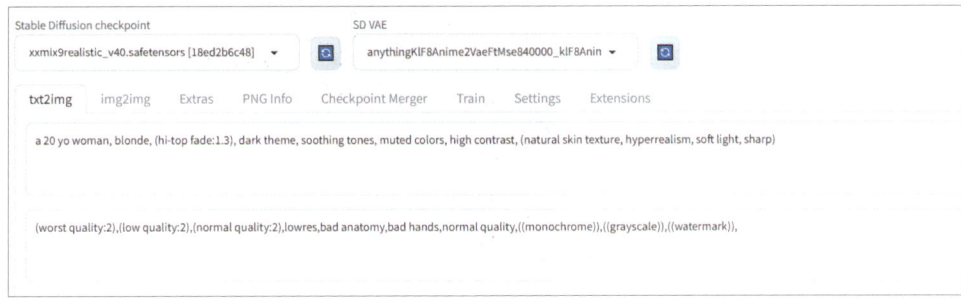

02 프롬프트를 입력한 후 [Generate] 버튼을 누릅니다.

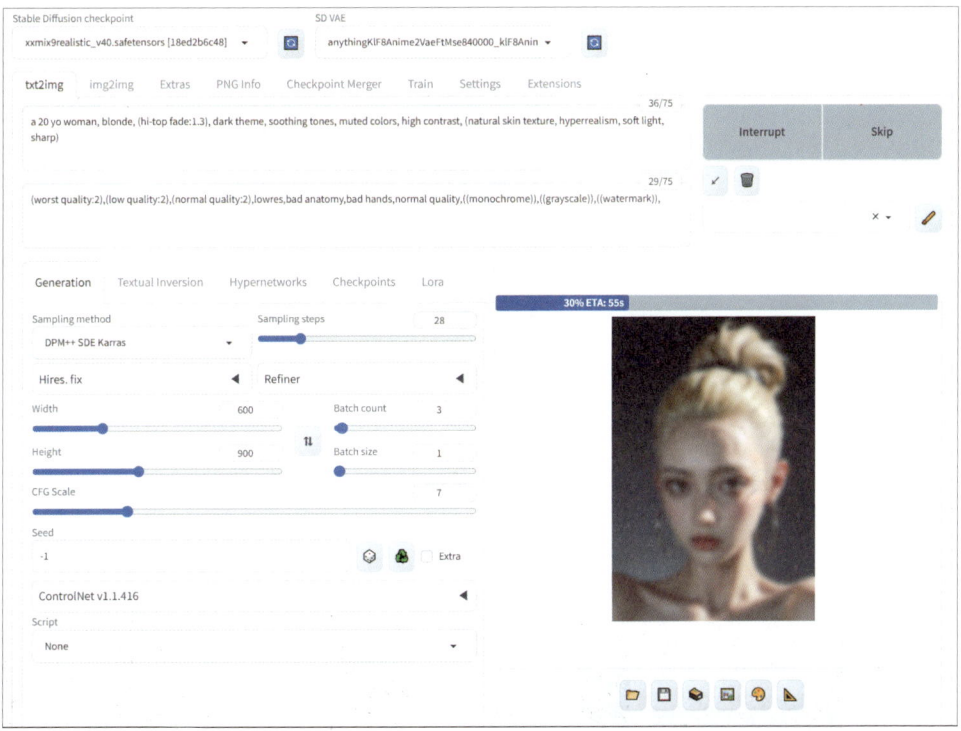

03 이미지 제작이 진행됩니다. 오른쪽에 제작되고 있는 이미지의 중간 모습과 잔여 시간이 나타납니다. 이미지 제작 시간은 컴퓨터의 스펙, 제작하고자 하는 이미지의 사이즈에 따라 차이가 크며 맨 처음에는 작은 사이즈, Batch count 1로 테스트한 후 마음에 들 경우 Batch count 수를 늘리는 것을 추천드립니다.

04 이미지 왼쪽 하단의 폴더 아이콘을 눌러 최종 결과물의 원본을 확인합니다. 해당 이미지가 제작됐습니다. VAE의 종류가 달라 채도가 좀 더 높아 보이지만, 유사도는 높아 보입니다.

05 설정 값이 마음에 들었다면 Batch count 수를 늘려 여러 이미지를 제작하고 원하지 않는 결과물이 나왔다면 프롬프트를 수정해가면서 테스트합니다.

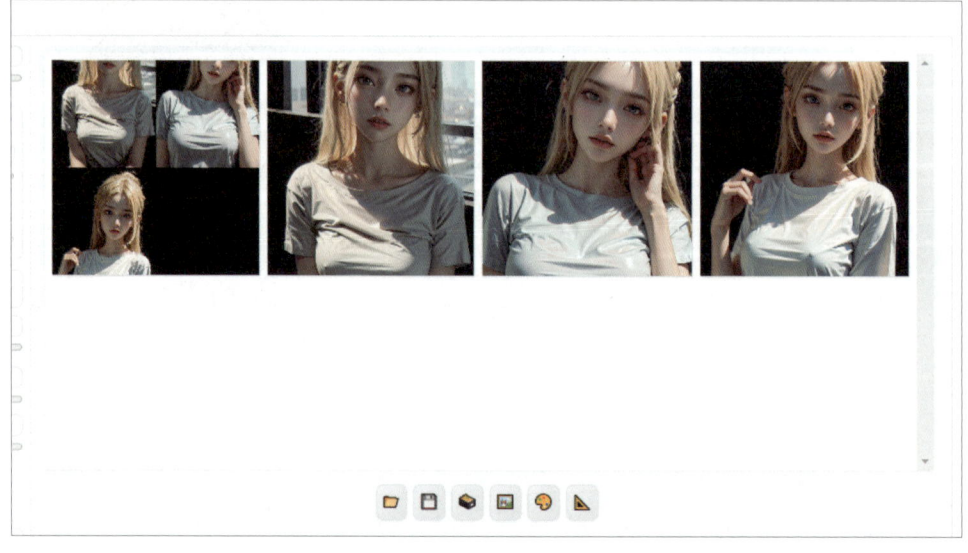

이미지 제작 자체는 마음에 들었지만, 시간이 오래 걸리므로 이미지의 크기를 살짝 조정해 제작한 후 비교해 보겠습니다.

제작 이미지 사이즈를 수정 후 제작된 이미지

- 이미지 크기에 따른 동일 프롬프트 차이 비교

A. 해상도: 696×1000　　　　　　　　　　**B**. 해상도: 600×896

A 이미지의 경우, 다른 이미지에 비해 얼굴 자체가 더 크게 나온것도 있지만, 그 점을 감안하더라도 B 이미지와의 디테일 차이가 많이 나는 편입니다. 특히 속눈썹, 코의 마무리, 입술의 결 표현 등 세부 이목구비의 차이가 두드러집니다.

3 inpaint를 이용해 부분적으로 수정하기

이미지를 생성한 후 일부분만 재생성하고 싶다면 img2img의 [inpaint] 탭을 활용할 수 있습니다.

01 img2img의 inpaint에 수정하고자 하는 이미지를 넣어 줍니다. 이미지는 파이어플라이에서 생성했던 장미 부케를 가져왔습니다.

02 수정하고자 하는 방향의 프롬프트를 입력합니다.

예시

- 이미지 제작 프롬프트: red rose, (red color:1.5), masterpiece, best quality, realistic
- 네거티브 프롬프트: (white color:1.5)
- 모델: majicmixRealistic

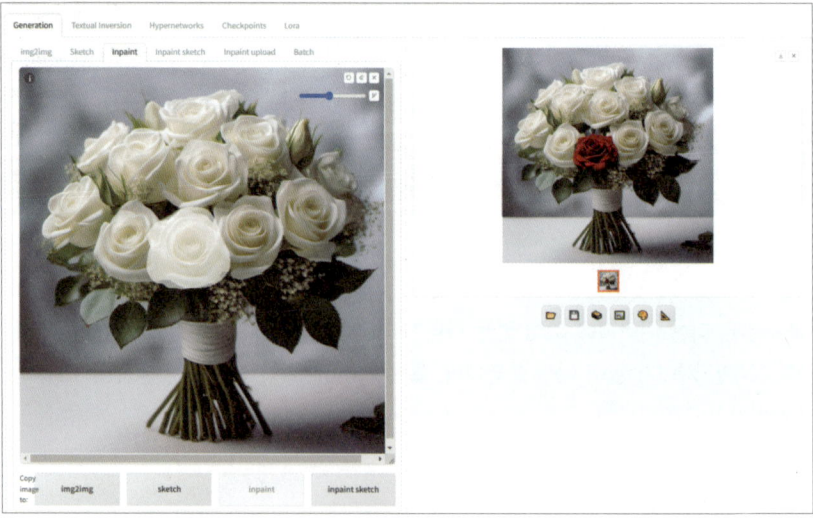

수정을 원하는 부분만 브러시로 채색해 준 후 Generate합니다.

기초 단계에서 AI 이미지 제작하는 과정은 다음과 같습니다.

❶ 예시 이미지들의 결과물과 프롬프트 참고 후 작성
❷ 프롬프트를 적용해 생성
❸ 조율하고 싶은 부분들의 강도를 조정(1이 기본값임을 인지)
❹ 사이즈에 대한 변동 사항도 있으므로 다양한 케이스를 테스트해 볼 것

프롬프트에서 많이 사용되는 용어나 규칙들은 있지만, 모델에 따라, LoRA에 따라, 뽑고자 하는 방향성에 따라, 이미지의 사이즈에 따라 다양하게 나오기 때문에 만능 프롬프트를 찾아 암기한다는 것은 불가능합니다. 테스트를 통해 본인만의 규칙을 찾고 수정하는 능력을 높이는 것이 중요합니다.

4 LoRA를 사용해 변화 주기

이번에는 특정 요소를 강화하는 데 도움을 주는 LoRA를 설치한 후 사용해 보겠습니다. LoRA는 주로 특정 인물의 특성이나 화풍을 수정하는 데 도움을 줍니다. 모델보다는 영향을 덜 주지만, 많은 변화를 줄 수 있으므로 많은 모델을 보유하기 힘든 경우에 좋은 선택지가 될 수 있습니다.

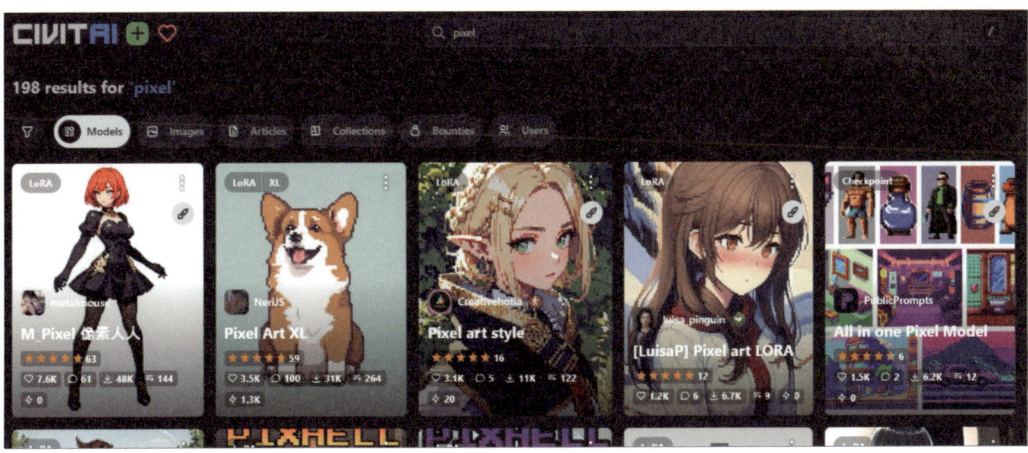

01 원화는 화풍 또는 특성의 LoRA를 검색합니다.

필자는 픽셀 아트로 변화를 주고 싶어 "pixel"로 검색했습니다. 이미지 왼쪽 위에 LoRA라는 분류가 보이고 있으며 모델보다 훨씬 작은 용량을 차지합니다.

예시 이미지들을 확인한 후 세 번째에 있는 Pixel art style LoRA를 사용해 보겠습니다.

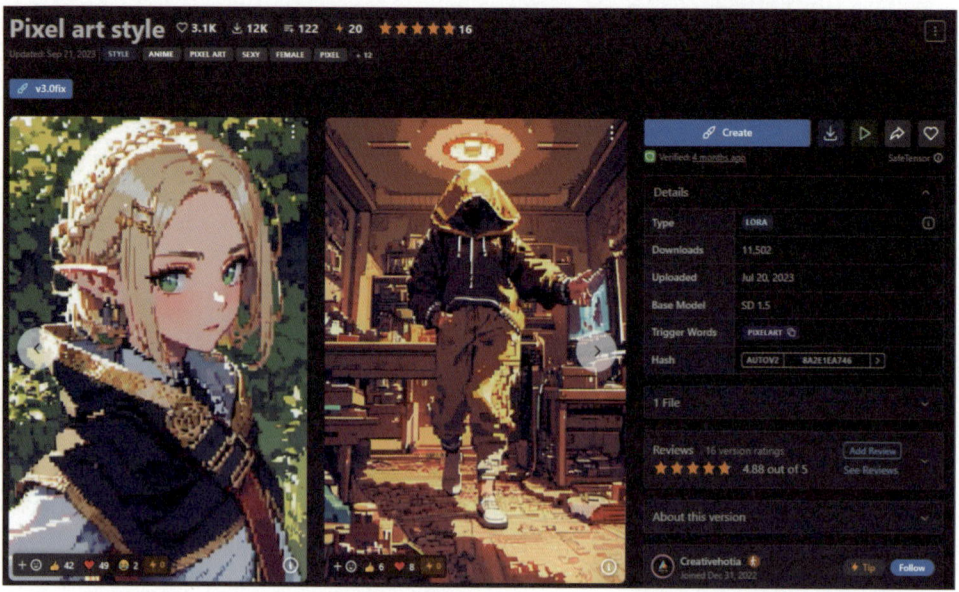

02 LoRA 파일과 대표 이미지를 저장합니다.

같은 이름으로 저장해야 섬네일에 반영되므로 꼭 수정해 줍니다.

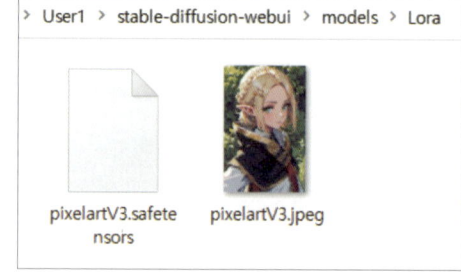

03 stable-diffusion-webUI>models>Lora 폴더 안에 넣습니다.

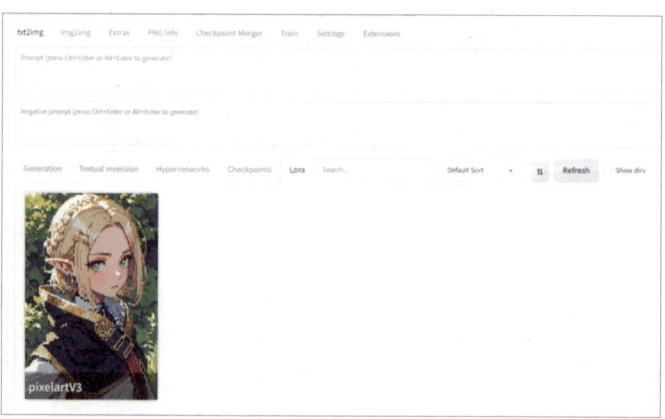

04 Checkpoint 때와 마찬가지로 [Lora] 탭에서 대표 이미지를 함께 볼 수 있습니다. 해당 이미지를 클릭할 경우, 유도 프롬프트가 자동으로 추가됩니다.

〈lora:적용하고자 하는 로라명:1〉 의 구조로 추가되며 이 역시 강세 조정을 위해 : 뒤의 숫자에 변동을 줄 수 있습니다. 필자는 기존 모델과 프롬프트, 네거티브 프롬프트를 유지한 채로 (pixelart:1.3),<lora:pixelartV3:1.4>만 추가해 작업하겠습니다.

pixelart를 1.3의 강도로 적용, pixelartV3라는 로라를 1.4의 강도로 적용

> 🔷 이미지 제작 프롬프트 a 20 yo woman, blonde, (T-shirt:1.3), dark theme, muted colors, high contrast, (natural skin texture, hyperrealism, soft light, sharp) (pixelart:1.3), <lora:pixelartV3:1.4>
>
> ❌ 네거티브 프롬프트 (worst quality:2), (low quality:2), (normal quality:2), lowres, bad anatomy, bad hands, normal quality, ((monochrome)), ((grayscale)), ((watermark)),

05 유도 프롬프트가 확인됐다면 Generate합니다.

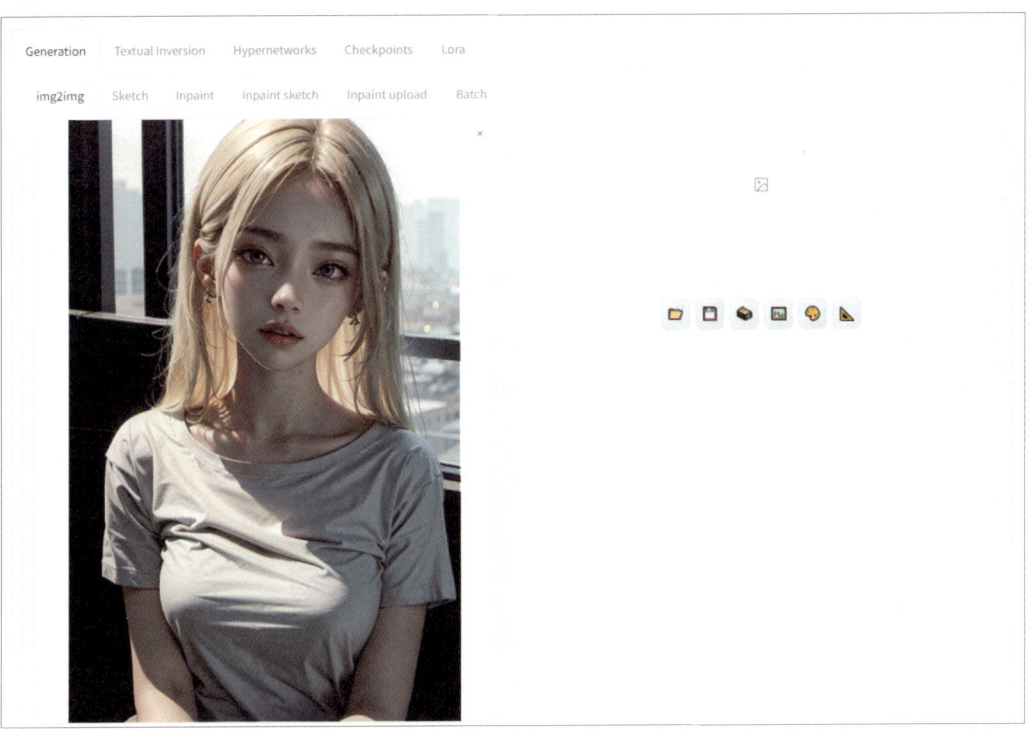

3장의 이미지는 txt2img로 제작하고 2장의 이미지는 원본 이미지를 [img2img] 탭에 넣은 후 제작해 차이를 알아보겠습니다.

[img2img] 탭에 베이스가 될 이미지를 넣은 후 [Generate] 버튼을 눌러 제작합니다. 원본 이미지 참고 강도는 0.5(Denoising strength 0.5)로 지정했습니다.

모델, 프롬프트와 설정은 동일한 상태로 txt2img와 img2img 둘 다 제작해 비교해 보겠습니다.

- 같은 모델+같은 프롬프트의 LoRA 적용 비교

기존 txt2img

txt2img + (pixelart:1.3), 〈lora:pixelartV3:1.4〉

img2img Denoising strength 0.5 + (pixelart:1.3), 〈lora:pixelartV3:1.4〉

1. 참고 프롬프트 모음

기본적으로 프롬프트는 필자가 작업하고자 하는 이미지의 기본 요소들을 적어 조정합니다.

• **프롬프트의 기본 구조**

> 1 girl, a fairy of the moon, black hair, light skin, big hat, a dark night background, masterpiece, high saturation
> 기본 요소, 상세 묘사 요소, 퀄리티 유도

해당 베이스를 바탕으로 강조하고 싶은 요소들을 추가하거나 강조 값을 주고 트러블이 나는 부분을 제거해가면서 이미지를 뽑아 냅니다.

프롬프트에서 사용되는 용어들을 알아보겠습니다. 자주 사용하거나 표현을 놓치기 쉬운 단어 위주로만 기입했습니다.

✚ 요즘은 딱 떨어지는 용어 구분 없이 길게 줄글로 적어도 제법 인식하는 편이기는 합니다. 모두 외우려고 하기보다는 가끔 찾아보는 정도로 활용하세요.

이외에 다양한 프롬프트의 활용이나 영감 이미지 등은 이 책의 후반부의 프롬프트 모음을 참고하세요.

퀄리티, 방향성 설정에 자주 쓰이는 표현			
masterpiece	걸작, 명작	best quality	최고의 퀄리티
resolution	해상도	realistic	현실적인
detailed	상세한, 세부적인	hyperrealism	극사실주의
dynamic	역동적인	Photograph	사진
illumination	조명, 조도	painting	그림
soft lighting	부드러운 빛	line drawing	선화
monochrome	단색의	game illust	게임 일러스트
bright color	화사한 색감	cartoon	만화
saturation	채도	3D render	3D 렌더링 이미지
contrast	대비	by~/ art by ~	~가 그린 듯한
close up	8K UHD/ 4K UHD 초고해상도의 선명함	theme	테마, 주제
wide shot	symmetrical composition 대칭 구성	portrait	초상화, 인물 사진
1 girl, 1 male, 3 boys..	n명의 인물 / 총 인원 수를 규정하는 기본 프롬프트 프롬프트 초반에 많이 사용됨.		

신체에 자주 쓰이는 표현			
upper body	상반신	bang	앞머리
full body	전신의	blush	홍조
(color) hair	~색 머리	aegyo sal	애교살
texture	질감	thick	두꺼운
natural skin texture	자연스러운 피부결	thin	얇은
skin blemishes	피부 잡티	spots	점
acnes	여드름	navel	배꼽
pupil	동공	plump	통통한
half-closed eyes	반쯤 감은 눈	supermodel body	슈퍼모델의 몸
deep eyes	깊은 눈	perfectly balanced	완벽하게 균형잡힌
abs	복근	muscular	근육질의

네거티브 프롬프트에 자주 쓰이는 표현

worst quality low quality	최악의, 낮은 퀄리티의 보통 네거티브에 1.n 강도로 넣음(예 worst quality:1.4).		
lowres	저해상도	nsfw	성적인 이미지
no humans	사람이 없는	bad anatomy	좋지 못한 인체
bad (hands)	이상한 (손)	text	글
missing (fingers)	없어진 (손가락)	watermark	워터마크
extra (arms)	추가된 (팔)	signature	서명
simple	단순한	artist name	작가 이름
blurry	흐릿한	title	제목
multiple view	여러 가지 뷰(시점)	trademark	상표
bad proportions	비율이 좋지 않은	naked	발가벗은
cropped	잘린	3D face	3D 형태의 얼굴
looking away	다른 곳 보기	mutated	변이가 있는
poorly drawn face	서툰 얼굴	duplicate image	복제 이미지

구도, 조명 설정에 자주 쓰이는 표현

close-up	피사체에 가깝게	soft lighting	부드러운 조명
extreme close-up	피사체에 아주 가깝게	rim lighting	인물의 가장자리 빛
wide-angle	넓은 시야 앵글	backlighting	역광, 뒤에서 오는 빛
high-angle	하이 앵글	golden hour	일몰 직전이나 직후
low-angle	로우 앵글	natural sunlight	자연광
bird's-eye view	새의 시점, 환경 표현	moonlight	달빛, 밤 표현
over-the-shoulder shot	어깨 너머 시점	volumetric lighting	안개나 먼지 속 빛
dutch angle	기울어진 앵글	candlelit	촛불 조명
full-body shot	전신 표현	high-key lighting	밝은 톤 조명
POV (point-of-view)	1인칭 시점	low-key lighting	어둡고 대비가 큰 조명
macro shot	피사체의 세부 사항 강조	spotlight	스포트라이트

CHAPTER 05 퀄리티 업을 위한 ControlNet 활용하기

AI 이미지 생성에 도움을 줄 ControlNet의 활용법에 대해 알아보겠습니다. ControlNet은 모델을 제어하는 특정 기능들을 추가하고 결과물에 도움을 주는 역할을 합니다.

1. ControlNet의 OpenPose를 사용해 포즈 적용하기

ControlNet의 사용 방법을 알아보면서 그중 가장 많이 활용되는 OpenPose를 이용한 포즈 잡는 과정을 진행해 보겠습니다.

✚ ControlNet 설치법은 Part 4의 '03. Stabel diffusion 기능 살펴보기' 중 Available 탭 설명을 참고하세요.

01 txt2img 또는 img2img 탭의 Generation의 ControlNet 오른쪽 화살표를 눌러 ControlNet 관련 UI를 펼칩니다.

02 Control Type에서 사용하고자 하는 ControlNet을 선택할 수 있습니다. 여기서는 OpenPose를 사용하겠습니다.

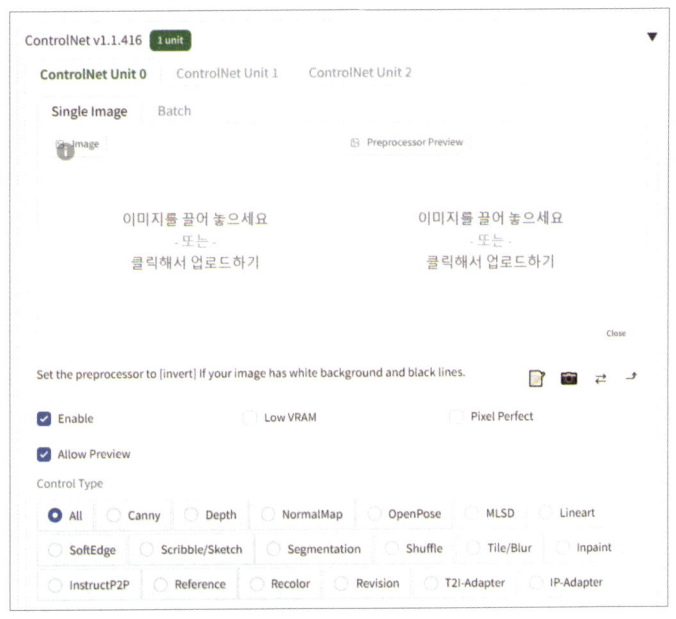

03 상황에 따라 타입을 선택할 수 있습니다. 필자는 dw_openpose_full을 사용하겠습니다. 활성화와 미리 보기를 위해 Enable과 Allow Preview에도 체크 표시를 했습니다.

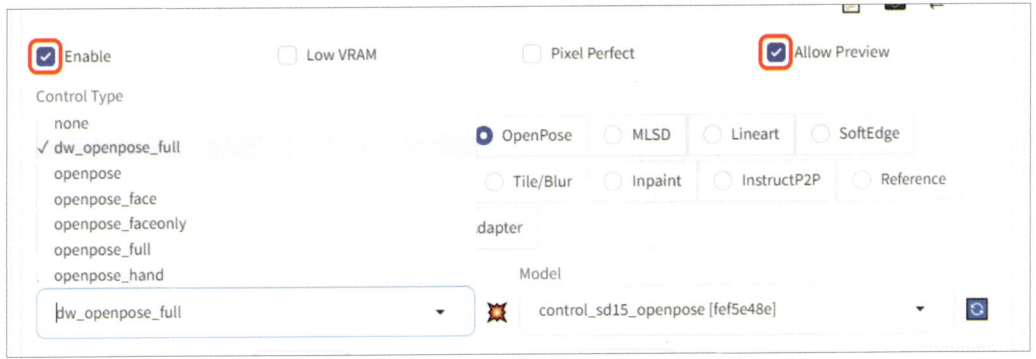

04 모델은 control_sd15_openpose를 사용했습니다. 모델은 예시일 뿐, 얼마든지 다른 모델을 사용해도 괜찮으며 none 상태로도 작업할 수 있습니다.

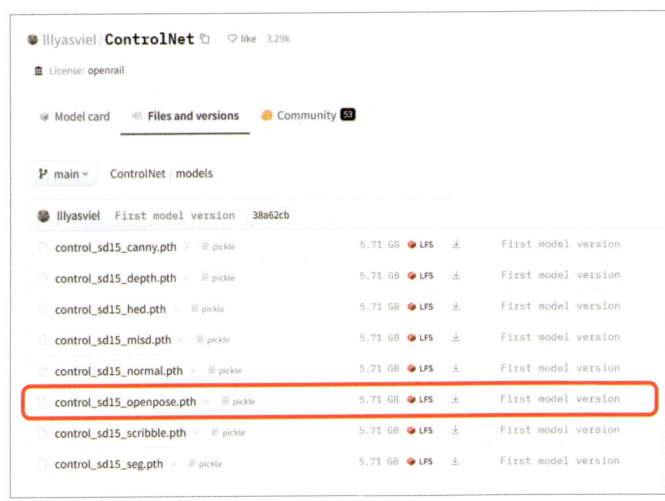

모델 다운로드 링크: https://huggingface.co/lllyasviel/ControlNet/tree/main/models

모델 저장 위치: stable-diffusion-web UI>extensions>sd-web UI-controlnet>models

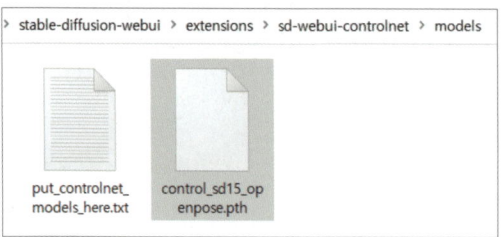

05 포즈를 지정하기 전에 생성된 이미지와 프롬프트입니다. 모델, 프롬프트, 네거티브 프롬프트를 기입합니다.

Model: majicmixRealistic_v7

[이미지 제작 프롬프트] 1girl,hair with bangs,a white T-shirt, jeans, orange background,

[네거티브 프롬프트] (worst quality:2),(low quality:2),(normal quality:2),lowres,watermark,

06 지정하고자 하는 포즈의 예시 사진을 드래그합니다. 오류를 줄이고자 원본 이미지의 배경을 대부분 잘라 냈습니다.

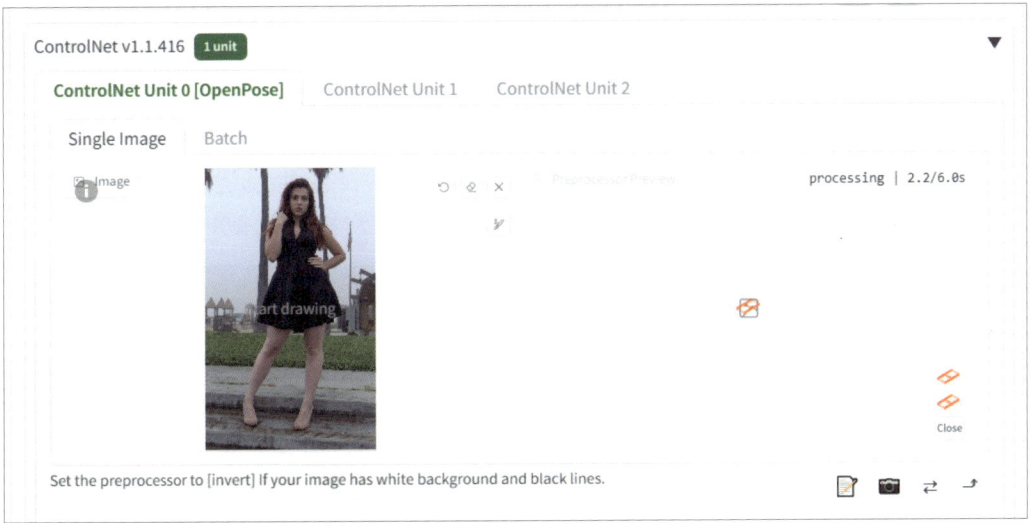

07 Preprocessor 옆의 생성 버튼(💥)을 클릭합니다.

08 약간의 로딩 후 preprocessor preview 이미지가 생성됩니다. 오른쪽의 [Edit] 버튼을 클릭합니다.

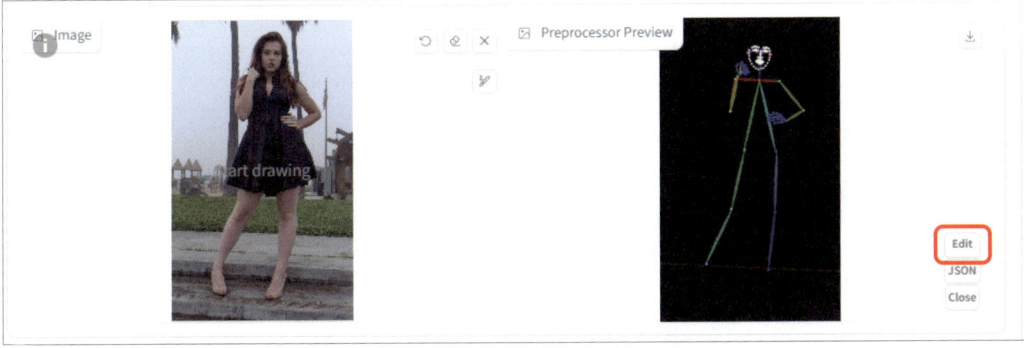

상세 이미지의 각 관절 부분에 해당 점이 있습니다. 포즈에 맞지 않게 지정됐다면 수정합니다.
- 마우스 휠로 확대/축소, Spacebar + 마우스 드래그로 이동
- 클릭한 후 드래그해 잘못 인식된 부분을 수정할 수 있습니다.
- 이목구비의 하얀 점 외에 귀, 어깨, 팔꿈치, 손목, 골반, 무릎, 발목에 포인트가 제대로 위치돼 있는지 확인합니다.
- 2D 일러스트의 경우, 인식률이 떨어지고 조정하더라도 다른 데포르메 때문에 왜곡된 비율로 나올 확률이 높습니다. 사용하고자 하는 모델의 그림체와 유사한 자료를 찾는 것을 권장합니다.
- 이목구비의 경우, 포인트가 많아 여러 점을 한 번에 드래그 한 후 옮기는 것이 편합니다.

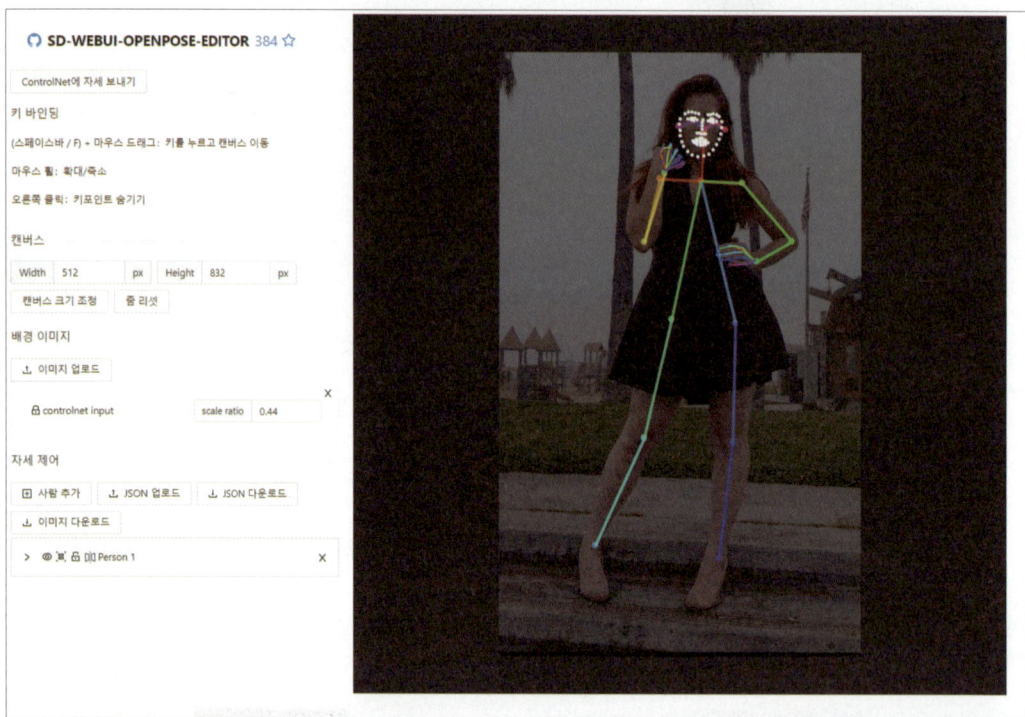

⑩ ControlNet의 [자세 보내기] 버튼을 누른 후 포즈 수정이 적용됐는지 확인하고 [Generate] 버튼을 클릭해 이미지를 생성합니다.

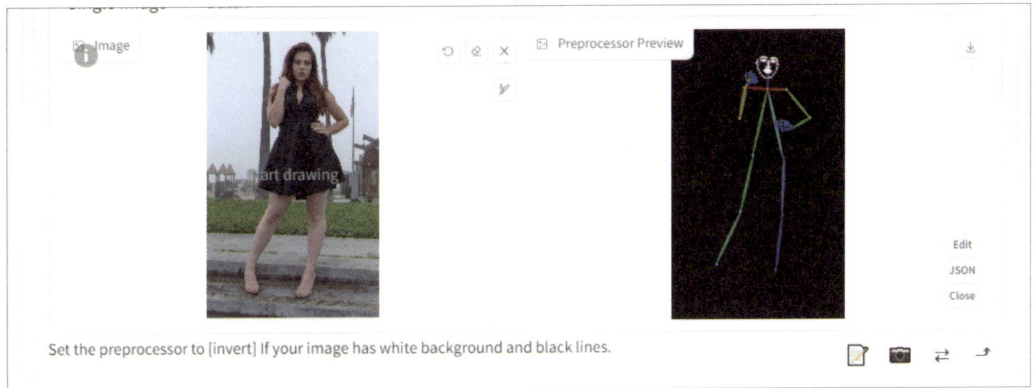

⑪ 프롬프트가 너무 약할 경우, My prompt is more important, 포즈가 제대로 반영이 안 될 경우 ControlNet is more important로 설정을 변경합니다.

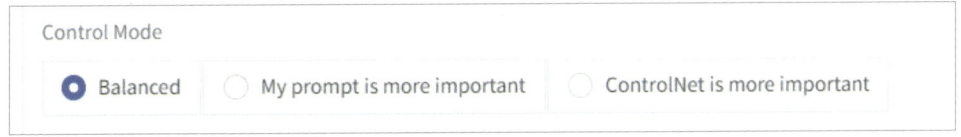

• 포즈를 지정하지 않았을 때

• 포즈를 지정했을 때

- 포즈를 지정하지 않았을 때는 레이아웃, 포즈와 관련된 명령어가 없었으므로 랜덤임에도 상반신 위주로 출력됨
- 손, 발에서 약간씩 차이가 있지만, 큰 틀은 유지되는 편
- 6번째 사진은 포즈는 잘 추출했지만, 명령어 중 앞머리나 배경 컬러를 놓치는 경우도 발생

2 ControlNet의 Canny를 사용해 라인 인식하기

Canny를 사용해 참고 이미지의 라인을 추출하고 이미지를 뽑는 과정을 진행해 보겠습니다. img2img의 경우, 덩어리를 기준으로 인식하지만, canny는 외곽선을 기준으로 작업하는 만큼 간단한 드로잉 작업도 가능하도록 도와줍니다.

OpenPose와 구조가 크게 다르지 않으므로 간단하게만 설명하겠습니다.

01 Control Type에서 Canny를 선택합니다. OpenPose와 마찬가지로 [Enable]과 [Allow Preview]에 꼭 체크 표시를 해 주세요.

Preprocessor는 canny, Model은 control_sd15_canny를 사용하겠습니다. 파일을 다운로드하는 곳과 파일을 넣는 위치 둘 다 OpenPose와 같습니다. 이와 마찬가지로 별도 모델 없이도 작업이 가능합니다.

- 모델 다운로드 링크: https://huggingface.co/lllyasviel/ControlNet/tree/main/models
- 모델 저장 위치: stable-diffusion-web UI>extensions>sd-web UI-controlnet>models

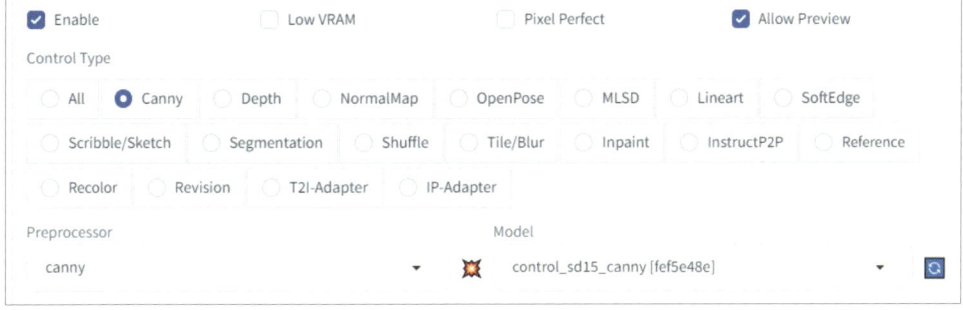

02 Preprocessor 옆의 생성 버튼(💥)을 클릭해 라인을 추출한 후 [Generate] 버튼을 클릭해 이미지를 생성합니다.

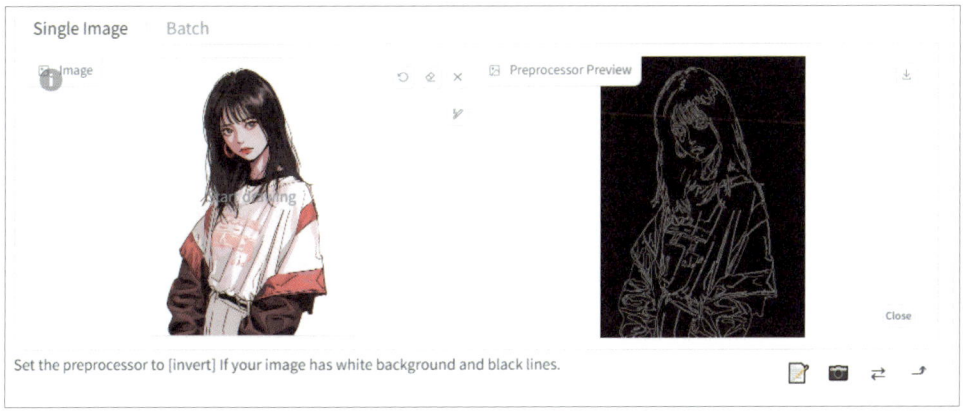

| 원본 | canny로 라인 추출 | 결과물 |

Model: majicmixRealistic_v7

 1girl,hair with bangs,a white T-shirt, jeans, orange background,

❌ 네거티브 프롬프트 (worst quality:2),(low quality:2),(normal quality:2),lowres,watermark,

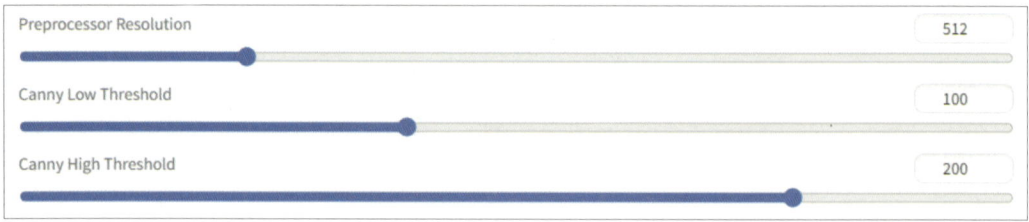

- Preprocessor Resolution : 처리 해상도
- Canny Low Threshold : 낮은 임곗값
- Canny High Threshold : 높은 임곗값

Preprocessor Resolution 값을 조절해 라인 결과물의 사이즈와 Threshold 값을 조절해 canny에 차이를 줄 수 있지만, 기본값으로 이용해도 무방합니다. 추후 이미지 예시들을 보면서 차이를 살펴보겠습니다.

1. 그림 스타일별 canny 적용 예시

덩어리가 더 돌아가더라도 라인이 명확하고 배경이 간단하다면 적용이 잘되는 편입니다. 프롬프트에 앞머리를 입력했지만, canny를 따라 앞머리가 없는 채로 유지되고 있습니다.

Threshold: 50,255

Threshold: 150,180

배경이 복잡해지고 덩어리감+선이 많아질수록 어긋난 부분이 나오기 시작합니다. 머리카락을 손으로 인식한 점, 앞머리가 없는 이미지인데도 앞머리가 추가된 점 등을 볼 때 인식을 훨씬 힘들어했다는 것을 알 수 있습니다.

Canny Low Threshold: 50

Canny Low Threshold: 150

Canny High Threshold: 255

Canny High Threshold: 180

Threshold 범위의 차이에 비해 약한 차이를 보이고 있습니다. 기본 세팅 그대로 작업을 하고 강한 변화를 원한다면 차라리 canny 이미지를 직접 수정하는 것을 추천드립니다.

2. 라인 개수별 인식 비교

포토샵으로 canny 이미지를 간단히 수정한 후 이미지를 다시 제작해 보겠습니다.

- 헤어스타일은 단발로 수정
- 머리카락에 가려져 있던 부분들은 지우고 아웃라인만 제거
- 나머지 옷들의 선은 그대로 둠.

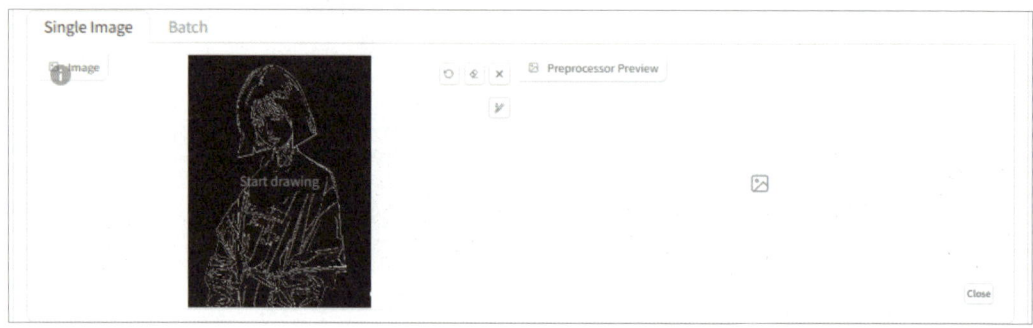

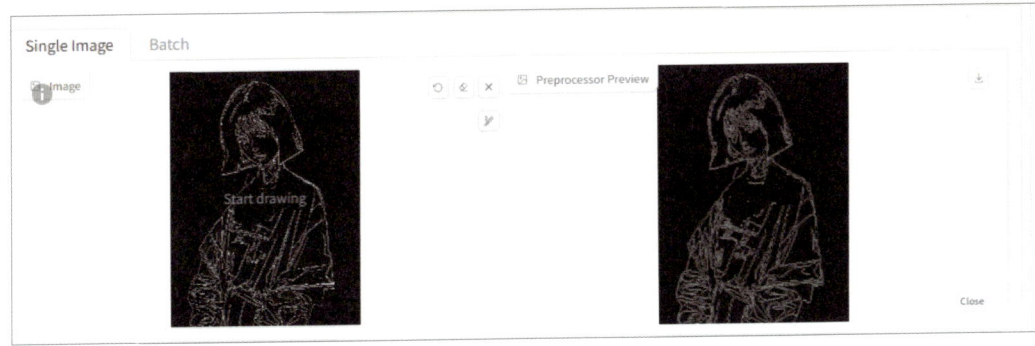

이후 A 이미지는 수정된 canny 이미지만 넣어 제작하고 B 이미지는 수정된 canny 이미지를 넣고 한 번 더 canny 이미지를 제작한 후 이미지를 생성했습니다.

- A, B 방식 둘 다 단발로, 헤어스타일이 확실히 변경됐습니다.
- 아웃라인만 그리고 비워 놓았던 부분은 오히려 자연스럽게 채워진 데 반해, 선들이 많이 남아 있던 부분들은 이상하거나 2D적 요소가 섞인 부분들로 채워졌습니다.
- 본래 이미지에서 얼굴의 빛을 표시하던 선이 머리카락으로 잘못 인식돼 얼굴에 필요 없는 선이 그어져 있습니다.

canny를 수정한다면 되도록 깔끔하게 아웃라인만 남기는 것을 추천합니다.

CHAPTER 06 스테이블 디퓨전을 활용해 표지 일러스트 완성하기

　스테이블 디퓨전을 활용해 표지로 사용할 일러스트를 제작해 보겠습니다. 캐릭터 중심의 표지 일러스트, 세계관 중심의 배경 표지 일러스트, 수채화 질감을 살린 감성 일러스트 총 3종을 제작해 보겠습니다. 해당 과정을 그대로 따라하거나 전부 적용하려고 하기보다는 활용하고자 하는 모델에 맞는 방식을 찾는 것이 중요합니다.

　키워드만 있고 구체적인 외형이나 구도는 지정돼 있지 않은 상태를 전제로 작업해 보겠습니다.

　"잔 다르크 콘셉트의 표지를 만들고 싶다."까지는 생각했지만, 구도나 상황적 아이디어는 전혀 없는 상황입니다. 구도와 아이디어를 얻기 위해 간단한 프롬프트만 넣어 초안을 뽑아 보겠습니다.

01 [txt2img] 탭에서 초안을 만듭니다. 원하는 내용이 명확히 없다면 자유도를 위해 간단한 프롬프트를 쓰는 것이 좋습니다. 퀄리티를 올리는 작업은 추후에 할 것이므로 작은 사이즈로 여러 장 제작합니다.

> **Model**: etherBluMix6
>
> 🔹 이미지 제작 프롬프트　masterpiece, best quality, Joan of Arc, heroic, bright, intense
>
> ❌ 네거티브 프롬프트　(worst quality, low quality:1.4), (bad hand:1.3), NSFW

02 초안 중에서 발전시킬 이미지를 선택합니다.

a: 배경은 멋있게 나온 데 반해 포즈가 인위적이고 수정할 요소가 많아 보입니다.
b: a와 반대로 너무 평범하고 일상적인 포즈라서 제외했습니다.
c: 구도 자체는 별로였지만, 생각지도 못했던 '날개'라는 아이디어를 얻었습니다. 이처럼 우연히 나온 소재로 인해 작업의 방향성이 바뀌는 경우도 많습니다.

d: 구도와 상황은 연출이 가능해 보이지만, 얼굴 위주로 작업하고 싶어 후보군에 있었습니다.
e: 잔다르크보다는 누군가를 찾고 있는 것 같은 느낌을 줍니다. 미스터리물의 표지로 응용해 사용하거나 배경을 바꿔 전쟁 중인 모습으로 사용할 수 있어 보입니다.
f: 포즈 자체는 수정할 요소가 많아 보이지만, 인물과 대비되는 배경의 라이팅이 흥미로워 후보군에 있었습니다.

일부분의 퀄리티 업은 언제든지 할 수 있으므로 분위기와 구도가 마음에 드는 이미지로 선택해 주면 됩니다. 필자는 인물의 얼굴이 잘 보이면서 인물 중심의 구도를 작업하고 싶었기 때문에 해당 이미지를 바탕으로 수정 작업을 진행하겠습니다.

03 초안의 이미지를 드로잉으로 수정합니다.
구체적으로 바뀌기를 원하는 부분이 있다면, 이미지를 여러 번 생성하기보다 드로잉 수정을 거쳐 img2img를 하는 것이 좋습니다(특히, 컴퓨터 스펙이 좋지 못할 경우에 권장합니다).

❶ 가장 큰 문제인 손 추가, 손의 모양, 봉 등을 수정합니다. 이미지의 수정과 프롬프트 추가를 같이 하면 좀 더 효과적입니다.

❷ 브러시 상태에서 Alt 를 이용해 색상을 복사한 후 적용하면 좀 더 쉽게 수정할 수 있습니다.
포토샵의 기본인 선명한 원 브러시로 수정했습니다. 드로잉 경험이 없다면 드로잉 수정이 부담스러울 수 있지만, 어차피 img2img로 수정을 반복할 것이기 때문에 간단한 정도만 진행하면 됩니다.

● inpainting vs. 직접 드로잉해 수정
빠르고 랜덤성이 높은 수정을 원한다면 inpainting, 정확히 원하는 바가 있다면 직접 드로잉 수정 후 img2img가 좀 더 빠른 작업이 가능합니다.

❸ 세밀한 부분에 신경 쓰기보다는 이미지 사이즈를 줄여 큰 느낌만 확인합니다.

❹ 끊어져 있는 형체의 물건들도 연결합니다.

올가미 도구(L)로 영역을 지정해 밑색을 깐 후 클리핑 마스크를 해 배경을 복사하는 구조로 작업하면 좀 더 쉽고 자연스럽게 작업할 수 있습니다.

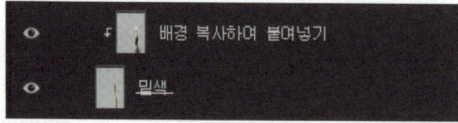

❺ 빛나는 효과를 추가하기 위해 부드러운 브러시로 색상을 추가했습니다(최대한 다양한 케이스를 보이기 위해 드로잉으로 빛을 추가했지만, 그림을 그려 본 경험이 없다면 img2img에서 inpaint만 활용해도 충분합니다).

기존 이미지　　　　　　선형 닷지 레이어　　　　　　결과물

04 img2img로 이미지를 재생성합니다.
문제가 지속적으로 발생할 경우, 추가 수정 후 다시 img2img 과정을 거치거나 가중값을 준 프롬프트를 추가합니다.

05 픽셀 유동화로 체형을 수정합니다.
체구가 더 좋게 진행되고 있다는 생각이 들어 픽셀 유동화로 팔의 길이나 어깨 등을 조정했습니다.

06 얼굴 부분만 크롭해 img2img 과정을 추가로 거쳤습니다.
얼굴은 개인의 취향을 많이 타는 부분이므로 다양한 사례를 살펴본 후에 선택하는 것이 좋습니다. 작은 사이즈의 img2img 결과물을 대량 생성해 놓은 후(필자의 경우 Batch counts 10 이상으로 작업합니다.) 생성되는 동안 드로잉 수정을 진행하면 시간을 좀 더 효율적으로 쓸 수 있습니다. 컴퓨터의 스펙이 좋은 경우, 전체를 다시 img2img하거나 ContrlNet 등을 써도 무방합니다.

07 어느 정도 괜찮은 작업물이 나왔다면, 퀄리티 업을 위해 큰 사이즈 생성이 필요합니다. Resize by의 scale 값을 조정해 재생성합니다.

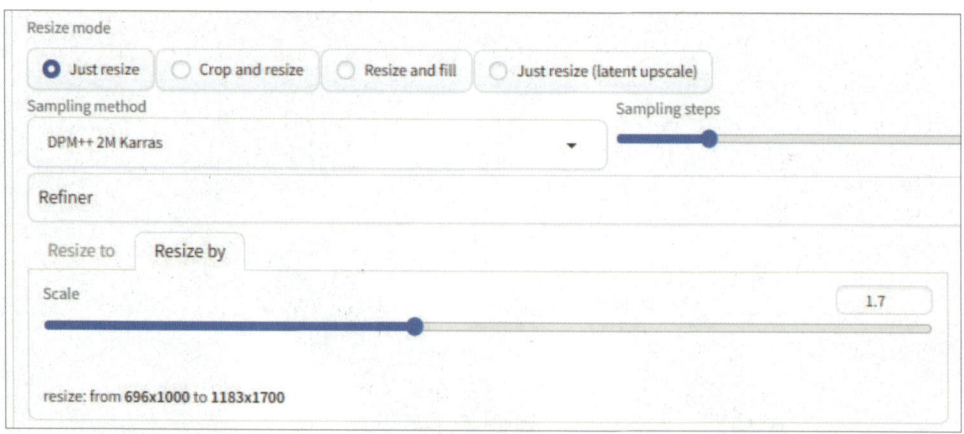

해상도뿐만 아니라 전체적인 퀄리티도 훨씬 높아졌습니다. 이미지 사이즈가 커지고 디테일이 많아지는 만큼 생성 시간이 길어집니다. 이 과정에서 고정됐으면 하는 요소(armor, flags, wars, fantasy, smile)들을 기존 프롬프트에 추가했습니다.

기존 이미지

scale 값 추가 후 생성된 이미지

08 추가 수정을 진행합니다.
추가된 무기의 디테일은 마음에 들었지만, 방향이 애매하다고 판단했습니다. 이미지를 잘라 방향을 수정한 후 잔여 이미지가 남은 부분들은 스팟 힐링 브러시 도구(J)로 제거합니다.

09 인물의 디테일이 올라가는 과정 동안 배경의 노이즈가 늘어 이전 이미지의 배경을 잘라 사용했습니다.

기존 이미지 　　　　　　　　배경 이미지에 쓴 마스킹 레이어 　　　　결과물

⑩ 수정된 이미지가 자연스럽게 합쳐지도록 낮은 Denoising strength(0.2~0.3 권장) 값으로 재생성합니다.

기존 이미지

Denoising strength 값 0.2로 재생성한 이미지

⑪ 노이즈가 과한 부분은 블러 처리합니다. 전체 레이어로 복사한 후 블러 필터를 적용하고 필요한 부분만 남기고 지웁니다.

블러를 적용한 이미지

블러 이미지를 남긴 정도

12 해당 과정을 통해 1시간 이내로 원하는 표지 결과물을 얻을 수 있습니다.

해당 과정을 통해 간단한 드로잉을 일러스트화하거나 배경 이미지를 생성할 수도 있습니다.

포토샵 도형 드로잉   img2img 강도: 0.3   강도: 0.5

강도 0.7   resize by scale 1.6 1회   2회

scale이 누적 반복될 경우 밀도는 높아지지만, 노이즈가 과해지기 때문에 지양하는 경우도 있습니다.

Model: etherBluMix6

이미지 제작 프롬프트   Mountain, Everest, Aurora, masterpiece, best quality

네거티브 프롬프트   (worst quality, low quality: 1.4)

AI 일러스트는 '프롬프트만 알아 내면 잘 만들 수 있다.'라고 생각하기 쉽지만, 사용하고 있는 모델, 보유하고 있는 장비의 스펙에 맞는 방법이 필요합니다. 원리는 크게 다르지 않으므로 꾸준히 연구해 봅시다.

이미지 제작 프롬프트 girl wearing yellow jacket is walking through a field of yellow flowers, in the style of nightcore, portrait paintings, cute and colorful, colorful

Part 5

예시 이미지와
프롬프트 모음

로고

✨ 프롬프트 Logo design, hamburger brand, cheeseburger, simple, flat design, white background

✨ 프롬프트 Logo design, tennis tournament, sports brand, high saturation

✨ 프롬프트 Pizza brand logo design, slice of pizza, kitchen, American style, stretched cheese

✨ 프롬프트 Logo design, pub logo, sunset, palm trees, high chroma, various colors

✨ 프롬프트 Cafe logo design, cute, pastel tone color, coffee in mug

✨ 프롬프트 Cafe logo design, simple, coffee in mug, green, brown

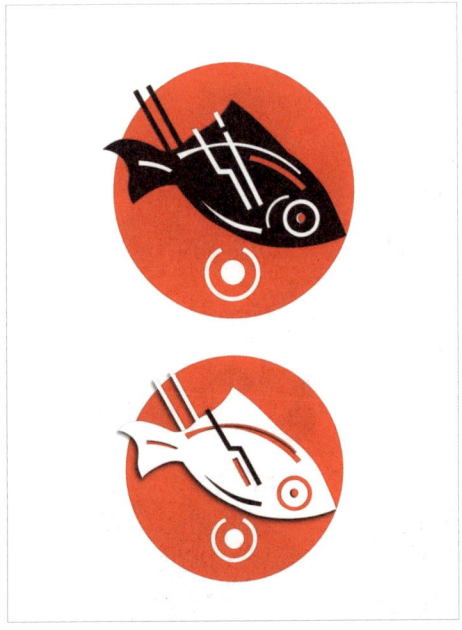

✨ 프롬프트 Sushi restaurant logo design, fish, simple, flat design, monotone

✨ 프롬프트 Sushi restaurant logo design, fish, simple, flat design, monotone

그래픽 디자인

✨ 프롬프트 Postmodernism, graphic design, poster

✨ 프롬프트 Postmodernism, graphic design, poster

✨ 프롬프트 Postmodernism, graphic design

✨ 프롬프트 Trippy sixties concert poster style, Checkerboard, wave, chess, Pencil texture, low chroma

✨프롬프트 Postmodernism, graphic design, dots, bright colors, oriental, 3d, flat, steel, steeltexture, city

✨프롬프트 Postmodernism, graphic design, dots, bright colors, oriental, 3d, flat, steel, steeltexture, city

✨프롬프트 Psychedelic art by Kazumasa Nagai, Clouds, rainbow colors, moon

✨프롬프트 Trippy sixties concert poster style, Checkerboard, wave, chess, Pencil texture, low chroma

연필 드로잉

✨ 프롬프트 Drawing, sketch, black white, white backround, linework, astronaut, wide shot, stars in backround, Satellit, planets, planet

✨ 프롬프트 Drawing, sketch, black white, white backround, linework, astronaut, wide shot, stars in backround, Satellit, planets, planet

✨ 프롬프트 Drawing, no color, sketch, paper texture, black white, pencil textures, sculpture, Italy, men, beauty, classicis, low angle, distinctive composition

✨ 프롬프트 Line drawing, construction design, no color, sketch, paper texture, black white, pencil textures

레트로 시티팝

프롬프트 Album cover, retro style, city pop illustration style, advertising neon, high saturation, contrasting colors

프롬프트 Album cover, retro style, city pop illustration style, advertising neon, daytime scene, high saturation, contrasting colors, car, in Okinawa

프롬프트 Album cover, daytime scene, retro style, city pop illustration style, advertising neon, high saturation, contrasting colors, drink, food

프롬프트 Retro style, profile image, sunglasses, city pop illustration style, daytime scene, advertising neon, high saturation, contrasting colors, girl, noise, yellow color

보석

✨프롬프트 Jewel ring, fantasy, a large jewel in the middle, find a piece of jewelry with intricate details, capture a close-up shot, focusing on the craftsmanship

✨프롬프트 Pearl decorated necklace, Rococo style, close-up shot, hyper detail, thin neck of model, fashion pictorial

✨프롬프트 Photorealistic tiara, butterfly theme jewelry, detail butterfly decoration, silver

✨프롬프트 Jewelry box with various jewels, photorealistic, Forest Witch's treasure box, close-up shot, various gemstones, lighting

배경 일러스트

✨프롬프트 Rose Garden, Palace of Versailles, roses growing on a path in, in the style of anime art, arched doorways, lively nature scenes, colored cartoon style, light silver and light red

✨프롬프트 painting of the autumn forest, in the style of spatial concept art, orientinspired, animated illustrations, light gold and amber, dynamic action scenes

✨프롬프트 a very large castle with clouds surrounding it, in the style of whimsical anime, golden light, realistic color palette, light magenta and azure, emphasis on character design, grandeur of scale, crisp outlines

✨프롬프트 the street scenes are full of cars from downtown, in the style of animecore, soft pastel skies, 8k resolution, flat brushwork, light red and blue, i can't believe how beautiful this is, metropolis meets nature

배경 일러스트

✨ 프롬프트 city of a street in anime with trees, grass and clouds, in the style of realistic depictions of everyday life, 32k uhd, rural landscapes, cabincore, sparse and simple

✨ 프롬프트 art of an underwater ocean world, in the style of anime aesthetic, realistic blue skies

✨ 프롬프트 painting of a train platform with people standing on it, in the style of futuristic contraptions, bold manga lines, light maroon and light amber, impressive panoramas, grid-based, les automatistes, animation

✨ 프롬프트 an image showing lights in a dark forest, with a tree, in the style of whimsical anime, realistic landscapes with soft edges, fantastical street, lively illustrations, gigantic scale

몬스터 🔍

✨프롬프트 the art of dragon, artwork, concept art, in the style of dark gray and dark crimson, multi-layered figures, frostpunk, foreboding colors, supernatural creatures, hd mod

✨프롬프트 the art of dragon, artwork, concept art, in the style of dark gray and dark crimson, multi-layered figures, frostpunk, foreboding colors, supernatural creatures, hd mod

✨프롬프트 the wild blue deer is a drawing of an animal, 3D, realistic, realistic, concept art, dark atmosphere, in the style of frostpunk, vibrant palettes, changelingcore, sketchfab, caninecore, unique characters

✨프롬프트 a collection of various creatures and monsters, in the style of textural explorations, prehistoricore, heavy outlines, solarization effect, spiky

몬스터

✨프롬프트 a blue and pink little cartoon creature in skin, in the style of hyper-realistic oil, monochromatic color scheme, melting, toycore, glossy finish, pigeoncore, light white and cyan

✨프롬프트 a yellow little cartoon creature in skin, in the style of hyper-realistic oil, monochromatic color scheme, melting, toycore, glossy finish, pigeoncore, light white and cyan

✨프롬프트 pony, a white little cartoon creature in skin, in the style of hyper-realistic oil, monochromatic color scheme, melting, toycore

✨프롬프트 a white little cartoon creature in skin, in the style of hyper-realistic oil, monochromatic color scheme, melting, toycore, glossy finish, pigeoncore

의상 디자인

✨ 프롬프트 red rococo princess ladies wedding sleeved ball gown, in the style of historical scenes, vintage academia, historical painting, feminine sensibilities, old timey, softedged, dark crimson

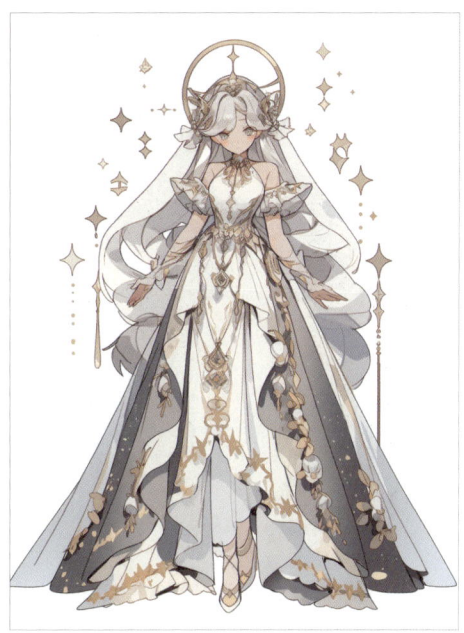

✨ 프롬프트 a fantasy drawing of an outfit, jewelry and accessories, in the style of light gold and light bronze, neo-classical symmetry, feminine sticker art, character studies, dark gold and white

✨ 프롬프트 a fantasy drawing of an outfit, jewelry and accessories, in the style of light gold and light bronze, neo-classical symmetry, feminine sticker art, character studies, dark gold and white

✨ 프롬프트 the uniforms of a prince for astoria and, in the style of dark palette, celestialpunk, detailed depiction, renaissance-inspired draftsman, dark gold and blue, whimsical charm

의상 디자인

✦ 프롬프트 Street fashion design, the front, the back, white background, free material choice, full body, male model, boxy fit clothes

✦ 프롬프트 Street fashion design, the front, the back, white background, free material choice, full body, male model, boxy fit clothes

✦ 프롬프트 a piece of design showing different ways to wear different , in the style of acidwave, light blue and silver, anime-inspired, kidcore, realistic color schemes, cosmic

✦ 프롬프트 a piece of design showing different ways to wear different , in the style of acidwave, light blue and silver, anime-inspired, kidcore, realistic color schemes, cosmic

기계 디자인

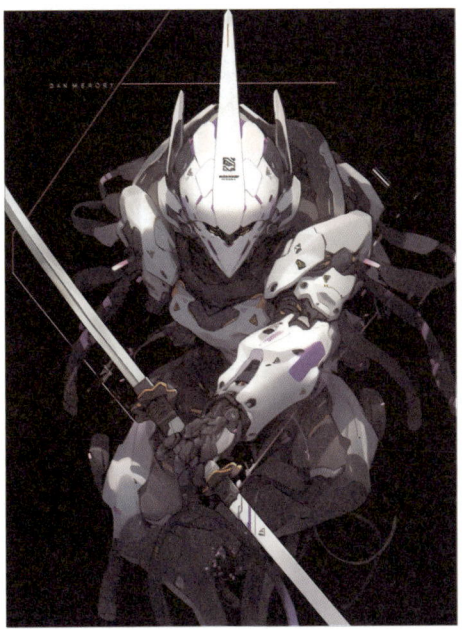

✨ 프롬프트 animelike soldier with two swords in his hands,figure, futuristic spacecraft design, dark white and light gray, graceful forms, streamlined design, meticulous line work, black background

✨ 프롬프트 animelike soldier with two swords in his hands,figure, futuristic spacecraft design, dark white and light gray, graceful forms, streamlined design, meticulous line work, black background

✨ 프롬프트 weapon concept pack for the SF game, in the style of light white and dark cyan, futuristic spacecraft design, flowing brushwork, dark silver and purple

✨ 프롬프트 weapon concept pack for the SF game, in the style of light white and dark cyan, futuristic spacecraft design, flowing brushwork, dark silver and purple

기계 디자인

✨ 프롬프트 construction site truck robot, everyday robot design, white, black background, delicate, high quality, liveaction style, photo-like form of drawing

✨ 프롬프트 Delivery Robots Flying in the Sky, everyday robot design, white, black background, delicate, high quality, live-action style, photo-like form of drawing

✨ 프롬프트 everyday robot design, white, black background, delicate, high quality, liveaction style, photo-like form of drawing

✨ 프롬프트 everyday robot design, white, black background, delicate, high quality, live-action style, photo-like form of drawing

Main(인물 일러스트)

✨ 프롬프트 a geisha girl holding a parasol in a forest, in the style of anime inspired character designs, red, birds & flowers, close up, concept art

✨ 프롬프트 illustration with a girl at sea with some fish, in the style of luminous and dreamlike scenes, gigantic scale, flowing brushwork, glowing colors, white and blue

✨ 프롬프트 girl wearing yellow jacket is walking through a field of yellow flowers, in the style of nightcore, portrait paintings, cute and colorful, colorful

✨ 프롬프트 In the forest, boy with fox ears, gold color light yellow and dark beige, 32k uhd, painting, soft focus technique, colorful cartoon

`color(pink, yellow)`

✨ 프롬프트 pink hair and makeup art in the style of kawaii art character with pink hair, pink nail polish

✨ 프롬프트 Pink, vivid, a girl in a kimono is sitting in a desktop and uses a laptop

✨ 프롬프트 Pink, realistic, A woman in pink sunglasses, A beauty, A balloon

✨ 프롬프트 Dreamy color, pink kitsch a cut anime boy holding a bag

✨프롬프트 Pink, girl in pink jacket with cute pink puffer beautiful girl art, in the style of anime inspired, urban life, shiny, street fashion

✨프롬프트 Pink, kitsch a girl sitting with a guitar

✨프롬프트 Colorful, yellow an anime girl sitting in a yellow restaurant, in the style of vintage inspired designs, dignified poses, loose and fluid, naïve drawing

✨프롬프트 Colorful, yellow , vivid in the style of cyberpunk manga

color(blue)

✨프롬프트 picture of a man that is standing in an arch looking at the ocean, in the style of anime art, isolated landscapes

✨프롬프트 a white haired guy under water, in the style of anime art, dappled brushwork, calming, luminous shadows, light cyan and gray, charming illustrations, low angle

✨프롬프트 a person walked through clouds on a beach under the moon, in the style of expressive manga style, dreamy color palette, nightcore, nabis, sparkling water reflections, dark blue

✨프롬프트 a man sitting on a seat on a public train, in the style of anime art, luminous and dreamlike scenes, genderless, subtle use of shading, handsome, street scene, white and blue

✨프롬프트 beautiful girl anime illustration in the style of light violet and azure, close up, eye catching resin jewelry, luminous reflections, dark azure and light amber

✨프롬프트 rainy day city wallpaper city skyline water, in the style of expressive manga style, luminous skies, light filled, animecore, digital art techniques, city portraits, light navy and cyan

✨프롬프트 a picture shows a night club with people sitting at tables, in the style of dark azure and black, master of shadows, brushwork exploration, high keyed palette, havencore, high angle

background 1

✦ 프롬프트 | Dot, a fantasy illustration that is a great piece of art, in the style of pixelated landscapes, isometric, light pink and light cyan, cute cartoonish designs, high angle, multi layered figures, memphis design

✦ 프롬프트 | an illustration of a city sitting on a small island, in the style of fluid geometry, isometric, tesseract, detailed character illustrations, pixelated chaos, hikecore, multilayered

✦ 프롬프트 | 'The city beneath the mushrooms', in the style of colorful pixel art, sky blue, cute and dreamy, realistic color schemes, red and green, pigeoncore, texture exploration

✦ 프롬프트 | Cute, 3D, a stack of food in a little kitchen table, in the style of kawaii art, concept art, romanticized nature, light filled scenes, animated gifs, thick paint layers, light white and light red

🔹 프롬프트 cartoon house of candy in 3d, in the style of soft, dreamy landscapes, fairytale inspired, mushroomcore, emphasis on character design, organic and fluid, soft focus, realistic hyper detail

🔹 프롬프트 8bit. D ot game, the artwork of an artwork of idm game, in the style of light filled compositions, colorful pixel art, ethereal illustrations, volumetric lighting, darkcore

🔹 프롬프트 pixel art map of an urban forest, in the style of ethereal lighting, energy filled illustrations, puzzle like pieces, dark cyan and indigo, detailed character design, light sculptures

background 2

✨프롬프트 Game screen being played, dot game, likeability in the style of light magenta and navy emphasis on character design

✨프롬프트 Bird's eye view, forest, oriental, 3D game screenshot, cute, red landscape in autumn with traditional, houses, interactive artwork

✨프롬프트 an game scene with many cats in a living room, 8bit, in the style of pixel art

✨프롬프트 a farm village. in the style of animal motifs, orange, g ame screenshot

✨프롬프트 Screenshot of the game being played, game store design pixel art in the office, in the style of sci fi anime, light pink and navy, 2d game art, cute and dreamy, dark themes, isometric, bold manga lines

✨프롬프트 Pixel art, girl, white blond hair, shiny crystal clear green eyes, white and green herbal pattern clothes, essential oil, jam, shelf filled with infused oil herbal powder, Nordic style calm room, monochrome, cute

✨프롬프트 Screenshot of the game being played, Mafia, Red, retrocore

Food

✨ 프롬프트　an anime style bowl of various food items, in the style of digital painting, clean lined

✨ 프롬프트　colorful desserts on various plates, in the style of 2d game art, highly detailed illustrations, realistic brushwork, light red and light beige

✨ 프롬프트　a tray full of ice cream, coffees, and strawberries, in the style of animecore, realistic and hyper detailed renderings

🔹 프롬프트 christmas cookies and candies, A warm feeling hand painted details

🔹 프롬프트 a background of fast food and drink on a blue background, in the style of cartoonish retrocore, high angle, lively tableaus

Character

✨프롬프트 two girls with black on, in the style of anime inspired characters, striped, subtle monochromatic tones, mixed patterns, gloomy, lowbrow, genderless

✨프롬프트 heron, in the style of anime inspired character designs, baroque extravagance, villagecore, green and brown, magical girl, colorful costumes

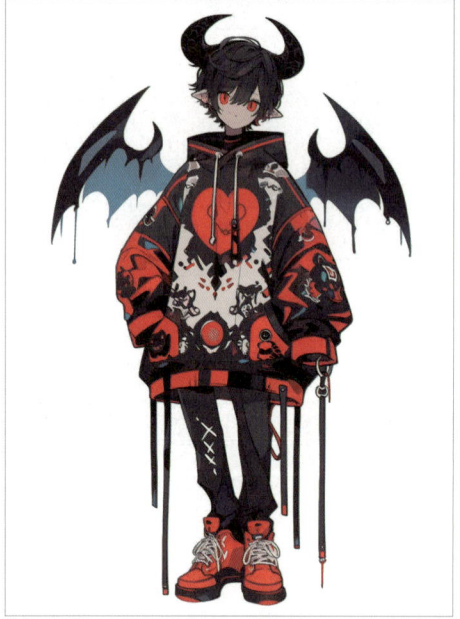

✨프롬프트 a anime character with wings and a bat on his back standing, in the style of red threads

✨프롬프트 an anime girl from the bee series, yellow and black

✨ 프롬프트 an anime female wearing a black coat and green hair, light emerald and white, gutai group, mecha anime, baroque exaggeration, dark white and light green, bold color

✨ 프롬프트 a set of several different character designs with orange backpacks and orange shoes

✨ 프롬프트 anime girl with colorful outfits with backpacks as well, in the style of precisionist art, hyper detailed, bombacore, gigantic scale, kidcore, cottagepunk, playful use of shapes

✨ 프롬프트 a black and blue dressed lady with colorful butterflies, in the style of anime inspired character designs, designs, gemstone, loose and fluid forms, stylish costume design

Character(taro)

✨프롬프트 pink hair and makeup art in the style of kawaii art character with pink hair, pink nail polish

✨프롬프트 Pink, vivid, a girl in a kimono is sitting in a desktop and uses a laptop

✨프롬프트 Pink, realistic , A woman in pink sunglasses, A beauty, A balloon

✨프롬프트 Dreamy color, pink kitsch a cut anime boy holding a bag

✨프롬프트 Pink, girl in pink jacket with cute pink puffer beautiful girl art, in the style of anime inspired, urban life, shiny, street fashion

사진 자료

✨ 프롬프트 3D metallic gold rose, dripping, liquid metal, top view, on a white background

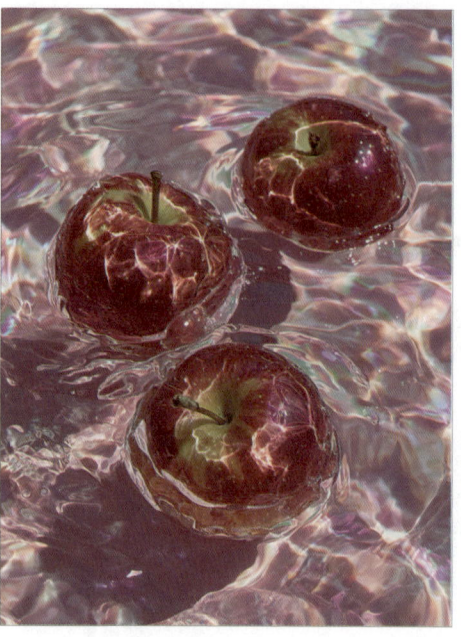

✨ 프롬프트 Three apples fall into the water, creating ripples on a light pink and white background. The apples are red in color, with delicate details and sparkling effects. Light shines through the surface of the lake, reflecting the fruit's vibrant colors.

✨ 프롬프트 A black vintage car parked on the beach with the blue ocean in the background. It's a sunny day with clear skies and gentle waves crashing against the shore.

✨ 프롬프트 A full-body view of an adorable orange kitten clearly wearing a properly fitted diving mask and snorkel, snorkeling underwater in a clear blue ocean. The kitten is gracefully swimming with its body fully visible, surrounded by many large tuna fish.

✨ 프롬프트 ultra-realistic close-up of a king and queen standing, gold crowns shining with dust particles, cinematic lighting, powerful expressions, light flare in the background, foggy medieval environment, soft bokeh, dramatic style

✨ 프롬프트 A long, straight silver dagger with a beaked pommel and decorated hilt, lying on its side against an isolated gray background. The blade is darkened by age or rust, showing signs of wear.

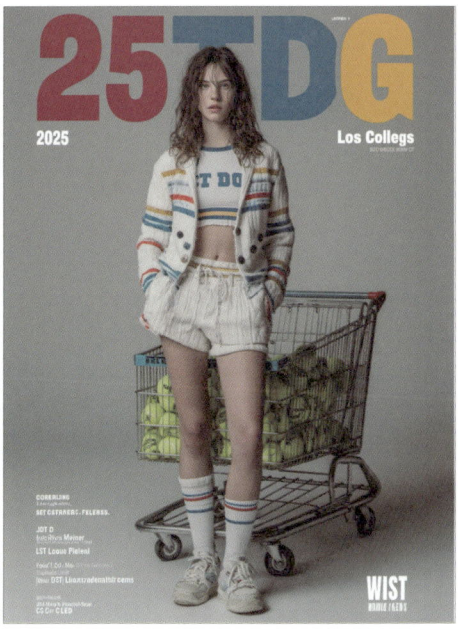

✨ 프롬프트 teen model wearing white and blue striped blazer, white socks with stripes on top of her feet, cart full of tennis balls, fashion magazine cover. She is standing in front, the background color should be light gray.

✨ 프롬프트 close up of two happy mixed race models with beautiful skin, woman on left has dark brown curly bobbed shoulder-length hair, fairer skin tone, large eyes, prominent eyelashes, full lips, small nose, and white teeth.

Foreign Copyright:
Joonwon Lee   Mobile: 82-10-4624-6629
Address: 3F, 127, Yanghwa-ro, Mapo-gu, Seoul, Republic of Korea
             3rd Floor
Telephone: 82-2-3142-4151
E-mail: jwlee@cyber.co.kr

AI 작화법

2025. 8. 6. 초 판 1쇄 인쇄
2025. 8. 13. 초 판 1쇄 발행

저자와의
협의하에
검인생략

지은이 | 하묘
펴낸이 | 이종춘
펴낸곳 | BM ㈜도서출판 성안당

주소 | 04032 서울시 마포구 양화로 127 첨단빌딩 3층(출판기획 R&D 센터)
     | 10881 경기도 파주시 문발로 112 파주 출판 문화도시(제작 및 물류)
전화 | 02) 3142-0036
     | 031) 950-6300
팩스 | 031) 955-0510
등록 | 1973. 2. 1. 제406-2005-000046호
출판사 홈페이지 | www.cyber.co.kr
ISBN | 978-89-315-3540-2 (03000)
정가 | 25,000원

이 책을 만든 사람들
책임 | 최옥현
진행 | 김해영
교정·교열 | 김해영, 안종군
본문·표지 디자인 | 앤미디어
홍보 | 김계향, 임진성, 김주승, 최정민, 이해솜
국제부 | 이선민, 조혜란
마케팅 | 구본철, 차정욱, 오영일, 나진호, 강호묵
마케팅 지원 | 장상범
제작 | 김유석

이 책의 어느 부분도 저작권자나 BM ㈜도서출판 성안당 발행인의 승인 문서 없이 일부 또는 전부를 사진 복사나 디스크 복사 및 기타 정보 재생 시스템을 비롯하여 현재 알려지거나 향후 발명될 어떤 전기적, 기계적 또는 다른 수단을 통해 복사하거나 재생하거나 이용할 수 없음.

■ 도서 A/S 안내

성안당에서 발행하는 모든 도서는 저자와 출판사, 그리고 독자가 함께 만들어 나갑니다.
좋은 책을 펴내기 위해 많은 노력을 기울이고 있습니다. 혹시라도 내용상의 오류나 오탈자 등이 발견되면 **"좋은 책은 나라의 보배"**로서 우리 모두가 함께 만들어 간다는 마음으로 연락주시기 바랍니다. 수정 보완하여 더 나은 책이 되도록 최선을 다하겠습니다.
성안당은 늘 독자 여러분들의 소중한 의견을 기다리고 있습니다. 좋은 의견을 보내주시는 분께는 성안당 쇼핑몰의 포인트(3,000포인트)를 적립해 드립니다.
잘못 만들어진 책이나 부록 등이 파손된 경우에는 교환해 드립니다.